Facebook

Aplicaciones profesionales y de empresa

D1413894

TÍTULOS ESPECIALES

Responsable Editorial:
Víctor Manuel Ruiz Calderón
Susana Krahe Pérez-Rubín

Diseño de cubierta:
Cecilia Poza Melero

Facebook
Aplicaciones profesionales y de empresa

Óscar Rodríguez Fernández,
Sagrario Bravo de Pablo
y Roberto Troncoso
(GURÚS PRESS)

Todos los nombres propios de programas, sistemas operativos, equipos hardware, etc. que aparecen en este libro son marcas registradas de sus respectivas compañías u organizaciones.

© EDICIONES ANAYA MULTIMEDIA (GRUPO ANAYA, S.A.), 2010
Juan Ignacio Luca de Tena, 15. 28027 Madrid
Depósito legal: M. 48.351-2009
ISBN: 978-84-415-2687-7
Printed in Spain
Impreso en: Fernández Ciudad, S. L.

A todo aquello que nos hace sonreír.
A todos aquellos que nos hacen sonreír.

Tanto monta, monta tanto.

"Algo de suerte también hay que tener en la vida."

–Mark Zuckerberg, en su primera rueda de prensa
en España el 13 de octubre de 2008.

Agradecimientos

Puesto que cada día más personas confían en Internet, no sólo para emprender o consolidar relaciones personales, sino también laborales, creemos justo apoyarles en sus decisiones, y ayudarles lo máximo posible a conocer más en profundidad el manejo de redes sociales como Facebook.

Por esta razón queremos dedicar este libro a todos aquellos que están apostando por las herramientas Web 2.0, a los que esperamos que los capítulos que hemos elaborado les puedan servir, si no de inspiración, sí de soporte a la hora de afrontar nuevos retos profesionales, y, por supuesto, agradecerles su confianza.

Índice

Cómo usar
este libro

Destinatarios de este libro

Este libro está dirigido tanto a los profesionales (emprendedores, profesionales liberales, autónomos, *freelance* o artistas) como a empresas (que dispongan de producto, marca, servicio o generen eventos) interesadas en conocer las posibilidades que ofrece Facebook, así como su conexión con otras herramientas 2.0. Todo ello con un fin muy específico, sacarle el mayor partido posible y aprovechar sus características para:

- Hacer contactos profesionales.

- Incubar y mostrar proyectos.

- Promocionar de forma directa servicios o productos.

- Fidelizar clientes.

- Segmentar campañas publicitarias.

- Sumar técnicas SEO.

Organización del libro

La red social Facebook puede presumir de su diversidad de usos y de los tipos de conexiones personales que ofrece, donde aparecen de forma simultánea contactos de todo tipo, incluido el profesional.

Pero para llegar a esta fase, es necesario conocer el modo como ha evolucionado la Web 2.0 y las opciones que ofrece para promocionar una marca, servicio o producto. Para ello, Facebook dispone de diferentes recursos como, por ejemplo, perfiles personales, páginas corporativas o de producto, y también la posibilidad de crear grupos que se pueden utilizar para causas comunes, compartir conocimientos alrededor de un tema o para hacer campañas específicas sobre un servicio o producto. El libro está compuesto por 30 capítulos:

- **Capítulo 1.** La Web 2.0: Qué es la Web 2.0, cómo se estructura o en qué tecnologías se basa, son algunas de las materias que se exponen en este capítulo.

- **Capítulo 2.** Qué puede aportar una Red Social a nuestro negocio: se trata de conocer el funcionamiento y posibilidades de una red social, algo fundamental si se quiere emplear de manera correcta para un beneficio profesional.

- **Capítulo 3.** Por qué Facebook: Las razones que se pueden tener para hacer uso de esta red social a nivel profesional son muchas y variadas, y es bueno conocerlas para poder utilizarla, siempre dependiendo de las necesidades de cada uno.

- **Capítulo 4.** Acciones de publicación social: El estar integrado de forma profesional en una red social, tanto si se es una empresa como un profesional independiente, es cuestión tanto de identidad como de objetivos.

- **Capítulo 5.** Dar a conocer tu marca, compañía, producto o servicio: En este capítulo se da a conocer el marketing digital y su utilización en redes sociales, pero también cómo aprovechar las redes sociales para hacer crecer un negocio y mejorar una marca.

- **Capítulo 6.** Las 10 bases sobre las que se sustenta el Facebook Marketing: esta red social ofrece muchas maneras de comunicar, promocionar y crear fidelización alrededor de una marca, trabajo o servicio.

- **Capítulo 7.** Diferencia entre un perfil, un grupo y una página: Explica la estructura inicial de las páginas que se pueden integrar en esta red social.

- **Capítulo 8.** La primera elección ¿una página o un grupo?: Capítulo donde se explica cuáles son las diferencias entre un grupo y una página en Facebook, y cuál es la opción más adecuada para promocionar a un profesional, a un producto o a una empresa.

- **Capítulo 9.** Crear una página corporativa: Relación de los primeros pasos necesarios para crear, registrar y configurar una página en Facebook.

- **Capítulo 10.** Crear una página de producto: Conocer el modo de crear una página de producto es muy interesante, sobre todo si el objetivo es promocionar un servicio o artículo, y lograr reconocimiento para una marca.

- **Capítulo 11.** Crear un grupo: En este apartado se puede consultar información acerca de los beneficios que tiene crear un grupo en Facebook, y cómo ayudar a compartir conocimientos alrededor de un mismo tema.

- **Capítulo 12.** Añadir elementos a una página: Este capítulo muestra cómo aprovechar todas las posibilidades del **Muro**, y cómo compartir mensajes, fotos, vídeos, y el modo de crear y sacar partido a un foro de debate.

- **Capítulo 13.** Servicios a disposición de una página: Aquí se ofrece información sobre los servicios que Facebook pone a disposición de los administradores de una página de empresa o de producto.

- **Capítulo 14.** Añadir aplicaciones profesionales a una página: ¿Qué son las aplicaciones Facebook?, qué diferencia existe entre las verificadas por Facebook y las que no lo están, descripción del directorio de aplicaciones y cómo instalarlas y hacer uso de ellas, son algunos temas tratados aquí.

- **Capítulo 15.** Organizar eventos: Este tipo de actividades puede ser una importante herramienta de marketing para relacionarse directamente con el público objetivo o con otros colegas del mismo ámbito profesional.

- **Capítulo 16.** Realizar encuestas: Las encuestas *on-line* en una página corporativa o de producto se pueden emplear para que los admiradores valoren un producto o simplemente califiquen nuevas ideas en la evolución de ese servicio o de los futuros.

- **Capítulo 17.** Wordpress, SlideShare, Twitter, Delicius, Digg, Flickr, YouTube: Sección que describe las diferentes conexiones entre Facebook y las herramientas Web 2.0 más utilizadas por los usuarios de las redes sociales.

- **Capítulo 18.** Conectar con la realidad: blog externos y RSS: Facebook, además de retroalimentarse mediante el contenido generado por sus usuarios, permite usar fuentes externas, como las entradas a los *blogs* o el sistema de suscripción y sindicación RSS.

- **Capítulo 19.** Aprovechar todas las oportunidades: Tanto unirse a un grupo, como participar en determinados eventos, son una buena forma de acercarse a otros usuarios dentro de Facebook con un interés común.

- **Capítulo 20.** Crear una red de contactos influyentes: La red de contactos más importante del mundo es Facebook, pero hay que saber distinguir entre el uso profesional y social.

- **Capítulo 21.** Aprovechar las posibilidades de colaboración y gestionar equipos de trabajo: No cabe duda de que una de las mayores posibilidades de las redes sociales como Facebook es la interacción entre miembros de un equipo de trabajo.

- **Capítulo 22.** Comprar y vender en Facebook: El cometido de este apartado es conocer la aplicación MarketPlace de Facebook. Este mercado de anuncios clasificados permite desde integrar un anuncio para buscar u ofertar un empleo, hasta vender objetos o bienes inmuebles.

- **Capítulo 23.** Enlazar con otras redes profesionales: La Web 2.0 ha dado lugar a distintos tipos de redes y comunidades orientadas a fines diversos. En este contexto, existen redes enfocadas al mundo laboral y profesional como es el caso de Xing y Linkedin, los cuales pueden interactuar de forma perfecta con Facebook.

- **Capítulo 24.** Marketing personal a través de un perfil: ¿Qué se puede conseguir a través de un "buen" perfil?, pues, por ejemplo, una correcta y completa "carta de presentación laboral".

- **Capítulo 25.** Posibilidades virales: Apartado que explica cómo Facebook se ha convertido en el principal exponente del marketing viral, un fenómeno que permite que las empresas conozcan fácilmente los gustos de los clientes y se conecten directamente con ellos.

- **Capítulo 26.** Campañas de publicidad y sistemas de promoción: Para saber qué es un anuncio social, una insignia profesional, el Live Stream Box o espacio para comentarios en directo y el Fan Box o panel de admiradores.

- **Capítulo 27.** SEO (Search Engine Optimization): Capítulo que define y explica cuáles son las operaciones necesarias para lograr un buen posicionamiento en los buscadores y en qué consiste la analítica Web.

- **Capítulo 28.** Ventajas y amenazas para la seguridad y privacidad: Esta parte del libro expone las numerosas opciones de privacidad que la red social Facebook ofrece.

- **Capítulo 29.** Facebook en el móvil: Muestra cómo consultar Facebook desde el móvil, interactuar mediante mensajes de texto, subir fotografías y vídeos y suscribirse a nuevas actualizaciones de otros usuarios.

- **Capítulo 30.** Casos de éxito: En este apartado se recoge algunas páginas Facebook que, tanto por su promoción, como por su nivel de admiradores, se puede decir que han logrado la repercusión que sus creadores querían para su producto.

1. La Web 2.0

El concepto Web 2.0 surgió en el año 2003 en un seminario promovido por la empresa O'Reilly Media (editorial que principalmente publica libros relacionados con la programación informática), y cuyo miembro fundador es Tim O'Reilly. Éste, a partir de entonces se convirtió en un verdadero"gurú" de las nuevas tecnologías, y ha contado, en numerosos artículos, cómo se llegó a este concepto.

En sus propias palabras, la Web 2.0 define la nueva realidad de Internet: una inmensa plataforma basada en la "arquitectura de la participación", donde prima la creación de contenidos por parte de los usuarios, en lugar de la clásica relación vertical entre los creadores de información y sus receptores. Con ello, la Red de Redes deja de ser un mero sustituto de los canales tradicionales (correo postal, periodismo impreso, televisión, cine, radio, etc.) para convertirse en algo singular y nuevo, casi ubicuo. Según O'Reilly, son siete los principios constitutivos de las aplicaciones Web 2.0:

- La Web como plataforma.

- El aprovechamiento de la inteligencia colectiva.

- La gestión de la base de datos como competencia básica.

- El fin del ciclo de las actualizaciones de versiones del software.

- Los modelos de programación ligera junto a la búsqueda de la simplicidad.

- El software no limitado a un solo dispositivo.

- Las experiencias enriquecedoras de los usuarios.

Figura 1.1. *Tim O'Reilly es el fundador de O'Reilly Media, editorial que principalmente publica libros relacionados con la programación informática.*

Este nuevo entorno propone que el usuario se convierta en un generador de información, y que su base sea el *software* disponible y ejecutado *on-line*. A diferencia del *software* tradicional, las nuevas herramientas tienen que funcionar de forma *on-line* y, si es posible, no requerir la instalación de aplicaciones en el dispositivo del usuario. Surge así una nueva filosofía, que se opone al concepto clásico de escritorio como lugar de trabajo, y sintetiza, para algunos expertos, el cambio de la Web 1.0 a la 2.0.

Asimismo, esta nueva filosofía rompe con un modelo de contenidos centralizados, proponiendo que los usuarios asuman el desarrollo y/o administración de una base de datos propia. Se convierte en una plataforma abierta, que beneficia a toda la comunidad de usuarios. Con *software* disponible *on-line*, diseñado con una interfaz de fácil utilización, escalable, de valor añadido en contenidos, de acceso gratuito, se dinamiza la inteligencia colectiva y los usuarios actúan de la manera que desean: de forma convencional, navegando a través de los contenidos publicados por otros; o de manera activa, aportando sus propios contenidos.

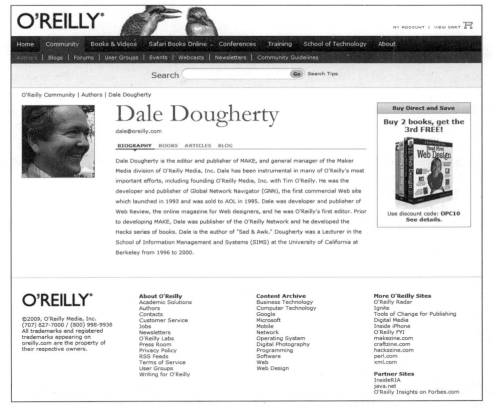

Figura 1.2. *Dale Dougherty es vicepresidente de O'reilly Media.*

Nota: *También se reconoce a Dale Dougherty, vicepresidente de O'reilly Media, como uno de los primeros en usar el término Web 2.0 mientras compartía una conferencia con Craig Cline de MediaLive en la que trataban sobre la evolución de la Red.*

La Web 1.0, 1.5...

Como es lógico, la pregunta es obligada: si existe una Web 2.0, ¿ha existido alguna vez la Web 1.0? Pues sí. Si hay una Web 2.0, necesariamente debe haber una Web 1.0 de donde evoluciona la primera. La Web 1.0 es la Web tradicional, la que todos conocemos y que se caracteriza porque el contenido e información de una página Web es producido por un editor o Webmaster para luego ser consultado por los usuarios de ese sitio.

Por supuesto, la Web 1.0 no es "social", pero en ella se encuentra el germen de la "sociabilidad" de la Web 2.0. A través de los vínculos, hiperenlaces e hipertextos, los distintos usuarios "ofrecían" la posibilidad de consultar otro sitio con información relacionada con la consulta original. A su vez, gracias a los foros, comentarios o libros de visitas, la participación de los usuarios aumenta de forma considerable, completando la propia construcción de la Web, aunque fuera bajo la supervisión de los administradores del sitio. Es lo que se conoce como intercreatividad.

Este concepto es una pieza clave desde los orígenes de Internet. Desarrollado por Berners-Lee en el año1996, es la suma de dos palabras muy asociadas al fenómeno evolutivo de Internet: interactividad + creatividad.

"La intercreatividad propicia los mecanismos necesarios para que toda la comunidad pueda aportar su conocimiento al producto desarrollado, en forma horizontal y organizada", Pardo Kuklinski (Autor del libro *Planeta Web 2.0. Inteligencia colectiva o medios fast food*, y Doctor en Ciencias de la Comunicación).

Este principio es fundamental para el espíritu de colaboración abierta de las comunidades. Es decir, la intercreatividad sustenta sus bases en la firme convicción de que tras esta metodología de intercambio creativo, es posible alcanzar un grado de conocimiento cooperativo que beneficia y enriquece a todos los que participan de esta interacción.

En el año 1997 Pierre Lévy (uno de los filósofos más importantes que trabaja en las implicaciones del ciberespacio y de la comunicación digital) publicaba Inteligencia Colectiva: por una antropología del ciberespacio, cuya tesis central giraba en torno a la existencia de un saber colectivo. En su trabajo explica que es necesario reconocer que esta inteligencia colectiva está distribuida en cualquier lugar donde haya humanidad y que ésta puede potenciarse a través del uso de los dispositivos tecnológicos.

La inteligencia colectiva puede entenderse como la capacidad que tiene un grupo de personas de colaborar para decidir sobre su propio futuro, así como la posibilidad de alcanzar colectivamente sus metas en un contexto de alta complejidad. Este intelecto colectivo, explica Lévy, es una especie de sociedad anónima a la que cada accionario aporta como capital su conocimiento, sus conversaciones, su capacidad de aprender y enseñar. Esta suma de inteligencias no se somete ni se limita a las inteligencias individuales, sino, por el contrario, las exalta, las hace fructificar y les abre nuevas potencias, creando una especie de cerebro compartido. Desde un punto de vista teórico, la inteligencia colectiva parte del principio de que cada persona sabe sobre algo, por lo tanto nadie tiene el conocimiento absoluto. Es por ello, que resulta fundamental la inclusión y participación de los conocimientos de todos. Desde esta perspectiva, el ciberespacio, por sus propiedades (entorno de coordinación sin jerarquías que favorece la sinergia de inteligencias) es el ambiente perfecto para reconocer y movilizar las habilidades-experiencias-competencias de todas las personas.

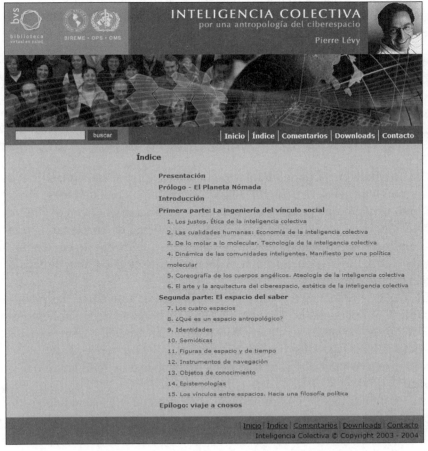

Figura 1.3. *Pierre Lévy es uno de los más grandes estudiosos de la cultura virtual mundial.*

Comienzos de la evolución

Uno de los conceptos que propició el germen de la Web 2.0 es el *Blog*.

Los *blogs* aparecen en la Red provocando un fenómeno social debido fundamentalmente a su impacto en la dinámica de los medios de información en Internet.

La esencia de tal fenómeno es un mecanismo de publicación sustancialmente más sencillo que los que había disponibles antes de su aparición, cambiando la faz de la Web tal y como la conocemos, y provocando un proceso de socialización de la misma.

La definición de *blog*, Weblog o bitácora, va desde el simple diario personal en Internet, hasta una herramienta de expresión, comunicación y socialización, que sirve para tejer un complejo subespacio de comunicación en la Red que conocemos como "blogosfera".

> **Nota:** *El impacto de la aparición del* blog, *considerado como herramienta personal para la comunicación y la expresión individual en la Red, en la evolución histórica de la Web, puede asimilarse con la popularización de los ordenadores personales.*

Esa amplitud en su definición hace que los *blogs* se puedan clasificar o considerar como un servicio de publicación/compartición de contenidos.

Como servicio que prestan, destacaremos aquí su orientación al flujo de comunicación, la herencia de los foros en el mecanismo de comentarios y la ventaja de ofrecer la posibilidad de direccionar cada fragmento de contenido (post, entrada o artículo) con un enlace permanente o fijo, es decir, una dirección Web perfectamente unívoca.

En lo que se refiere a la arquitectura de este tipo de soluciones, las plataformas de publicación personal acostumbran a tener un servicio de alojamiento asociado. Suelen ser variantes de algún CMS (convenientemente parametrizados para su funcionalidad específica de publicación Web) que proporciona una interfaz de usuario diseñada para que éste sólo deba preocuparse del contenido que quiere publicar.

Esos sistemas incluyen normalmente algún tipo de subsistema de gestión del proceso de publicación que permite la automatización de la secuencia de acciones que se realizan hasta el almacenamiento y publicación del contenido. Es esa característica de sencillez la que los ha popularizado como soporte de un fenómeno singular.

Los Wikis

Los wikis son el otro gran exponente de la Web 2.0 que emerge en la Red. La historia de los Wikis (inspirada en el concepto primigenio de la Web como entramado hiperenlazado de alcance global y formato de lecto-escritura) se inicia prácticamente con la World Wide Web que conocemos.

Nacen en 1995 como un sistema de documentación para la actividad de ingeniería *software*, capaz de ir más allá de las posibilidades de los tradicionales procesadores de texto: se buscaba una herramienta que proporcionara un buen control de versiones automático y la posibilidad de un trazado fiable de la historia de los documentos. Una historia que encontraría un punto de inflexión en enero de 2001, con el lanzamiento de Wikipedia, una enciclopedia de elaboración cooperativa y distribuida y de acceso gratuito. Este proyecto específico ha llegado a desarrollarse hasta el punto de convertirse en el foco de agrios debates acerca de la generación y creación colectiva de conocimiento, llegando a confundirse, tanto en alcance como definición, con el término genérico de wiki.

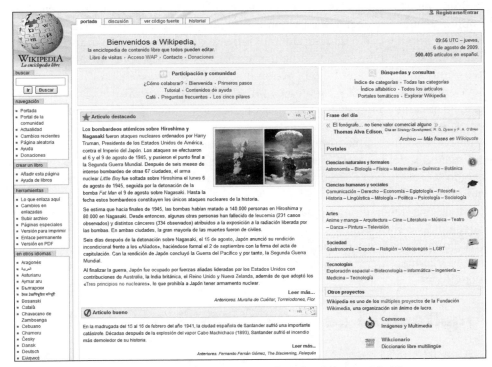

Figura 1.4. *Wikipedia es una enciclopedia de contenido libre que cualquier usuario puede editar.*

La diferencia fundamental entre el wiki y la Wikipedia, es que el primero es una herramienta que debe entenderse como una plataforma tecnológica que permite publicar sitios Web cuyo contenido puede ser editado por sus visitantes, y la Wikipedia como un proyecto muy específico con un alcance muy claramente establecido: la elaboración conjunta de una enciclopedia libre. Si se quiere una definición más completa, podemos decir que: un wiki es una colección extensible de páginas Web entrelazadas, un sistema hipertextual para almacenar y modificar información, una base de datos donde cada página puede ser fácilmente modificada por cualquier usuario que disponga de un navegador Web estándar que admita la utilización de formularios, donde introduce la funcionalidad, las características básicas y la tecnología que hay detrás de una plataforma wiki.

La Web Social o la arquitectura de la participación

Por encima de todas las teorías que definen el cambio de versión de la Web, se impone un adjetivo social. Para algunos estudiosos es un proceso de socialización el que se impone como director del movimiento de cambio que vivimos. Hasta tal punto es así que todas las herramientas aparecidas como propias de la Web 2.0 se acostumbran a catalogar bajo la denominación de *software* social.

Como consecuencia y garantía de utilización de ese *software* social o Web social, aparecen las nuevas generaciones de usuarios o infociudadanos, que muchos investigadores catalogan como "nativos digitales". Este concepto o expresión (digital natives) fue acuñado por Marc Prensky en un ensayo titulado "La muerte del mando y del control", donde los identificaba con aquellas personas que han nacido y crecido con la Red y los distinguía de los inmigrantes digitales (*digital inmigrants*), llegados más tarde a las Nuevas Tecnologías. Los "nativos" forman parte de una generación que ha crecido inmersa en las Nuevas Tecnologías, desarrollándose entre equipos informáticos, videoconsolas y todo tipo de dispositivos digitales, convirtiéndose los teléfonos móviles, los videojuegos, Internet, el e-mail y la mensajería instantánea en parte integral de sus vidas y en su realidad tecnológica.

Arquitectura de la Participación

Con estos dos conceptos, Web social y nativos digitales, O'Reilly plantea que los nuevos desarrollos de Internet, en particular de la Web 2.0, tienen su principal potencial en que facilitan la conformación de una red de colaboración entre individuos, la cual se sustenta en lo que él llama una arquitectura de la participación. Es decir, la estructura reticular que soporta la Web se potencia en la medida que más personas la utilizan. Esta arquitectura se construye alrededor de las personas y no de las tecnologías.

La estructura tecnológica se expande de manera conjunta con las interacciones sociales de los sujetos que utilizan Internet. Bajo esta idea, cada vez que una persona crea un nuevo enlace, la Red se complejiza y, por tanto, se enriquece. La idea de una arquitectura de la participación se basa en el principio de que las Nuevas Tecnologías potencian el intercambio y la colaboración entre los usuarios.

Así, una de las cualidades de la Web 2.0 es que provee de innumerables instrumentos de cooperación, que no sólo aceleran las interacciones sociales entre personas que se encuentran separadas por las dimensiones del tiempo y/o el espacio, sino que además su estructura reticular promueve la gestación de espacios abiertos a la colaboración y la inteligencia colectiva gracias a que muchos interactúan con muchos. Esta arquitectura de la participación, sobre la que se construye la Web 2.0, brinda nuevas herramientas de democratización en cuanto al intercambio del conocimiento. A fin de cuentas, todo este universo de desarrollos y avances tecnológicos tiene como pilar fundamental la valoración del usuario como pieza clave en el puzzle de la evolución tecnológica.

Según O'Reilly, la Web 2.0 sería una actitud y no precisamente una tecnología. Si habláramos del poder de esta plataforma Web, tendríamos que aludir a su capacidad para servir de intermediario a la circulación de datos proporcionados por los usuarios. También señala que tras esta arquitectura de participación hay una ética de cooperación implícita, donde la Web actúa sobre todo como intermediario inteligente, conectando los extremos entre sí y aprovechando las posibilidades que ofrecen los propios usuarios.

Esta arquitectura de la participación da cuenta de un cambio tecnológico, pero más aún, de un cambio social que ofrece a las comunidades la posibilidad de contar con herramientas que multipliquen las formas en que se genera y distribuye el conocimiento.

Nota: *Desde esta perspectiva, la apertura es la pieza clave de este círculo virtuoso de participación y colaboración.*

Software Social: La génesis

El término anglosajón *Social Software* (SoSo) aparecía por primera vez en un artículo publicado en 1987 por Eric Drexler titulado *Hypertext Publishing and the Evolution of Knowledge37*. Aunque, realmente, no cobraría relevancia en la Red hasta noviembre de 2002, año en que Clay Shirky organizaba el *Social Software Summit* en Nueva York.

Son muchas las definiciones que se han ensayado para el término. De hecho, el propio Clay Shirky diría que se trata de "*software* que soporta la interacción grupal".

Una definición que está bastante aceptada, por su completitud y alcance, es la que proponía Stowe Boyd. Para Boyd, el *software* social es *software* construido a partir de una o más de las siguientes premisas:

- Dar soporte a la interacción conversacional entre individuos o grupos, incluyendo conversaciones en tiempo real o diferido. Por ejemplo: la mensajería instantánea y los espacios de colaboración para equipos de trabajo, respectivamente.

- Dar soporte a la realimentación social, que permita a un grupo valorar las contribuciones de otros, quizás implícitamente, permitiendo la creación de una reputación digital.

- Dar soporte a las redes sociales, para crear y gestionar explícitamente una expresión digital de las relaciones personales de los individuos, así como para ayudarlos a crear nuevas relaciones.

Dentro de nuestro planteamiento, el pilar fundamental es el proceso de "socialización" que supera en peso a los propios procesos de comunicación que tradicionalmente se asociaban a Internet. Y es esta situación la que hace que hablemos de una Web Social.

La Web como plataforma

Más que proponer una arquitectura concreta, o siquiera sus componentes específicos, es importante fijar el marco conceptual en el que se debería encuadrar la nueva realidad sistémica a la cual se enfrenta la organización moderna en la Red. Partamos de la idea directriz de la propuesta de O'Reilly: la Web como plataforma.

El enfoque es una estructura por capas, un modelo intencionadamente simplificado, la plataforma Web como sustrato tecnológico, soporte de una estructura socioeconómica, que se ha representado por los individuos y las organizaciones a las que pertenecen.

La dinámica de la Web 2.0 adquiere significado social para los individuos y, por tanto, para las organizaciones que quieran realizar una gestión del cambio eficaz y eficiente; eso es lo que va a catalizar el proceso de socialización y que, en términos de arquitectura, se incorpora con dos capas intermedias: un sustrato de

Software Social (SoSo) y una capa de procesos que sería la gestión de las redes sociales (Social Networking, SoNet).

Ejemplos de "socialización"

A continuación se describen varios ejemplos que, además de ser particularmente representativos de la Web 2.0, contribuyen a materializar esta filosofía de la apertura. Hablaremos de:

- Creative Commons.

- Folksonomía.

Creative Commons

Se trata de una organización no gubernamental, sin ánimo de lucro, que fue fundada y es presidida por Lawrence Lessig, profesor de derecho en la Universidad de Stanford y especialista en ciberderechos. Creative Commons está inspirada en la licencia GPL (*General Public License*) de la Free Software Foundation, sin embargo, su filosofía va más allá de ser un licenciamiento de *software* libre. El usuario es libre de copiar, distribuir o modificar una obra, incluso, en algunos casos, se autoriza a hacer uso comercial de ella, pero es obligatorio que se haga referencia a su autor.

La idea principal de esta iniciativa es reducir las barreras legales de la creatividad y, a su vez, posibilitar un modelo legal, ayudado de herramientas informáticas, para así facilitar la distribución y el uso de contenidos para el dominio público.

Entre sus metas principales está la creación de un espacio que promueva, facilite y garantice el intercambio colectivo, como forma de promover una cultura de la libertad, basada en la confianza en intercambios creativos comunitarios. Esta organización procura ayudar a los interesados a intercambiar obras y trabajos de una manera sencilla, dinámica y segura. La institución afiliada a Creative Commons España (`http://es.creativecommons.org/`) es la Universidad de Barcelona, y este proyecto es posible gracias a la colaboración de muchas personas anónimas que dan su apoyo.

CC España se inició en febrero del año 2003 cuando la Universidad de Barcelona decidió buscar un sistema para publicar material docente siguiendo el ejemplo del Massachusets Institute of Technology. Se determinó optar por el sistema de licencias de Creative Commons, estableciéndose un acuerdo de trabajo por el cual la UB lideraría el proyecto de adaptación de las licencias al Estado Español en castellano y catalán.

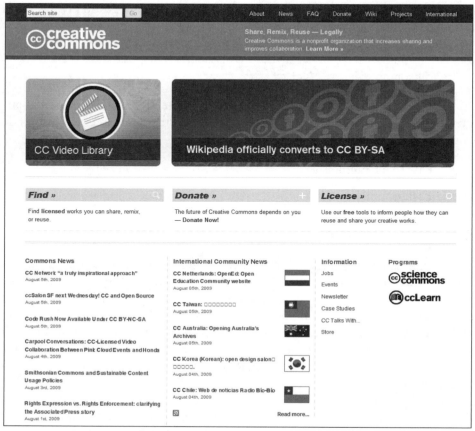

Figura 1.5. *La institución afiliada a Creative Commons España*
es la Universidad de Barcelona (UB).

Folksonomía o sistemas de clasificación colectiva

El segundo ejemplo al que hacíamos alusión anteriormente es el de folksonomía, es decir, un tipo de organización de la información de manera colectiva y colaborativa.

Tal como se ha expuesto, el universo de aplicaciones Web 2.0 crece y evoluciona proporcionalmente a la cantidad de gente y comunidades que intercambian información y experiencias a través de la Red.

Por ello, un modelo interesante de analizar es el de la folksonomía, que describe una nueva aproximación social para crear colectivamente metadatos de los recursos e información que se encuentra en la Red. La folksonomía se aparta de las estructuras jerarquizadas, para aproximarse a una organización basada en la colaboración de las personas que cooperan a través de ordenar/clasificar la información por medio de etiquetas o tags. Debido a que las categorías son creadas y administradas libremente por las personas que usan los sistemas, no obedece a una lógica jerárquica, sino a las decisiones de etiquetado de los propios usuarios.

La folksonomía permite generar datos producidos por la participación de miles de usuarios. Este sistema colaborativo usado por muchas aplicaciones en red, materializa la arquitectura de la participación, así como las ideas de la inteligencia colectiva y la intercreatividad. La experiencia actual en el uso de folksonomías está presente en sitios como Flickr (sitio Web que permite almacenar, ordenar, buscar y compartir fotografías y vídeos *on-line*.). La popularidad de Flickr se debe fundamentalmente a su capacidad para administrar imágenes mediante herramientas que permiten al autor etiquetar sus fotografías y explorar y comentar las imágenes de otros usuarios. El sistema de Flickr permite hacer búsquedas de imágenes por etiquetas, por fecha y por licencias de Creative Commons.

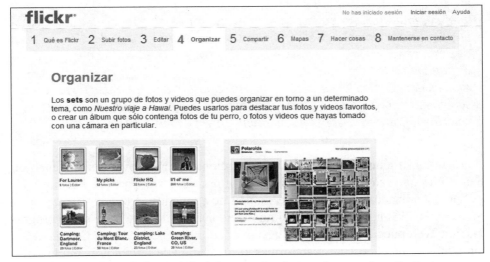

Figura 1.6. Flickr tiene dos objetivos fundamentales: ayudar a la gente a poner su contenido a disposición de las personas que les importan y habilitar nuevos modos de organizar fotos y vídeos.

Tecnologías de la Web 2.0

Siempre que se habla de la Web 2.0, se acostumbra a poner como ejemplo ilustrativo a una serie de servicios que se ofrecen a través de la Web, que se caracterizan por ofrecer una interfaz especialmente ágil, flexible y sencilla.

Pues bien, detrás de esas aplicaciones, se puede identificar como denominador común a la tecnología AJAX (*Asynchronous Javascript And XML*); una combinación de tecnologías que permiten agilizar la interacción entre el navegador y el propio usuario.

Aunque para el usuario final, lo verdaderamente importante es la posibilidad de utilizar una interface sencilla basada en Web.

Nota: *AJAX es una técnica de desarrollo Web para crear aplicaciones interactivas. Estas aplicaciones se ejecutan en el cliente, es decir, en el navegador del usuario mientras se mantiene la comunicación asíncrona con el servidor en segundo plano. De esta forma, es posible realizar cambios sobre las páginas sin necesidad de recargarlas, lo que significa aumentar la interactividad, velocidad y usabilidad en las aplicaciones. Además, es una tecnología asíncrona, en el sentido de que los datos adicionales se requieren al servidor y se cargan en segundo plano sin interferir con la visualización ni el comportamiento de la página. JavaScript es el lenguaje interpretado en el que normalmente se efectúan las funciones de llamada de Ajax, mientras que el acceso a los datos se realiza mediante XMLHttpRequest, objeto disponible en los navegadores actuales.*

Ajax es una técnica válida para múltiples plataformas y utilizable en muchos sistemas operativos y navegadores, dado que está basado en estándares abiertos como JavaScript y Document Object Model (DOM).

La infraestructura de la Web 2.0 está relacionada con Nuevas Tecnologías que han hecho que sea más fácil publicar información y compartirla. Por un lado, se han actualizado los sistemas de gestión de contenido (*Content Management Systems* o CMS) haciendo que cualquier persona que no sepa nada sobre programación Web pueda, por ejemplo, gestionar su propio *blog*. Estos CMS son los cimientos esenciales de las plataformas de prestación de servicios de publicación y colaboración, ya que están diseñados para la creación, manipulación, compartición y/o publicación de contenido. Este tipo de sistemas aparecen dentro del ámbito de la informática empresarial, en parte como una evolución de los sistemas de gestión documental.

Por otro lado, la tecnología de la Web 2.0 ha evolucionado hasta crear microformatos estandarizados para compartir automáticamente la información de otros sitios Web. Un ejemplo conocido es la sindicación de contenidos bajo el formato RSS (del inglés, *Really Simple Syndication*) que nos permite acceder a fuentes de información publicadas en otros sitios de forma rápida y sencilla. La publicación de la información siguiendo esos formatos permite que los usuarios se puedan suscribir como si de canales sintonizables en un receptor de radio o televisión se tratara.

Este conjunto de metodologías y tecnologías se basa en una palabra clave: *infoware*, es decir, "*software* + datos". Lo valioso de las aplicaciones Web 2.0 son los datos, ya que en muchos casos el *software* es un recurso abierto o de fácil implementación.

Así, el interés inicial de estos proyectos, donde la gestión de la base de datos es la competencia básica, se basa en obtener una masa crítica de usuarios que produce un volumen de datos de gran valor.

La estructura que busca ordenar la Web 2.0

Internet, en su fase más reciente, dispone de cuatro ejes que dan forma a su robusto armazón:

- **Redes sociales**: describe todas aquellas herramientas diseñadas para la creación de espacios que promuevan o faciliten la conformación de comunidades e instancias de intercambio social.

- **Contenidos**: hace referencia a todas aquellas herramientas que favorecen la lectura y la escritura *on-line*, sin olvidar su distribución e intercambio.

- **Organización Social e Inteligente de la Información**: herramientas y otros recursos para etiquetar, sindicar e indexar, que no solamente facilitan el orden, sino también el almacenamiento de la información, así como de otros recursos disponibles en la Red.

- **Aplicaciones y servicios**: dentro de esta clasificación se incluyen gran cantidad de herramientas, *software*, plataformas *on-line* y un híbrido de recursos creados para ofrecer servicios de valor añadido al usuario final.

Redes sociales

El usuario de la "nueva" Internet cuenta con distintos dispositivos y herramientas para participar colectivamente con sus semejantes, pero de manera virtual. Bajo esta perspectiva, los públicos encuentran innovadores y poderosos canales de interacción, que permiten a las personas actuar como tribus, micro-comunidades o grupos de interés altamente segmentados.

La popularidad de estas tecnologías, que contribuyen a reforzar las redes sociales, ha ido a la par de un aumento en los niveles de intercambios de contenidos a través de la Red. Esto ha hecho de Internet un medio más social para consumir información y trabajar, pero también para comunicarse, entretenerse y compartir.

Figura 1.7. *Facebook es la red social que mayor número de usuarios aglutina.*
De hecho, en julio de 2009 Mark Zuckerberg, fundador de la empresa,
hizo público que había alcanzado los 250 millones de usuarios.

"La información sólo se conserva en tanto se transmite o se da" (Aladro Vico, 1999). Este principio rige las herramientas de la Web 2.0 y facilita el intercambio gracias a que los usuarios han aprendido a comunicarse a través de la Red, sin necesitar de intermediarios ni dispositivos de uso sofisticado o de pago.

Bajo esta idea del uso colectivo de las tecnologías, agrega la idea de reciprocidad, es decir, mientras más personas utilizan la Web 2.0, ésta se volverá cada vez mejor.

Contenidos

La idea de los "Contenidos Generados por el Usuario" (CGU) traducción del inglés *User Generated Contents*, se refiere a aquella información producida por cualquier usuario de Internet en espacios virtuales sin requerir conocimientos tecnológicos avanzados.

Esto hace referencia a una evolución desde la etapa en la que los cibernautas consumían contenidos creados por personas con ciertos privilegios, es decir, con acceso a plataformas tecnológicas o con experiencia en programación, hacia una fase en la que los contenidos se generan por usuarios, quienes sólo necesitan un dispositivo conectado y conocimientos básicos en el uso de la Red.

Organización Social e Inteligente de la Información

Los estudios que dan cuenta del creciente volumen de información que se produce en la Red, sustentan la necesidad de incorporar herramientas que ayuden a organizar y optimizar el proceso de búsqueda e identificación de contenidos útiles en Internet. Es decir, por una parte es conveniente apoyar los métodos y herramientas taxonómicas que hacen posible clasificar, etiquetar, jerarquizar y ordenar. Por otra, incorporar nuevas metodologías orientadas a organizar de manera colectiva aquella información relevante. La incorporación de herramientas que permitan la sindicación de los contenidos de Internet puede entenderse como otro cambio sustantivo dentro de la fase de la Web 2.0.

La aparición de estándares sindicados en las páginas Web permite la distribución de contenidos categorizados que alimentan automáticamente con información a otros sitios y programas lectores. Estas herramientas ayudan a conectar a los usuarios con las fuentes que son de su interés. Ésta es una tecnología representativa de la Web 2.0, ya que el usuario puede enlazar o etiquetar una página Web, pero también el contenido de ésta, recibiendo notificaciones en un solo lugar cada vez que se produce una actualización, sin necesidad de consultar distintas páginas (*blog*s, periódicos *on-line*, etc.).

Aplicaciones y servicios

Una particularidad que comparte un gran número de aplicaciones Web 2.0 es que favorecen la interoperatiblidad e hibridación de servicios. Es decir, han sido elaboradas para facilitar la creación de herramientas que permitan una integración más transparente de varias tecnologías en una sola.

2. Qué puede aportar una Red Social a nuestro negocio

Hoy día, cada vez son más las actividades habituales de las personas y de las organizaciones que se trasladan al mundo digital. No importa que se trate de procesos económicos, administrativos, comerciales, mediáticos, otros diversos localizados en múltiples sectores, o aquellos relacionados con el ocio. El resultado es que a medida que aumenta el grado de digitalidad social, interpretado como el grado cuantitativo de penetración de la tecnología digital en la sociedad, una parte de los ciudadanos va emigrando hacia una mentalidad más digital, mientras que otra parte se mantiene más resistente a ello o no acepta esa emigración-transformación.

El factor que hace al tejido cada vez más denso es la proliferación de plataformas digitales de muy diferentes niveles de potencia y complejidad.

Otro gran impacto en la sociedad de la Web 2.0 puede ser el grado en el que están cambiando las relaciones sociales entre los individuos. Esta evolución en las relaciones humanas consiste en considerar que el conocimiento no es propiedad exclusiva de un individuo, sino de un grupo. Cada uno de los miembros que lo componen tiene una mayor accesibilidad a la información y esto permite aportar nuevos puntos de vista, que enriquecen la relación y contribuyen a construir un conocimiento nuevo, cooperativo y adaptado a las necesidades y particularidades de cada grupo.

> **Nota:** *Todos estos cambios en los procesos y en las relaciones entre las personas han obligado a evolucionar a los distintos modelos de negocio.*

Los modelos de negocio para empresas Web 2.0 tienen bastantes similitudes con los de empresas tradicionales, aunque en los primeros cobra especial importancia el objetivo de conseguir la participación activa del usuario para garantizar su sostenibilidad. Parece existir cierto consenso sobre la necesidad de que cualquier modelo de negocio Web 2.0 que aspire a ser exitoso, cumpla la condición de ser capaz de generar valor para el cliente.

Así, parece que en la actualidad las empresas utilizan la Web 2.0 para gestionar la colaboración internamente, según el estudio de McKinsey (consultoría de gestión a nivel mundial), mientras que, a la larga, el interés de las empresas por incorporar estas tecnologías será mejorar la interacción con el cliente. Además de estas utilidades, algunos de los principales beneficios de la Web 2.0 para las empresas son la posibilidad de utilizar comunidades para obtener *feedback* de productos, una mayor satisfacción del cliente (al mejorar la comunicación con éste), la optimización del presupuesto de marketing (al ser más efectivas las campañas publicitarias) y el cambio hacia la empresa extendida, que cada día cuenta con más aceptación como estrategia de negocio y es clave para la formulación de efectivas estrategias competitivas.

Para entender la sostenibilidad de esta Internet de nueva generación habrá que considerar cuáles son los intereses de las personas y cuáles los de las organizaciones.

Interés por el individuo

La parte más significativa del movimiento 2.0 pasa antes por intereses personales que por modelos de negocio, ya que se trata de un movimiento social antes que un modelo empresarial, y de ahí la dificultad a la hora de identificar el modelo de negocio subyacente, ya que en muchas ocasiones no lo hay.

Todo ello puede esquematizarse en tres tipos de iniciativas que responden a móviles personales, que pese a no tener ninguna conexión entre ellas también es cierto que algunos proyectos las siguen ordenadamente como si se tratara de una escala evolutiva.

Idea sin "beneficio"económico

Es el caso mayoritario en el ecosistema 2.0. La iniciativa personal sin expectativas económicas es el móvil subyacente en la gran mayoría de *blogs*, y también está en el origen de muchos de los "intereses" que pueblan la Red.

La nueva Internet posibilita que cualquier persona tome la iniciativa creando y divulgando contenidos y aplicaciones, y lo puede hacer prácticamente sin costes. El verdadero coste es el tiempo que uno va a dedicar al desarrollo de ese contenido o aplicación, y hay muchísimas razones diferentes al dinero que pueden justificar que alguien destine una parte de su tiempo a algo.

Figura 2.1. *La nueva Internet posibilita que cualquier persona tome la iniciativa creando y divulgando contenidos y aplicaciones, y lo puede hacer, en muchos casos, sin costes.*

Iniciativas con expectativa de beneficio centrado en el autor

En algunos casos, las iniciativas anteriores, construidas sin expectativas económicas, aportan visibilidad y reconocimiento a sus autores. Cuando eso sucede existe la posibilidad de continuar adelante con la iniciativa como manera de mantener y promover esa relevancia social, ya que ello comporta nuevas oportunidades que sí tienen repercusión económica: conferencias, asesorías, consultorías, ofertas de empleo... La iniciativa en sí sigue sin aportar beneficios económicos, pero la capitalización del esfuerzo se plasma en la actividad personal del promotor, el cual ve aumentar su caché como *freelance* o como empleado.

> **Nota:** *The Economist publicó en agosto de 2006 un artículo titulado "Why do economists spend valuable time blogging?". ¿Cómo es posible que haya economistas que se dediquen a perder el tiempo bloggeando?, ¿precisamente ellos que están entrenados en maximizar el beneficio del esfuerzo? Para The Economist la respuesta era clara: para influir.*

Proposiciones con expectativa de retorno económico centrado en el proyecto

Hay personas que acometen iniciativas a título personal, sin integrarse en una organización, y lo hacen con vocación de obtener algún retorno económico. No les impulsa únicamente el servicio social que puedan ofrecer, o el retorno en prestigio o imagen que pueda brindarles el proyecto, sino que requieren que exista algún ingreso directo de capital. En unos casos simplemente se busca un modelo de ingresos que permita la sostenibilidad del proyecto, mientras que en otros el promotor tiene entre sus objetivos mejorar su situación económica personal. Véase la figura 2.2. La manera más sencilla y, por qué no decirlo, obvia, de empezar a obtener ingresos económicos es mediante la inclusión de publicidad. Pero no nos engañemos, se tratará de una solución prácticamente simbólica, si no se cuenta con una audiencia y visibilidad significativas, lo cual no es sencillo.

> **Nota:** *Es difícil explorar otras fórmulas de ingresos si existe cierta resistencia a constituir una empresa, y se pretende mantener el carácter personal del proyecto.*

Los intereses de las organizaciones

De manera simple, los objetivos de las organizaciones acostumbran a encajar en estos tres grandes ámbitos:

- Dar u ofrecer un servicio.

- Con ello, ganar dinero.

- Y, lógicamente, sobrevivir.

Figura 2.2. *Son muchos los que con su* blog *buscan divulgar contenidos interesantes, invirtiendo su propio tiempo, y esperando, quizás, gracias a la publicidad, el mantenimiento de la página.*

Dependiendo de si los objetivos de una determinada organización se inclinan más hacia uno u otro de estos ámbitos, ésta adoptará un tono, por denominarlo de algún modo: más o menos social, más o menos capitalista, o más o menos ambicioso.

En contra de lo que a veces pueda parecer, no todas las organizaciones están orientadas al lucro.

Aunque haya a quienes les parezca increíble, hay organizaciones que responden antes a un proyecto personal que a una obsesión con el dinero, y sobre todo, resulta innegable que existen organizaciones basadas en criterios de economía social, cuya finalidad es el servicio a la comunidad y cuya vocación es servir a las personas antes que la búsqueda del beneficio económico (el cual, si apareciera, se destinaría al servicio y a la autonomía de gestión).

Pero, además de los objetivos sociales y económicos, algunas empresas también tienen el lícito objetivo de sobrevivir y, en algún caso, ése será el motivo por el cuál decidirán implicarse en el fenómeno 2.0.

Según algunos estudios, para los años venideros, la mayoría de las "grandes y medianas" compañías adoptarán varios aspectos tecnológicos de la Web 2.0, y aquellas organizaciones que descarten los aspectos no tecnológicos de la Web 2.0 perderán muchos de los beneficios de negocio.

Y parece ser que en un futuro bastante inmediato la capacidad social y relacional que hay tras el concepto de la Web 2.0 también va a ser un requisito para sobrevivir: los consumidores están más informados y más conectados, y toleran cada vez peor a las empresas que no están conectadas, que no escuchan, que evitan participar, y que, además, no entienden los mercados como conversaciones. Por supuesto, esta base social que aflora bajo la etiqueta 2.0 no es algo nuevo. La sociedad de la información y del conocimiento tiene ciudadanos formados, dotados de tecnología, conectados y experimentados en la economía de mercado.

Desde el comienzo de la economía moderna, los estudiosos de los mercados han defendido las "conversaciones", reivindicando el derecho de los consumidores a establecer diálogos con las empresas, el derecho a ser escuchados y respondidos en un diálogo entre iguales, que si no se produce solamente puede ser perjudicial para las empresas, puesto que los consumidores buscarán y encontrarán alternativas.

Negocios basados en la "audiencia"

Sin duda, el modelo de negocio de Internet siempre ha presentado numerosas similitudes con el de un canal de comunicación convencional. Poniendo de ejemplo dos medios, como son la radio y la televisión, veremos que las cadenas rentabilizan su audiencia principalmente gracias a la publicidad, su mayor fuente de ingresos con diferencia, lo cual puede verse complementado con otras modalidades de desarrollo del negocio, como son las cuotas por suscripción o bien las comisiones por transacción (es el caso de algunas teletiendas o de los mensajes SMS a ciertos programas).

Es lógico entonces que en Internet la tipología de modelos de ingresos basados en la audiencia sea bastante similar.

Veamos sus principales modalidades: publicidad y *pay per view* o pago por visión.

Publicidad

La Red es la fuerza que sustenta muchas de las iniciativas 2.0, ya que éstas se basan, de forma mayoritaria, en la incorporación de esfuerzos individuales que acaban constituyendo una red de conocimiento compartido. Digamos que a mayor número de gente compartiendo, mayor utilidad del servicio propuesto.

Es el caso de los grandes paradigmas de este movimiento (del.icio.us, donde la gente comparte sus enlaces; Flickr, donde comparte fotografías; YouTube, donde comparte vídeos, etc.).

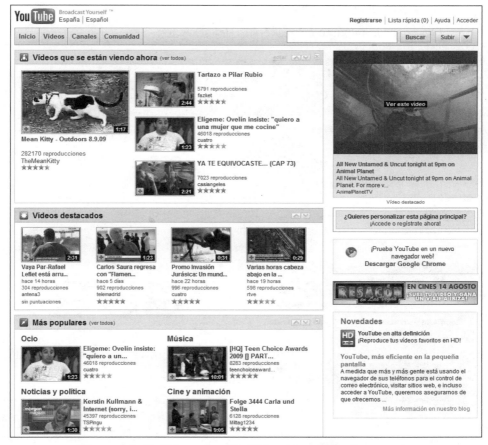

Figura 2.3. *YouTube es un sitio Web que permite a los usuarios compartir vídeos digitales a través de Internet.*

Todos ellos basan su fuerza en la aportación de millones de personas, lo que a su vez les proporciona millones de visitantes. Véase la figura 2.4.

Algunas de estas personas que comparten su actividad y su conocimiento en la Red pueden llegar a merecer la atención de una audiencia más o menos numerosa en su *blog* o en su página personal.

Pero hasta ahora, quien deseaba tener publicidad en su página Web debía ocuparse de gestionarla:

- Contactar con las empresas que puedan estar interesadas.

- Recibir sus creatividades y textos publicitarios.

- Decidir cuándo ésta debe aparecer o desaparecer de la página en función de la presencia que se haya contratado.

- Gestionar la facturación y el cobro del servicio...

Figura 2.4. *Flickr cuenta con una gran comunidad de usuarios que comparte las fotografías y vídeos creados por ellos mismos.*

Sin duda, un enorme trabajo para el que no sólo cualquiera no está capacitado, sino al que, además, no todos quieren dedicar su tiempo.

Y aquí es donde Google hizo una aportación trascendental: desarrolló una tecnología que le permitía variar la publicidad de su buscador en función de las palabras concretas que estuviera buscando cada usuario. Es decir, publicidad contextual personalizada. Quien busque en Google "apartamentos en Barcelona" verá unos anuncios diferentes a quien busque "cocina japonesa". Además, mediante la creación de AdWords, Google simplificó la gestión de todo este modelo publicitario, ya que cada anunciante administra por sí solo tanto las palabras a las que quiere vincular sus anuncios como el presupuesto que quiere invertir. Pero para la Web 2.0, lo realmente relevante sucedió cuando Google decidió ofrecer la publicidad contextual a otras páginas Web, y creó el programa de afiliación AdSense.

El responsable de una Web afiliada a AdSense puede decidir en qué páginas concretas y en qué lugar de esas páginas quiere publicidad, y Google analizará en tiempo real ese contexto, ubicando allí el anuncio más adecuado. Google cobrará del anunciante en función de la eficacia de ese anuncio, y repartirá parte de esos ingresos con el titular de la Web donde ha aparecido el anuncio.

Así pues, gracias a AdWords, un anunciante puede aparecer casi en cualquier página, y a su vez, gracias a AdSense, cualquier página puede tener ingresos por publicidad de manera sencilla y sin asumir costes ni tareas de gestión. AdSense ofrece un modelo de ingresos que aumenta en relación directa al volumen y calidad de la audiencia, aunque una primera estimación (no muy precisa) de cuáles serían esos ingresos se puede obtener mediante TextLinkAds, un simulador que ofrece dicha estimación de ingresos diarios y/o mensuales si se le indica la dirección de una Web concreta y la posición en la página donde se quieren ubicar los anuncios AdSense.

Pago por visión

Que un usuario se registre es una práctica muy habitual en la mayoría de sitios Web. Pero en la Web 2.0 es excepcional tener que pagar por acceder a la zona registrada o a ciertos contenidos. La mayoría de las iniciativas que gestionan su audiencia con modelos de suscripción o registro lo acostumbran a hacer más con parámetros de fidelización que de negocio directo.

Un movimiento como el 2.0, basado en buena parte en que los contenidos han sido generados por la propia audiencia, será a priori bastante reacio a una propuesta que pretenda cobrar por dar acceso a los mismos. Y si la expectativa de cobrar se basa en contenidos propios que no han sido enriquecidos por la audiencia, ya no podremos hablar de un modelo de negocio basado en conceptos 2.0, sino en conceptos de la Internet más clásica.

Por ejemplo, vemos que la Web 1.0 sí exploró con bastante empeño el modelo de negocio del *pay per view*, en especial en el mundo de la prensa. Eso sí, el éxito obtenido siempre fue relativo, como lo demuestra el hecho de que la mayoría haya abandonado dicha solución.

Uno de los sectores que sigue con un modelo de negocio pago por visión es el del sexo, y por razones obvias.

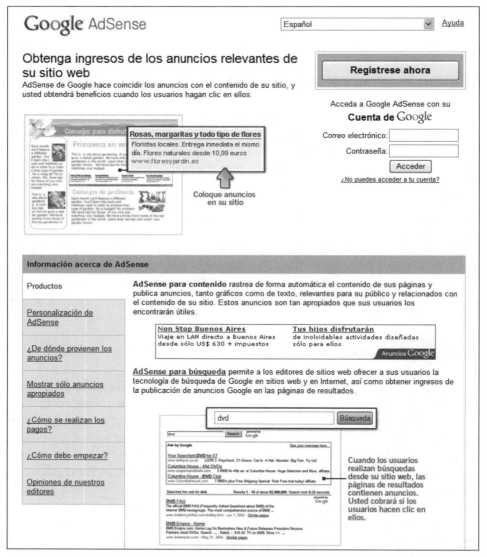

Figura 2.5. *Gracias a AdWords, un anunciante puede aparecer casi en cualquier página, y a su vez, gracias a AdSense, cualquier página puede tener ingresos por publicidad de manera sencilla y sin asumir costes ni tareas de gestión.*

Soluciones para nuevas realidades

El mercado de las redes sociales está siendo dominado hasta ahora por grandes propuestas, por ejemplo, MySpace o Facebook, con millones de "afiliados", y esto significa un "inmenso mercado". Por ello, el gran valor de estas "nuevas" herramientas y procedimientos sería su introducción en el seno de las grandes empresas: si numerosos usuarios han descubierto cómo compartir conocimiento en red, las compañías, por lógica, querrán aplicarlo a sus empleados y clientes.

La actividad de los usuarios en las redes sociales genera unos activos de contenidos y conocimiento que si se analizan pueden aportar datos de interés. La Web 2.0 está modificando drásticamente la manera en que se crea conocimiento y se establecen relaciones, lo cual altera profundamente lo que se hace por dinero y lo que no, lo que es amateur y lo que es profesional. Usuarios y creadores se mezclan provocando un aumento espectacular en la producción, lo cual provoca que el valor ya no esté únicamente en los contenidos, sino en la capacidad de merecer la atención. Se llega así a una nueva economía de la atención, la cual pide a gritos reconsiderar los modelos de negocio.

Gestión del conocimiento en la empresa

Uno de los beneficios que las redes sociales pueden aportar a las empresas se establecería en los usos corporativos. Si los ciudadanos están desarrollando maneras y actitudes para colaborar y compartir conocimiento, es lógico pensar que las empresas esperan lograr lo mismo entre sus empleados. Para ellas será doblemente importante, puesto que por un lado afrontan el tema de la gestión del conocimiento, y por otro la capacidad de atraer y retener talento.

Cada vez serán más las empresas interesadas en captar el conocimiento en red de sus empleados, pero también serán cada vez más los empleados que no estén dispuestos a perder sus sistemas personales de información y relación cuando van al trabajo, ya que dichos sistemas pueden ser una parte importante en su competitividad profesional. Si la empresa tiene unos sistemas de gestión del conocimiento capaces de complementarse con los recursos propios del empleado, ambos tienen mucho a ganar. Si una empresa contrata un empleado de amplia experiencia, pero no sabe sincronizar sus sistemas con los recursos personales de información de ese empleado, estará perdiendo una gran oportunidad. La empresa no puede partir de la base de que el empleado no dispone ya de soluciones personales. Si quiere captar y ofrecer conocimiento, es mucho más ambicioso y útil si desarrolla la capacidad de aprovechar los recursos personales que desarrolla el empleado, y que éste está dispuesto a compartir con ella.

Nota: Las principales consultoras y empresas de software *ya están tomando posiciones en el suculento mercado de la puesta en marcha de redes sociales corporativas en el seno de las grandes empresas e instituciones, siempre necesitadas del mito de la gestión del conocimiento. Ahora las empresas también saben que deben aprender a gestionar el conocimiento que fluye entre sus empleados (y en los mercados), y que las actuales dinámicas de la Web 2.0 que se producen son la llave para lo que hoy quizá todavía puede ser ventaja competitiva, pero que en breve será indispensable para subsistir.*

Gestión de los potenciales clientes

La Web 2.0 y sus redes sociales son un fenómeno que ha cambiado la forma de hacer marketing y publicidad, permitiendo que las empresas conozcan fácilmente los gustos de los clientes y se conecten directamente con ellos. Pero siempre teniendo en cuenta que antes de emprender una comunicación con los clientes es necesario saber y aprender cómo hablar con este tipo de usuario. Se ha de saber enviar la información, pero sobre todo se tiene que conocer el modo de tratar las respuestas y comentarios logrados.

Una empresa dentro de una red social debe aceptar las normas de convivencia, sin imponer sus ideas, tan sólo expresando sus ideas como uno más de la red social. Sobre todo ha de saber ganarse la confianza de los usuarios que le rodean, no como en los medios tradicionales donde los consumidores son números estadísticos.

Un gran error, bastante cometido, es pensar en crear un perfil y bombardear a los usuarios. Sin duda, ese no es el camino, ya que este tipo de acciones provocan precisamente el efecto contrario: rechazo sistemático y mala imagen en la comunidad, con peligro de extenderse fuera de la red social. Véase la figura 2.6.

Nota: Hay que tener en cuenta el uso que se hace de estas redes. Quien crea que acceder a ellas y enviar a sus miembros, sin ningún tipo de control, por ejemplo, mensajes sobre una actividad profesional, es lo correcto, se equivocará. Perderá el norte en lo referente a sus verdaderos intereses, desviándose de ciertos objetivos como son: interrelacionarse con futuros clientes, proveedores y colaboradores. Sin contar con que se convertirá en una molestia a los ojos de muchos de los usuarios, que no son su público objetivo.

Figura 2.6. *Con el auge de las redes sociales también surgen nuevos problemas, como es el caso del* spam. *Los servicios antispam trabajan para ofrecer las mejores soluciones.*

Por suerte, en las redes sociales se puede "censurar" la mala praxis empresarial, simplemente dando la facilidad de decidir a quién conectarse o no. Esto genera redes sociales dentro de las redes sociales que comparten intereses afines. Estás "subredes" son las que verdaderamente dan el valor a la red social principal que las agrupa. En este caso, el valor de las redes interiores es más importante cuanto más afín sea con la empresa. Aunque una compañía opere en un sector muy específico, seguro que existe un grupo o círculos de conexiones que están vinculados con esa temática, incluso puede llegar a ser un nexo de unión entre usuarios con preferencia a un mismo producto o servicio. Además, la gestión se puede complementar: compartiendo ideas sobre el sector, productos y servicios, comunicándose de tú a tú con los usuarios afines, u obteniendo información inmediata sobre las reacciones e impresiones de los "clientes", lo cual servirá, por ejemplo, para detectar problemas en campañas o productos antes de que vaya a mayores.

> **Nota:** *Se prevé que en el 2011 Facebook conectará a más del 10% de los habitantes del planeta.*

Convivencia con las redes sociales

Una empresa debe tratar a las redes sociales como un canal de comunicación, y no de ventas. Evidentemente, una comunicación positiva con los clientes genera un aumento de confianza y, por tanto, de ventas.

También hay que entender que, además de posibles clientes, una red social puede hacer que la comunicación sea con futuros socios, colaboradores, empleados, proveedores, etc., y con los propios empleados, pues el uso de redes sociales dentro de la empresa puede mejorar en todas sus actividades. Hay que tener en cuenta que cada empleado de una gran empresa maneja una serie de contactos que pueden ser muy beneficiosos para algún otro compañero en determinado momento o en un proyecto en concreto. Hasta ahora, el intercambio de esos contactos era muy complicado o muy rudimentario, por lo que, en muchas ocasiones, un contacto valioso podía pasar desapercibido. Poco a poco, las empresas van incorporando sistemas informáticos de gestión que ponen a disposición de toda la empresa una red social de contactos, permitiendo a cada empleado seleccionar aquel contacto que mejor se adapte al trabajo que está llevando a cabo.

> **Nota:** *El aprovechamiento de la red de contactos termina por repercutir positivamente en la gestión de los proyectos y de los clientes, influyendo, de igual modo, en la cuenta de resultados.*
> *Por otro lado, no hay que olvidar que se trata de "redes sociales" y, por ello, pueden convertirse en un arma de doble filo. Es decir, podría pasar que ciertas personas obtengan datos acerca de vuestra "situación" sin vosotros desearlo, a través de contactos comunes.*

Uso práctico de una red social

En la actualidad es conocido que grandes bufetes de abogados o empresas consultoras, con cientos de trabajadores dispersos por todo el mundo, se han dado cuenta de lo beneficioso que es incrementar el uso de aplicaciones informáticas de redes sociales para funcionar como un único equipo de trabajo, y para dirigir el desarrollo de su negocio sacando todo el partido a sus empleados, estén éstos donde estén.

Numerosas empresas optan por un sistema de gestión de relaciones cuya función consiste, básicamente, en analizar los datos corporativos internos, incluyendo el CRM (*Costumer Relationships Management*), los libros de direcciones, las citas en el calendario o bien los e-mails, para a continuación, compilar y administrar el mapa de las redes de relaciones de toda la empresa, y todo ello de manera automática.

> **Nota:** *La administración de la relación con los clientes es parte de una estrategia de negocio centrada en el cliente. Una pieza fundamental de su idea es, precisamente, la de recopilar la mayor cantidad de información posible sobre los clientes, para poder dar valor a la oferta. La empresa debe trabajar para conocer las necesidades de los mismos, y así poder adelantar una oferta y mejorar la calidad en la atención. Por lo tanto, el nombre CRM hace referencia a una estrategia de negocio basada principalmente en la satisfacción de los clientes, pero también a los sistemas informáticos que dan soporte a esta estrategia.*

Teniendo un sistema de gestión de relaciones, la búsqueda de contactos es instantánea y visible, fácilmente comprensible.

Otra de las funcionalidades de estos sistemas de relaciones que poco a poco se van imponiendo, es que son capaces de clasificar la fuerza de cada relación usando decenas de variables, como la interacción más reciente con el contacto o la frecuencia de dichas interacciones.

Por ejemplo, si un empleado ha hablado con uno de sus contactos en el día de ayer, el sistema "puntuará" a ese contacto por encima de otro con quien se tuvo una comunicación hace, por ejemplo, dos meses.

> **Nota:** *Está demostrada la utilidad de estos sistemas, pero cuanto más se extiende su uso, más problemas van surgiendo. Uno de ellos es el de la privacidad.*
> *Así, la información de contactos privados nunca es revelada. El usuario tiene un control total sobre la privacidad y la seguridad de su sistema, pudiéndolo adaptar a la cultura de cada empresa. Asimismo, las configuraciones de privacidad pueden ser elegidas para que cumplan las leyes de cada país o región.*

Algunos de los beneficios que las empresas pueden obtener de las distintas redes sociales, se pueden resumir en:

- Unir el esfuerzo de los equipos de trabajo de las empresas (reducen o eliminan fronteras funcionales, geográficas o profesionales).

- Desarrollar y fomentar el autoaprendizaje dentro de las organizaciones (facilidad de los trabajadores para suscribirse a actualizaciones de compañeros y proyectos que puedan mejorar sus conocimientos). Mucho más eficaz que mandar información de manera generalizada a nuestros trabajadores por correo electrónico (aquí cada uno se expone a la información que considere más relevante).

- Aumentar la satisfacción del cliente: permite un contacto "real" de clientes potenciales con personas concretas de la empresa.

- Reducción de costes en la selección de personal.

- En caso de fusión de dos organizaciones o adquisición de una por parte de otra, ayuda a los empleados a comprender el nuevo sistema.

- Facilita el trabajo con equipos diseminados geográficamente: no sólo dispersos dentro de una provincia o país, también ubicados en diferentes países o continentes.

- Atraen a trabajadores cualificados: por un lado hay una generación que está creciendo con estas redes, y por otro facilitan encontrar a proveedores, empleados o gente que interese por su perfil académico.

- Aumenta la productividad: soluciones colaborativas tradicionales como las intranets, e-mail o mensajería instantánea incrementan la productividad personal, pero no la efectividad del equipo. Por otro lado, herramientas como las redes sociales o los *blogs* permiten a los trabajadores acceder a información esencial y mantener un flujo de comunicación dentro de la empresa en tiempo real.

- Se trata de un nuevo modo de comunicación y tono de CRM más casual, desenfadado y emocional.

- Permiten afinar al máximo el público objetivo.

Relación con la pequeña empresa

No cabe ninguna duda que desde la llegada de Internet ha cambiando de forma sustancial el modo de captar profesionales para trabajar en una empresa.

En los últimos años se han creado sitios especializados en la gestión de ofertas de empleo y candidatos, los conocidos como portales de empleo. Dichos sitios han dado soporte a muchas empresas, grandes y pequeñas, para gestionar sus procesos de selección de personal, conectando a las personas que buscaban un empleo con las ofertas laborales existentes.

> **Nota:** *Tradicionalmente, la búsqueda de trabajo se limitaba a la prensa en papel o a los contactos que uno tuviera en determinados lugares.*

Evolución hacia las redes sociales para profesionales

Lógicamente, gracias a estos sitios, el proceso de búsqueda-contratación se ha podido simplificar en gran medida, aunque todavía queda mucho camino por recorrer.

Puede que ésta sea la razón por la que redes sociales encaminadas fundamentalmente al ocio, están evolucionando para convertirse en redes sociales enfocadas a profesionales. Redes cuyo funcionamiento es muy sencillo y que veremos en posteriores capítulos.

Pero, ¿qué aportan dichas redes a la pequeña empresa?

En primer lugar, les permite mejorar en su proceso de selección.

¿Cómo?

- Permite a las empresas, grandes o pequeñas, llegar de manera rápida a los candidatos.

- Aprovechar mucho mejor los recursos disponibles.

- No dedicar tanto esfuerzo y tiempo en todo el proceso de selección. Si lo comparamos con la publicación de un anuncio, la recepción de CV..., y el proceso de selección en sí, la diferencia es grande. El único pro es que todavía hay mucha gente que no participa en estas redes, pero su popularidad va en aumento, lo que cada vez más, facilita la localización de profesionales en ellas.

> **Nota:** *Como ya hemos comentado, estas redes también pueden ser empleadas en otros ámbitos empresariales, como son buscar clientes, proveedores, información...*

Redes en los ámbitos más tradicionales

Muchos trabajadores autónomos pertenecientes a profesiones, digamos, más tradicionales, ven la Web 2.0 como algo propio de gente joven o propio de negocios relacionados con las Nuevas Tecnologías. Aunque si bien es cierto que la implicación de dichos sectores va en aumento, la educación digital todavía tiene un gran trabajo que realizar.

Figura 2.7. *Los* blog *reciben multitud de visitas. De hecho, suelen estar muy bien posicionados en los buscadores.*

Está claro que el día a día demuestra que tanto *blogs* como redes sociales pueden ayudar en un negocio, si se sabe sacarles partido. Por ejemplo, escribir un *blog* puede suponer una ventaja competitiva si se conocen las ventajas que ofrece:

- Permite dar a conocer un negocio. El boca a boca sigue funcionando, pero ahora las preguntas y las respuestas las consigues en la Red. Además, uno puede situarse como experto, como voz de referencia en determinado sector profesional.

- Dialogar con todo tipo de clientes, competencia, proveedores...

- Trabajar el marketing. Por qué no, los consumidores se pueden convertir en los mejores comerciales.

- Es un modo interesante de tener presencia en Internet. Puede ser que el mantenimiento de una página Web se salga del presupuesto, pero un *blog* es fácil de poner en marcha, en muchos casos de forma gratuita.

- Facilita la ampliación de la red de contactos. Así es más fácil conocer la opinión y las preferencias de "posibles clientes", captar talento, generar ideas...

De igual forma, las redes sociales-profesionales te darán a conocer, aunque también permitirán ampliar la esfera de usuarios dispuestos a interesarse en la actividad desarrollada.

3. Por qué Facebook

Primero, porque Facebook es la red social virtual más extensa del planeta, y eso significa muchos millones de personas.

Segundo, porque su fortaleza radica en esa red de usuarios que ha creado, basada en conexiones de gente real. Esto significa un canal de comunicación ideal tanto para empresas como para profesionales. Además, Facebook se presenta como una plataforma que ofrece aplicaciones exclusivas y distintas de las que pueden encontrarse en otros sitios de redes sociales.

El conjunto de todas estas razones, y muchas otras, hace de este sitio un lugar de encuentro social con una gran carga viral. Es un ejemplo perfecto para describir la Web 2.0, en la cual la interacción se convierte en protagonista:

- Todos opinan.

- Cuentan sus experiencias.

- Muestran lo que tienen para ofrecer.

- Hay comunicación multidireccional...

Todo ello, haciendo uso de los recursos que ofrece la tecnología.

De esta forma, las empresas extraen información de los usuarios, conocen gustos y costumbres, saben cuáles son sus intereses, tienen las opiniones del usuario o cliente final, y así pueden analizar estos datos junto con las tendencias del mercado y ofrecer los productos y servicios que les demandan.

Además, pueden al mismo tiempo dar a conocer su marca corporativa, promover sus productos, contar quiénes son, llegar a personas que jamás contactarían físicamente por limitaciones geográficas o de cualquier otro tipo.

Nota: Facebook traspasa todas las fronteras: de lugar, raciales, religiosas, culturales, de lenguaje, de edad y de sexo. Sus usuarios se conectan con otros y así sucesivamente, convirtiéndose en una red de infinitos sentidos y posibilidades.

Con esta comunicación, las empresas consiguen, de una manera mucho más sencilla y rápida, lo que han tratado de buscar siempre con procesos largos y costosos: nos referimos a información sobre sus clientes. Información que les sirve no sólo para producir lo que pide el mercado, sino también para llegar a públicos enormes y tener un espacio donde mostrar su imagen y productos.

Pero también hay que agregarle el componente económico, en el que las ventajas son evidentes. Todo lo que se ha dicho se hace con unos costos bajísimos, cuando los hay.

Crear el grupo en Facebook no tiene ningún costo, y los integrantes empiezan a multiplicarse si tienen interés en el área. Así, se establece comunicación directa, se les pueden mandar mensajes en los que se les informa de nuevos productos, lanzamientos, eventos y noticias en general. Es un correo directo gratuito y dirigido a las personas correctas.

Nota: El auge de las redes sociales, además de inimaginable, es imparable. De hecho, en julio de 2009 el nivel de crecimiento de Facebook había aumentado a una tasa de 700.000 nuevos usuarios cada día y había alcanzado los 250 millones de usuarios alrededor del mundo.

Además, Facebook pone a disposición de las empresas y profesionales la posibilidad de crear páginas corporativas o de marca y otra serie de utilidades para gestionar esta "presencia profesional social". Para ello, les provee de numerosas herramientas para que puedan crear de forma sencilla un entorno comunicativo donde interactuar con sus empleados u otros usuarios, es decir, para facilitar la comunicación interna y externa.

Figura 3.1. *Facebook pone a disposición de las empresas y profesionales la posibilidad de crear páginas corporativas o de marca.*

El éxito de Facebook

Quizás, el éxito de la expansión y repercusión a nivel mundial de Facebook radique, entre otras cosas, en su capacidad para evolucionar. Nos podemos preguntar, ¿cómo se pasa de ser un espacio enfocado a comunidades de estudiantes, a ser una gran red social, donde encontrar a todo tipo de gente, y capaz de reemplazar a otras redes de negocios exclusivamente profesionales?

Es importante observar su "especial" potencial para hacer contactos y negocios, que, hay que apuntar, todavía mucha gente desaprovecha. Pero no se queda ahí. Facebook se ha integrado con casi cualquier red mediante sus aplicaciones, logrando convertirse en el centro para formar grupos, compartir páginas, vincular *blogs*... Pero ¿y la oportunidad de negocio?

Pues, evidentemente, desde el diseñador-programador que quiere mostrar su trabajo desarrollando una aplicación para Facebook, hasta la persona que publica sitios con comentarios sobre dicho trabajo, tienen aquí "su oportunidad".

Estrategia de comunicación

Las posibilidades para crear diferentes estrategias de comunicación en Facebook son ilimitadas. Por ello, crear el perfil indicado es fundamental.

- Debe incluir información suficiente. Los perfiles que no muestran nada, no construyen una red social, y menos, profesional. Sólo sirven para acercarte a las personas que ya conoces, por lo tanto...

- Es importante unirse a los grupos indicados. Si uno está interesado en diseño o publicidad, de nada servirá unirse a grupos con temas abiertos o sin intereses definidos.

- Incluir contenido relevante. Es decir, profesión, artículos escritos, trabajos realizados, *blog*...

- Establecer tu propio grupo. Así se crearán contactos claves..., y habrá más posibilidades de generar trabajo.

- Extender tu red. Fijarse una serie mensual de contactos, lograr un vínculo profesional, mantener el contacto.

- Contratar anuncios y enfocarlos según el mercado al que uno se dirija.

Nota: Sin duda, como punto clave en la relación con un cliente podemos destacar la fidelización: aportar motivos o servicios para que consuma nuestro producto o servicio a lo largo de mucho tiempo. Para ello es fundamental mantener una relación fluida con el "público" de destino. Con una red social, el futuro cliente ni siquiera tiene que tomarse la molestia de acceder constantemente a una Web corporativa o un blog. *Se puede seguir, por ejemplo, esta estrategia: captar al cliente (a través de una Web o* blog...), *informar acerca de la página creada en Facebook..., y mantenerle informado a través de la plataforma. Si se hace bien, el boca a boca dentro de la propia plataforma dará sus frutos.*

Comunicación externa 2.0

Remontémonos "unos años". En la comunicación tradicional se reproducía una comunicación unidireccional: un emisor lanzaba un mensaje determinado a un receptor, sin permitir la respuesta (el *feedback*) por parte del receptor. Es decir, la empresa o el profesional enviaba un mensaje a su público objetivo (o clientes) y éste no tenía la posibilidad de responder a ese mensaje.

Pero, con la aparición de las redes sociales, este modelo de comunicación está evolucionando hacia un nuevo modelo colaborativo basado en la comunicación participativa. En este nuevo contexto, el emisor comparte el mensaje con sus diferentes públicos objetivos, pudiendo éstos conversar e intercambiar sus opiniones con el resto de miembros implicados en la conversación. En este nuevo modelo, la organización ya no tiene el control absoluto sobre el mensaje, lo que provoca el miedo y el recelo de algunos responsables a la hora de aplicarlo en sus estrategias de marketing y comunicación. Por otro lado, para las empresas tiene mucho valor poder estar al tanto de las "conversaciones", ya que les permiten conocer de primera mano las experiencias, opiniones e impresiones que tienen los consumidores o clientes sobre sus productos y servicios.

Comunicación interna 2.0

Utilizando Facebook, las empresas pueden ahorrarse mucho dinero y tiempo en la construcción de una nueva cultura corporativa más colaborativa. Uno de los beneficios derivados de las nuevas tecnologías Web 2.0 puede verse claramente en el crecimiento de colaboración entre las diferentes áreas de una empresa.

Nota: *Las redes sociales hacen que las empresas sean más productivas, más comunicativas y sus procesos de decisión más ágiles y transparentes.*

Numerosos expertos indican que cerca del 75% de los procesos de creación de una nueva cultura corporativa fracasan por una falta de comunicación interna apropiada. Las nuevas tecnologías sociales pueden hacer que los empleados se sientan cada vez más implicados en la organización de sus tareas, así como en la cooperación y convivencia con sus compañeros hasta compartir la responsabilidad del control de resultados y los proyectos realizados. Además, esta herramienta es de fácil uso y no tiene ningún coste de implantación, como ocurre con otras alternativas de comunicación interna, como las Intranets, que conllevan altos costes de puesta en marcha y mantenimiento. Véase la figura 3.2.

En este nuevo contexto de colaboración, entendemos que la comunicación interna mediante Facebook permitirá a una empresa:

1. La creación de una nueva cultura corporativa basada en valores de diálogo, igualdad, participación más comunicativa y colaborativa.

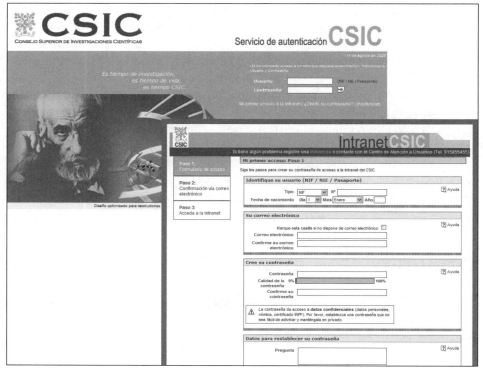

Figura 3.2. *Crear una Intranet y mantenerla conlleva más costes que crear y mantener una página en esta red.*

2. La gestión de los cambios de actitudes y habilidades de los empleados.

3. La agilización del proceso de decisión entre los empleados.

4. El intercambio de conocimientos entre unidades de negocio/equipos.

5. La posibilidad de disponer de una herramienta muy eficaz para crear conversaciones sobre nuevas ideas/proyectos dentro y fuera del equipo.

6. El aumento de la productividad de sus equipos.

7. El enriquecimiento de la comunicación de abajo – arriba.

8. La reducción de costes en la gestión de la comunicación.

9. La posibilidad de disponer de un medio excelente para la comunicación de directivos que quieran asumir el liderazgo de un tema/proyecto.

10. La creación de canales de comunicación intra-departamentales a costes muy bajos.

Ventajas de utilizar Facebook
de forma profesional y empresarial

En la tabla que se muestra a continuación es posible vislumbrar las ventajas que Facebook brinda tanto a los profesionales como a las empresas:

Tabla 3.1. *Ventajas que Facebook puede aportar tanto a profesionales como a empresas.*

Red social	Perfil	Objetivos	Usuario-Producto	Beneficios
Facebook	Profesional	Comunicación, colaboración y desarrollo	Empresario	Enfocar los RRHH, incubar proyectos, hacer contactos y tratar con proveedores.
			Emprendedor	Unirse a proyectos, buscar alianzas, colaborar y buscar inversores.
			Profesional liberal	Impulsar negocios, discutir ideas, contactar clientes y mostrar proyectos.
		Contacto, branding y fidelización	Autónomo	Impulsar negocios, contactos de calidad, comunicar ideas y discutir proyectos.
			Freelance	Transmitir ideas, cerrar proyectos, tratar clientes y mostrar trabajos.
			Artista	Ser vanguardia, branding personal, promoción directa y sumar notoriedad.
	Empresa	Información, audiencia y notoriedad	Producto	Posicionar líneas, marketing *on-line*, dirigir atención y gestión directa.
			Marca	Mostrar ventajas, buscar notoriedad, segmentar campaña y rentabilizar ID.
			Servicio	Aumentar audiencia, mejorar reputación, fidelizar clientes y seguimiento directo.
			Evento	Informar ventajas, sumar participación, facilitar datos y mostrar ponencias.
		Comunidad y viralidad	Sitio Web	Conseguir visitas, aumentar PPVV, manejar audiencias y personalizar datos.
			Blog	Concretar visitas, socializar opinión, sumar técnicas y posicionar ideas.

4. Acciones de publicación social

El estar integrado, de forma profesional (empresas y profesionales), en una red social es cuestión de identidad y objetivos.

Facebook es un espacio para comunicar y comunicarse, donde empresas y profesionales deben introducirse aceptando las reglas del juego, y para ello hay que comprender dos principios fundamentales:

1. El usuario es el centro.

2. El contenido es el rey, lo más importante.

Bajo estas dos premisas, se puede utilizar esta herramienta para conseguir multitud de beneficios.

Una empresa, un producto o una trayectoria profesional se construyen a partir del conjunto de experiencias que se viven con los clientes o se adquieren con los trabajos que se realizan. Las redes sociales son un canal más para hacer realidad dichas experiencias.

Una conversación o comunicación comprometida, franca e igual con los clientes o potenciales clientes permite forjar en ellos una identidad favorable de un producto o una forma de trabajar. Además, la creación de una identidad de marca adecuada permite también mejorar la reputación e influencia dentro de la red social. Es lo que se conoce como Branding.

> **Nota:** *Sin duda, Branding es una de las principales herramientas para aquellas empresas que desean llevar el valor de su marca a su máxima expresión. De hecho, se trata de "construir" dicha marca y realizar una gestión estratégica correcta de todo aquello vinculado directa e indirectamente con ella.*

A través de una plataforma como Facebook también es posible gestionar el contacto con clientes, proveedores y empleados. Es como si fuera una única herramienta que permite captar, comunicar y motivar. Es lo que en lenguaje técnico se conoce como CRM, es decir, *Customer Relationship Management*.

Por otro lado, el hecho de ser parte activa de las conversaciones generadas en las herramientas sociales, provoca irremediablemente un importante "tráfico" o visitas, y éste es uno de los principales juicios de valor de los buscadores para mejorar una página en su posicionamiento natural, lo que se conoce como SEO, *Search Engine Optimization*.

Figura 4.1. *Google es el motor de búsqueda más empleado por el usuario de Internet.*

> **Nota:** *Toda estrategia SEO se encamina a conseguir la presencia más visible en los rankings de búsqueda Web. Para iniciar un plan SEO, es importante tener en cuenta ciertos aspectos:*
>
> • *Objetivo: es decir, qué se quiere hacer y por qué.*
>
> • *Alcance del proyecto: no se trata de las metas, sino del compromiso que vas a adquirir.*

- *Estrategia a seguir: marketing digital, por ejemplo. También es importante saber diferenciar entre la estrategia "global" y la "puntual" a la hora de realizar campañas de marketing.*

- *Perfil del cliente: es fundamental llegar a conocer muy bien al usuario, así como a la competencia.*

- *Aspectos técnicos: se trata de revisar y mejorar la Web. ¿Muestra lo que uno quiere? ¿La dirección es fácil de recordar?*

- *Definición de keyword y conceptos clave: algo fundamental para lograr que la gestión de los contenidos se lleve a cabo de forma eficiente. Hay que ofrecer información relevante en los titulares y evitar títulos genéricos como "Bienvenido" o "Página principal".*

- *Recomendaciones: cómo perciben los consumidores el producto o servicio ofrecido. Es importante que se lleven a cabo acciones para mejorar la "reputación".*

Pero, en definitiva, una empresa o un profesional debe utilizar las redes sociales para generar diálogo. Resumiendo: crear, participar y conectar.

Tabla 4.1. *Acciones que se pueden realizar en los medios sociales como Facebook.*

Branding	CRM	SEO
Identidad	Información	Enlaces
Reputación	Captación	Tráfico
Influencia	Soporte	

¿Cómo funciona?

Puede que la característica más llamativa o atractiva de los medios sociales sea la capacidad viral que alcanzan los contenidos. Toda comunicación empresarial o profesional debe estar dirigida hacia la conversión, entendida ésta, sobre todo, como captación de la atención. El propósito del uso de una red social será su carácter viral para propagar mensajes, y que éstos, a su vez, propaguen más, y así sucesivamente. Es lo que se conoce como crecimiento exponencial en la distribución e impacto de dicho mensaje.

Diferencias entre publicar
en una red social y otros medios

Para poder beneficiarse de una red social, es importante comprender que los usuarios que visitan estos sitios no se comportan como los usuarios de otro tipo de páginas.

Estas son algunas de las principales diferencias:

- El contenido que vienen a consumir es el contenido generado por su lista de contactos (no el contenido editorial desarrollado por la Web).

- Ellos mismos son generadores de contenido para otros (no sólo consumidores de contenido).

- El promedio de visitas que se hace a este tipo de sitios es mucho mayor, incluso en un mismo día, y el número de páginas vistas mucho más elevado (frente a visitas derivadas de *newsletters*, y/o de una única página en el caso de los *blogs*).

- El motivo principal por el que la gente visita una red social son las personas que la componen. Esto se convierte en algo muy atractivo, sobre todo por el gran volumen de usuarios que reúnen, pero al mismo tiempo puede hacer que la comunicación tradicional no funcione en este entorno.

Por ello, y antes de nada, es necesario diseñar un modelo de grupo o comunidad que pueda tener presencia en cualquier entorno. Para ello es aconsejable meditar sobre los siguientes puntos:

- Establecer un propósito. Por qué va a querer la gente pertenecer a este grupo. Qué obtiene a cambio.

- Facilitar la conversación/comunicación. ¿De qué se va a hablar en este espacio? ¿Qué contenidos son relevantes y útiles para el grupo? ¿Qué se va a hacer con las opiniones y las propuestas que son presentadas por los miembros?

- Identificar a las personas. Quién va a pertenecer a la comunidad. Quiénes resultan más interesantes y atractivos para otras personas con las que van a compartir ese espacio común. ¿Cómo se les atrae?

En definitiva, ante todo se tiene que evitar estar por estar y crear espacios que después no se van a atender, pues el efecto puede ser justamente el contrario en la mente del consumidor/usuario.

Figura 4.2. *Los usuarios que visitan sitios en una red social no se comportan del mismo modo que aquellos que navegan por otro tipo de páginas.*

Nota: *Hoy día las redes sociales ofrecen a todos sus usuarios la posibilidad de desarrollar aplicaciones que utilicen como plataforma esa red, por ejemplo, juegos, concursos o guías. Cuando estas aplicaciones son realizas por una empresa o un profesional para mostrar un producto o trabajo, es decir, que se desarrollan con fines de "marketing", nos encontramos ante lo que algunos han llamado* appvertising *o publicidad por medio de aplicaciones.*

Tal como se ha comentado anteriormente, estar presente en una red social es cuestión de identidad y objetivos, y para disponer de unos objetivos lo primero es definirlos, como, por ejemplo, qué propiedad va a tener nuestra identidad digital dentro de una red social:

- Comercial: parecido a un portal oficial, corporativo (como una intranet), pero con un tono más ameno y más próximo. Puede que esté pensado para los propios trabajadores de la empresa o para algunos clientes.

- Profesional: es un canal temático, de la empresa, pero donde se tratan temas más generales del sector. Serviría para empaparse de los valores de los temas que se tratan y que los clientes/usuarios identifiquen la empresa como una compañía socialmente responsable y experta en esos temas.

- Personal: sitio realizado por una persona de una empresa o profesional que trabaja su perfil laboral, y desde él opina sobre novedades de la empresa, personales o del sector.

- De campaña: ligados a una determinada campaña de un producto (más puntuales).

Figura 4.3. *Facebook ofrece la posibilidad de crear y gestionar anuncios publicitarios en los que mostrar las actividades de la empresa.*

Por qué es importante realizar una acción de publicación social

Algunas de las razones que justifican la presencia de una empresa o profesional en medios sociales son:

- Distancia. Las empresas o los profesionales tienen posibilidad de acercarse a su target (a su público objetivo). Ahora el usuario/cliente no mira de lejos a la "marca" porque ésta se encuentra en su entorno cotidiano.

- Diálogo. Cuando se habla, se recibe una respuesta inmediata de los usuarios. La comunicación tiene un flujo en los dos sentidos.

- Segmentación. A la segmentación que es conocida de Internet (geográfica, por contenidos, etc.) los medios sociales añaden la microsegmentación. A medida que los usuarios se identifican aportando sus datos personales, de contacto, etc., abren un gran abanico al CRM. Esta información bien aprovechada puede convertirse en una fuente de conocimiento de gran valor.

- Credibilidad/Influencia. Por lo general, la actitud de los usuarios en estos medios es receptiva.

- Volumen. Es un hecho que los consumidores pasan cada vez más tiempo en Internet y, en la Red, cada vez más los medios sociales son los que acaparan el consumo. Si el target está en los medios sociales, hay que estar entonces ahí.

- Medible. Estos soportes permiten disponer de una medición específica que brinda un mayor flujo de información que cualquier otro medio.

Cómo recibir el "sentimiento" de los usuarios/clientes

Como ya se ha comentado, una de las grandes características y ventajas de los medios sociales es la capacidad de poder conocer la opinión del público objetivo de manera directa. Pero, el control que tiene el usuario en las redes sociales es mucho mayor, por lo que se podrá convertir tanto en un gran embajador de los mensajes, como en un gran crítico de ellos.

Por ello, hay que estar preparados para recibir estas opiniones y saber tratarlas, principalmente si éstas no son positivas. Cuando esto ocurre, el usuario esperará recibir una respuesta clara, directa, personal y no automática, por lo que todos los mensajes de autorrespuesta convencionales podrán ser más perniciosos que positivos.

La presencia en Facebook de una empresa o profesional debe ser poco intrusiva y molesta, debe dejar espacio para que los usuarios se relacionen con ellos y decidan su nivel de involucración. Hay que tener una actitud receptiva y convertirse en parte del diálogo cuando así lo demanda el usuario.

Guardando las formas

Las tres normas fundamentales a la hora de participar en los medios sociales son: escuchar, aportar valor y ser constante.

Para conseguirlo, las marcas tienen que:

- Tener empatía: ponerse en el lugar del usuario.

- Conocer las reglas: no hacer *spam*, no saturar al público, dirigirse sólo a usuarios interesados.

- Responder: si los usuarios preguntan y no reciben respuesta, se sienten frustrados, abandonados y rechazados.

- Valorar las aportaciones: de la otra gente.

- Adaptarse a los cambios: tanto los tecnológicos como de intereses en el target.

- Ser coherente: no contradecirse; ser fiel a un estilo y personalidad.

- Dejarse recomendar por profesionales del medio.

- Adaptar el lenguaje al público, al medio y a los objetivos de comunicación. Hablar de igual a igual.

Figura 4.4. *Facebook no está libre del denominado correo basura o* spam.
Una mala solución si lo que se pretende es dirigirse a un público concreto. Aún así, actuaciones como "si quieres utilizar esta aplicación debes invitar a 20 amigos" se están empleando cada vez más..., algo que está siendo combatido por Facebook.

En resumen: Participación y conversación

Las acciones encaminadas a la publicación social, por parte de una empresa o un profesional, deben tener como objetivo el establecer la estrategia necesaria para comenzar una relación con la comunidad y sus diferentes grupos, todo ello, basado en la conversación/comunicación.

- Es necesario participar y conversar allá donde esté el público objetivo.

- Es necesario responder a los comentarios y peticiones de información que se realicen, al mismo tiempo que es necesario participar y responder los comentarios de nuestros contactos.

Respecto a la estrategia de contenido, éste debe permitir:

- Ser comentado.

- Ser consumido y compartido fácilmente.

- Ser consultado y localizado fácilmente.

- Que pueda ser seguido mediante suscripción.

Nota: *El potencial de los mercados son las conversaciones, y una conversación no deja de ser una comunicación. ...Y la participación en y con la comunidad es comunicación, por ello, el marketing basado en la comunicación debe tratar de aportar un valor añadido.*

5. Dar a conocer tu marca, compañía, producto o servicio

Antes de dar a conocer una marca, empresa, producto o servicio, es necesario determinar qué entienden tanto los usuarios como los teóricos del marketing digital o eBranding por "marca".

- Consumidores/clientes. Para este sector, una marca es un producto o servicio dotado con un aspecto que los atrae de tal forma que es elegido entre sus competidores. Asimismo, se considera marca al nombre, término, símbolo, diseño, o combinación de ellos, que representa y 'bautiza' a un producto o servicio. Como si de un ser humano se tratase, la marca nace, se le otorga un nombre y crece, por lo que ella es quien da a conocer, identifica y diferencia un producto o servicio entre la competencia. Así pues, la marca es la descripción comprimida de la personalidad de una empresa o de uno de sus productos. Cuanto más cercana a la realidad sea, más garantías aportará al cliente, pudiendo llegar a prolongar el nombre de la marca a una categoría de producto.

- Expertos. Expertos como Stuart Agres de Young & Rubicam definen "la marca" como el conjunto de promesas diferenciales que vinculan al producto con sus clientes. Para otros como Kotler y Amstrong es: nombre, término, signo, símbolo, diseño o combinación de estos elementos, que busca identificar los bienes o servicios de un vendedor y diferenciarlos de los de sus competidores.

Figura 5.1. *Marca es un producto o servicio dotado con un aspecto que atrae de tal forma al usuario que es elegido entre sus competidores. También se considera marca al nombre, término, símbolo, diseño, o combinación de ellos, que representa y 'bautiza' a un producto o servicio.*

Lo que hay que tener siempre presente es que las marcas no son de las compañías, son de los mercados, del público o de los usuarios/clientes, porque son ellos los que a partir de la comunicación corporativa o empresarial crean la imagen de marca.

> **Nota:** *Para resumir de forma correcta la conexión entre una marca, compañía, producto o servicio y Facebook, se puede decir que la integración de una marca en una red social se asemeja a la creación de la amistad. Como un amigo, la marca primero se presenta ante ti, luego comienza el diálogo y la búsqueda de afinidad. En un tercer momento se entabla una relación en la que las personas se implican, y que mueve a la acción. Por fin surge la amistad, existen quedadas con continuidad... y al final, se despide, porque una buena amistad es la que perdura con fidelidad aunque el amigo no esté presente.*

El marketing digital y su utilización en redes sociales

Philip Kotler, en su obra "Fundamentos de Marketing" resume los principales avances del marketing, en el siglo XXI, en un único tema: conectividad.

Si a esta premisa le vinculamos el estilo de vida digital de hoy día, todas las compañías y los profesionales deben mantener una reputación y confianza que responda a dicho estilo, para posicionarse y consolidarse en el mercado digital (*eBranding*).

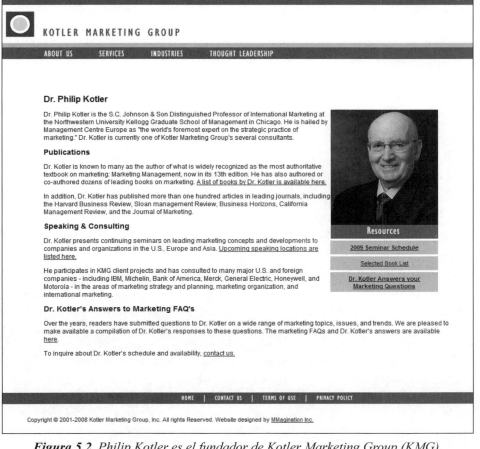

Figura 5.2. Philip Kotler es el fundador de Kotler Marketing Group (KMG), una consultora que asesora a las compañías en las áreas de estrategia, planeamiento y organización del marketing internacional.

> *Nota: Hay quien cree que Facebook es tan sólo una moda pasajera. Sin embargo, hay que decir, que esta red social aún no ha llegado a su punto de inflexión, y el "vertiginoso" aumento de usuarios registrados es toda una realidad. Por lo tanto, podríamos decir que una campaña publicitaria gestionada de forma correcta y empleando las herramientas que Facebook ofrece, puede llegar a ser un efectivo canal de atracción de tráfico Web.*

Qué es el Branding y el eBranding

Este concepto anglosajón define cómo una organización o un profesional se presenta así mismo y a sus productos o servicios, y lo más importante, cómo el público (usuario/cliente/consumidor) percibe todo ello. Su beneficio es claro, permitir diferenciarse de la competencia, y en dicho proceso vincularse con los clientes para crear lealtad.

La relevancia del *eBranding* radica en que hoy posicionar un producto o servicio sólo por su valor funcional no es lo indicado, falla, no funciona. Hay que incluir algún valor añadido:

- Concepto creativo: concepto íntimamente vinculado al beneficio central del producto/servicio, que permite transportar los valores de la marca y que respeta la personalidad de la misma, adecuándose al medio.

- Contenidos: la demostración de la superioridad del producto frente a otros será clave para seducir la inteligencia del cliente/usuario. No basta con exhibir el producto desde un escaparate impresionante, hay que mostrar continuamente al cliente/usuario el por qué de su confianza hacia esa marca o servicio.

> *Nota: Sin duda, Internet es positivo para un negocio, pero hay recursos de los cuales se abusa, y que pueden dañar su imagen.*
> *Son muchas las empresas que se han animado a iniciar una campaña en la Red sin saber realmente qué es lo que buscan lograr, es decir, sin objetivos de marketing claros. Un gran fallo, si tenemos en cuenta que habría que pensar en dichas metas antes de exponer recursos en una campaña. Esta "desorientación" lleva a las empresas a cometer errores muy importantes: poner excesivas trabas al usuario a la hora de navegar por el site, no ofrecer el contenido "prometido", ni ser funcional, y únicamente marear con el diseño, olvidar la campaña, dejando de actualizarla, etc.*

- Interacción: retener al usuario es un juego inteligente de interacciones que invita a acceder a información práctica sobre el producto o servicio ofertado. Interacción basada en el "espacio temporal" que el usuario/cliente está expuesto al contenido ofertado.

- Autoexpresión: al usuario/cliente siempre se le deberá permitir una libre expresión, que se manifieste ya sea para bien o para mal, sin censuras.

Nota: *Estrategias* eBranding*: la creación y gestión de un sistema* eBranding*, como proceso de comunicación, pasa necesariamente por las mismas etapas que cualquier acción de marketing: análisis, planificación, ejecución, lanzamiento o implementación y control.*

eBranding: La "marca" como elemento diferenciador

En el siglo de la globalización, la marca (ya sea un producto, un servicio o un trabajo) es un elemento central para la diferenciación de las empresas. Tal como plantea Kevin Roberts, en su obra "Lovemarks": "El idealismo del amor es el nuevo realismo de la empresa. Forjando respeto e inspirando amor, la empresa puede cambiar el mundo".

En realidad, el concepto de "amor" obedece a una realidad bastante evidente: los consumidores/clientes compran una marca porque se aproxima a sus valores y porque conectan con ella mucho más allá de las posibles ventajas o características del producto.

De esa forma, la confianza en la marca e incluso la percepción de calidad están estrechamente ligadas a la forma de relación que se establezca entre la marca y el consumidor. Teniendo en cuenta que la generación actual busca empleo en la Red, establece relaciones personales en la Red, trabaja y se distrae en la Red, el *eBranding* tiene como misión traducir el estilo de vida que las marcas evocan en la vida cotidiana, sobre el medio Internet, y hoy día sobre las redes sociales.

A continuación mostramos algunas de las razones por las que habría que desarrollar una estrategia de *eBranding* en la actualidad:

- Testear los rediseños y aplicaciones de la marca en un contexto que requiere inversiones menores que los medios convencionales y donde es posible, además, establecer segmentación avanzada y medidas precisas de resultados.

Figura 5.3. *Kevin Roberts, autor de Lovemarks, cree que el "Amor"*
es un elemento clave para el éxito de las empresas.

- Abordar mercados emergentes.

- Evolucionar. La evolución del medio indica, con claridad, su preeminencia
  en el futuro. Por ello, la conquista de este espacio es una inversión para
  alcanzar los primeros lugares en la mente del consumidor. Es fundamental establecer un diálogo con el consumidor que permita anticiparse a sus
  necesidades y convertir la información en oportunidades de negocio.

Social Media Marketing (SMM)

El SMM define el uso de las redes sociales como una herramienta de *eBranding*.
Crear un espacio de la marca, producto o servicio dentro de la red social Facebook
sirve para disponer de un punto de encuentro y conexión para clientes y fans que
perdure en el tiempo y que, a su vez, permita fidelizar. Sin olvidar que, además,
sirve de plataforma de comunicación.

A través de la creación de un espacio en Facebook se facilita a los usuarios su
unión y fidelización a la marca, pero sin tener que hacerlos pasar por engorrosos
registros, lo que a su vez disminuye los costes de captación, dinamización, reten-
ción, y aumenta su expansión vírica entre los usuarios.

> **Nota:** La creación de un espacio no implica que, de un día a otro, se tengan miles de "fans" de nuestra marca, sino que deben plantearse distintas estrategias de captación de público, fidelización y dinamización del espacio.

Entre las estrategias más exitosas que una compañía/profesional puede realizar para cumplir con el objetivo de captación de nuevos usuarios/fans, es posible destacar las siguientes:

- Creación de diferentes microsites para cada producto o servicio que enlacen directamente con el espacio dentro de la red social, los cuales se adaptan a nivel gráfico y de contenidos a la campaña en curso.

- Publicidad social dentro de Facebook segmentada por intereses del *target* y área geográfica.

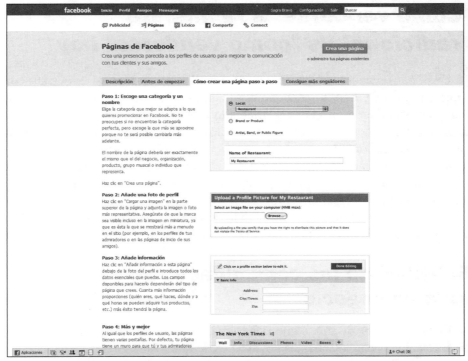

Figura 5.4. *La Web de Facebook muestra paso a paso cómo crear una página empresarial, así como interesantes consejos sobre el contenido que ésta debe incluir: título, imágenes, logo, información comercial, aplicaciones, pestañas con información de interés...*

Con el objetivo de fidelización y viralidad se pueden plantear las siguientes estrategias:

- Creación de concursos que permitan ganar premios a los usuarios.

- Creación y desarrollo de aplicaciones integradas dentro de la red social que permitan desde enviar regalos virtuales a los amigos/contactos de los usuarios relacionados con la marca, hasta participar en concursos donde se pide la colaboración de otros usuarios para ganar un premio y, por tanto, aumentar la viralidad del mensaje y fidelizar a los usuarios con estas entretenidas aplicaciones.

En conclusión, la dinamización del espacio es vital para conseguir un público fiel y asiduo. Incluir contenidos útiles, iniciar conversaciones y moderar los contenidos son las actividades de dinamización más comunes.

"Cómo venderse" a la manera tradicional Vs "cómo venderse" hoy

Uno de los mayores inconvenientes del marketing tradicional es que sus conceptos, modelos y herramientas no están suficientemente orientados al cliente. Sigue enfocado en el producto y orientado a las ventas, particularmente en las características funcionales y en los beneficios de los productos/servicios. Sólo se ve a los clientes como tomadores de decisiones racionales, que hacen un trueque mental entre las características funcionales y los beneficios, cuando en realidad suelen tomar sus decisiones de compra estimulados por la emoción, la intuición y sus impulsos.

En el marketing tradicional, el modelo de satisfacción del cliente se preocupa más por la funcionalidad del producto que por las experiencias de los clientes.

El "valor" de las comunidades para un negocio

El mayor valor de una comunidad social como Facebook, es que ayuda a crear relaciones con los clientes potenciales, lo que a la larga lleva a ganar clientes comprometidos con la marca creada, con la compañía, con el producto y con el servicio ofrecido.

Obtener clientes comprometidos tiene ciertas ventajas... A continuación mostramos alguna de ellas:

- Es muy probable que un cliente comprometido esté dispuesto a dar información personal sobre sus intereses. Esto permite a cualquier empresa conocer mejor a sus clientes, con lo que ésta puede ofrecer un servicio más personalizado.

Nota: Como vemos, es fundamental entender este mercado. En Facebook se debe apuntar al fortalecimiento de los lazos con el cliente, beneficiándose así de la información que éstos están dispuestos a dar.

- Algunos de estos clientes se volverán "promotores" de la marca, de los productos y servicios, recomendándoselos a amigos, familiares y contactos.

Cómo aprovechar las redes sociales para hacer crecer un negocio y mejorar una marca

La razón máxima para beneficiarse de una red social es que la gente/usuario/cliente ya no cree a la publicidad, sino que cree a otros como ellos: sus amigos, sus familiares, sus colegas, etc. El consumidor ya no se queda "absorbiendo" información, sino que opina y crea sus propios contenidos.

La gente conversa sobre productos y empresas, para bien o para mal, y es precisamente en las redes sociales donde estas discusiones se están llevando a cabo.

Ante este panorama, muchos emprendedores, empresarios o profesionales se hacen la misma pregunta: ¿Cómo hago para que los consumidores/clientes presten atención? Sólo hay una forma efectiva, y es hacerse parte de la conversación, pero no como una empresa o corporación, sino como una persona. Después de todo estamos en una época donde la autenticidad no tiene precio y donde el correo no deseado o el marketing viral mal empleado son ignorados.

Nota: La forma de aprovechar las redes sociales es compartiendo valor con el usuario de esa red, a la vez que se presenta un producto o servicio. De esta forma es posible encontrar usuarios que estén dentro de nuestro mercado objetivo y participar donde ellos tengan presencia, para retroalimentarse mediante todos los contactos posibles.

Otra de las preguntas que es muy posible que se haga cualquier emprendedor, empresario o profesional que desee utilizar Facebook para su beneficio es: ¿Qué quiero obtener de esta red social? Puede que se desee obtener retroalimentación sobre algunos productos, puede que se quiera dar a conocer algunos servicios, o únicamente se piense en obtener un gran número de contactos. Una vez que se halla definido lo que se pretende lograr al unirse a esta red, hay que intentar contactar con el mercado objetivo con el que se desea conversar.

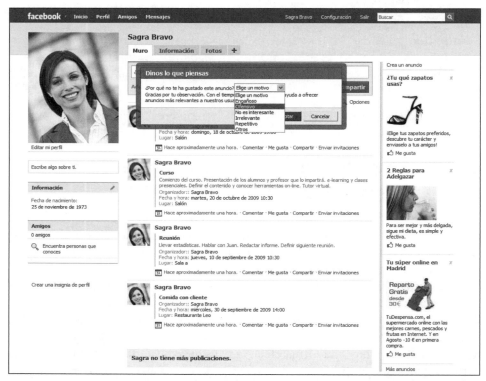

Figura 5.5. *La aparición de mensajes publicitarios en una página Facebook permitirá conocer empresas cuyos contenidos o servicios pueden ser de interés... Pero, por otro lado, también hará posible manifestar una opinión sobre dicho anuncio gracias a la opción "Denunciar este anuncio" que cada uno de ellos posee. De esta forma, se consigue que los anuncios ofrecidos sean más relevantes.*

Ya contestadas estas preguntas, es necesario enumerar los beneficios que trae la presencia en una red social como Facebook. Entre otros, son:

• Aumenta la concienciación sobre una marca, compañía o servicio: se amplía la visibilidad de lo ofrecido a través de las interacciones con otros usuarios. Además, es posible que ayude a mejorar el tráfico al sitio Web.

• Se generan nuevas relaciones mutuamente beneficiosas: se pueden obtener beneficios como testimonios, enlaces a la Web, recomendaciones, retroalimentación, etc. Para esto, hay que construir relaciones con los demás interactuando con ellos y, en general, ofreciendo valor y asistencia antes de pedir algo a cambio.

- Se crea influencia: a diferencia de lo que ocurre con los medios tradicionales, en los medios sociales hay un potencial de amplificación del mensaje sin costo.

Aunque... lo primero que se debe hacer para aprovechar los beneficios de una red social, es usarla y conocerla a fondo; es decir, primero hay que registrarse como usuario e interactuar entre las comunidades que allí se desarrollan. Es fundamental conocer los códigos, las acciones positivas y las negativas (analizar a los usuarios, los motivos por los cuales algunos resultan molestos para el resto de los integrantes, etc.), qué reglas de convivencia se deben utilizar para ser aceptado, cuáles son los usuarios más populares (y los motivos) y qué tipo de aplicaciones les resultan atractivas a la mayor parte.

> **Nota:** Entre las ventajas que ofrece Facebook destaca la posibilidad de segmentar una campaña, ampliar el Branding de éstas y medir con gran exactitud los resultados que se han obtenido.

Repercusiones de la utilización del marketing viral en una red social

Wikipedia define la publicidad viral como: "una técnica de marketing que intenta explotar redes sociales y otros medios electrónicos para producir incrementos exponenciales en "renombre de marca" (Brand Awareness), mediante procesos de autorreplicación viral análogos a la expansión de un virus informático. Se suele basar en el boca a boca mediante medios electrónicos; usa el efecto de "red social" creado por Internet y los modernos servicios de telefonía móvil para llegar a una gran cantidad de personas rápidamente".

Algunas de las ventajas que una marca puede obtener con una campaña de marketing viral bien realizada en Facebook son las que resumimos a continuación:

- Velocidad: el mensaje de una campaña se propaga en unos pocos días y, a veces, en horas, minutos o segundos.

- Bajo costo: se puede alcanzar una excelente repercusión sin invertir dinero (o muy poco). Los medios tradicionales suelen ser más costosos.

- Ruido (awareness): es posible obtener una gran repercusión y un fuerte impacto con pocos recursos. Las campañas virales logran estar en boca de miles de personas. El éxito rotundo logra que la campaña se convierta en noticia por sí misma y aparezca en otros medios.

- *Target* concreto: los avances en la tecnología permiten orientar con mayor precisión una campaña a un segmento bien específico y puntual.

- Base de datos: lógicamente, cuanto más exitosa sea la campaña, mayor será el número de contactos que se obtengan.

Con las redes sociales se puede llegar a la cima

Las redes sociales presentan inmejorables oportunidades para llegar directamente a las personas relevantes, influyentes y populares (los que tienen muchos "amigos" y contactos), cuyas opiniones son muy respetadas y consideradas por el resto de los miembros de sus comunidades.

Un informe elaborado por la central de medios IGNIS sobre las redes sociales y la Web 2.0 arrojó que son cinco las tendencias fundamentales de cara al futuro:

1. Las redes sociales se convertirán en el *target* principal de las acciones virales. Las acciones más exitosas se apoyarán en el *e-mail*, pero su plataforma principal serán las redes sociales. Sin embargo, desde Experian aseguran que las campañas deberán apartarse del "ruido" que hay en la Red para ser exitosas.

2. Las redes sociales empezarán a ser utilizadas para realizar acciones de marketing y publicidad personalizada, para *targets* específicos. Apoyándose en el *Search Engine Marketing* (SEM), las marcas se apropiarán de campañas basadas en los hábitos de los usuarios y se podrán concentrar en nichos específicos con gran efectividad.

3. El poder del consumidor comenzará a manifestarse a través de estas redes. Si bien la aparición de Internet fue un gran propulsor de agrupaciones de usuarios, las redes sociales van un paso más allá. Si un usuario tiene algo que decir de una empresa, tanto para bien como para mal, puede armar un foro en cuestión de minutos.

4. Crecerán las redes sociales basadas en nichos específicos. Este crecimiento de redes de "especialistas" sobre diversas temáticas no afectará a las "generalistas". El proceso será similar al de la fragmentación del mercado, donde los nichos específicos interactúan con el mercado masivo.

5. Los servicios de las redes sociales mejorarán. Según el informe de Experian, cuentan con una gran cantidad de información, pero suele ser complicado navegar a través de ellas. Mejorarán sus plataformas de búsqueda y la navegación a medida que se conviertan en fuentes de información y datos. Al avanzar este proyecto, la plataforma de SEM y la publicidad personalizada irá en aumento.

Nota: *Son muchas las ventajas que ofrece Facebook en cuanto a la promoción de productos o servicios se refiere. Ésta va a ser, sin duda, positiva, ya que la red social permitirá llegar al público adecuado, insertar publicidad contextual, acceder a las herramientas indicadas para convertir el mensaje en viral..., de forma que la publicidad pueda viajar en poco tiempo a una gran masa de potenciales clientes.*

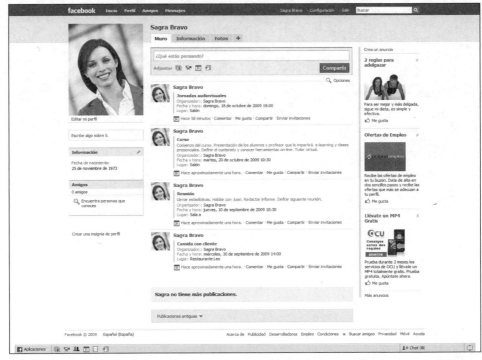

Figura 5.6. *Los anuncios patrocinados en Facebook corresponden a pequeños banners que aparecen en la parte derecha de la pantalla. Se trata de una buena herramienta publicitaria, ya que se puede condicionar a que dichos anuncios se publiquen para determinados grupos de edades, sexo o localización geográfica.*

6. Las 10 bases sobre las que se sustenta el Facebook Marketing

Tradicionalmente, a la hora de realizar tareas de marketing, una empresa o bien un profesional siempre parte del "mi", es decir, de mirar y colocar mi empresa, mi producto, mi marca, en el centro y construir un modelo y una planificación a partir de ello.

Pero esto está cambiando, ahora se forma parte de un mercado, que es una conversación global, un espacio conectado en el que los clientes ya no son seres inexpresivos e inertes, carentes de voluntad, sino que se transforman en elementos sociales que consumen contenidos; y en medios sociales, ya que generan nuevos contenidos.

Se pasa a estar "en Red", donde las conversaciones entre todos los integrantes fluyen de forma pública y exigen dejar de hacer un "marketing basado en ti" y hacer un "marketing basado en nosotros", sustentado en la figura de un consumidor colaborativo, participativo e interactivo.

La comunicación basada en la conversación debe cumplir ciertas pautas:

*   Dejar de lado la interrupción.

*   Dejar de lado abordar en un momento no deseado al consumidor para iniciar una conversación con él.

*   Hablar con los usuarios/consumidores de lo que quieran, en plano de igualdad y demostrando que nos interesa lo que dicen y cómo lo dicen, que no es una simple pose.

El nuevo marketing

En una "venta" tradicional, el enfoque se centra en las características y las ventajas funcionales de los productos o trabajos realizados, pero en numerosas ocasiones se olvida que todo eso se hace para alguien. El producto no es más que la forma mediante la cual los clientes se relacionan con una marca. Por eso, en esta nueva forma de "vender" hay que ofrecer a los clientes/usuarios la oportunidad de participar e interactuar con las marcas, productos o servicios de una forma sensorial, buscando la experiencia, el compromiso, para conseguir que aumente el recuerdo y afinidad con la marca.

Además, hay que olvidarse de la visión que se tiene del cliente, del consumidor, de la persona sentada delante de un PC o un Mac "consumiendo" Internet. Se ha evolucionado y se han traspasado las barreras físicas de un solo dispositivo. Se trata de la generación de los "siempre conectados", de los que utilizan ordenador, Notebook, BlackBerry, iPhone, TV interactiva, consolas, etc., y todos aquellos dispositivos que permitan navegar, comunicarse y estar informados en cualquier momento.

Esto obliga a pensar en distintos formatos y estándares (no se navega igual en un portátil que en una BlackBerry o iPhone); y, de la misma manera, a buscar soluciones para todos los dispositivos.

Estrategia de marketing digital

Facebook ofrece muchas maneras de comunicar, promocionar y crear fidelización alrededor de una marca o trabajo. Para ello se han empleado procedimientos y técnicas que nunca antes fueron posibles en la Web.

Figura 6.1. *Cada vez más, el usuario quiere estar "siempre conectado".*
Lógicamente, esto obliga a pensar en soluciones para que la navegabilidad
en dispositivos como iPhone, BlackBerry... sea lo que el usuario espera.

En cualquier caso, existen principios básicos en los que cualquier empresa o profesional podría cimentar una poderosa estrategia de marketing digital a través de esta red social. A continuación se detallan algunas de ellas:

1. Mantener una presencia permanente y, lógicamente, actualizada: de la misma forma que se actualiza una página Web corporativa, incluyendo las últimas novedades de la empresa, la presencia en Facebook debe ser constante. Si una página no se actualiza con regularidad, acabará despertando poco interés, y, lo más seguro, es que no obtenga ni demasiados seguidores, ni demasiadas visitas. Sin duda, lo ideal es mantener en la empresa una persona con dedicación casi exclusiva a Facebook y otras redes sociales, aunque en la inmensa mayoría de los casos no es una opción viable.

2. Sobre todo, difusión: ninguna herramienta *on-line* ofrece la opción de realizar campañas de publicidad tan segmentadas como las que se pueden desarrollar en Facebook. Esta red social maneja un enorme número de perfiles en los que cabe la posibilidad de detallar cualquier aspecto de la vida de un individuo.

3. Aplicaciones: la mayoría de los usuarios de esta red ya sabrá que una de las cuestiones por las que destaca Facebook es por la gran cantidad de aplicaciones creadas por "terceras personas" que son compartidas entre

los usuarios. Desarrollar una aplicación propia en Facebook es una buena forma de mejorar la imagen de marca, conseguir una mayor difusión y crear "ruido" entre sus usuarios. Aunque no se sepa programar, desarrollar una aplicación en Facebook es bastante sencillo. En cualquier caso, hay que tener en cuenta que las aplicaciones más populares son aquéllas que tienen un fuerte contenido viral, que aportan valor añadido.

> **Nota:** *Los usuarios de Facebook tienen a su alcance infinidad de aplicaciones creadas para esta red social (lógicamente, algunas han sido desarrolladas por la propia red para el disfrute de sus usuarios: Fotos, Vídeo, Grupos, Eventos, Notas o Enlaces). Sin duda, herramientas de lo más variadas: algunas permiten suscribirse a* blogs, *seguirlos, votar los más interesantes o comprobar qué "amigos" también los han votado; otras, por ejemplo, facilitan el acceso a archivos musicales, pudiendo añadirlos a un perfil, comprarlos o compartirlos; sin contar aquellas que facilitan espacio para almacenar y compartir archivos en privado.*

4. Impulsar eventos: la opción Eventos de Facebook es una magnífica herramienta con la que facilitar a los usuarios de la red una charla, un curso o unas jornadas. También pueden servir para anunciar el lanzamiento de algún producto o para anunciar un cambio significativo que vaya a producirse en una empresa. Por otro lado, gracias a Eventos es más fácil contactar con las personas que van a asistir al mismo, pudiendo tener un listado de invitados y personas que lo han confirmado, o que las personas que tienen dudas puedan ver quiénes van, etc. Véase la figura 6.2.

5. Sindicar contenido: existen dos formas posibles de generar contenido para Facebook. En primer lugar, generar contenido nuevo desde la propia red social, algo que nunca hay que descuidar. En segundo lugar, aprovechar las sinergias.

6. Unirse a grupos: es aconsejable adherirse a grupos relacionados, de forma principal y secundaria, con la actividad profesional que se desarrolla. Sobre todo para intercambiar impresiones e ideas. También beneficia buscar grupos de usuario/clientes afines con el producto o la labor profesional que se lleva a cabo.

7. Crear un grupo: en ocasiones puede ocurrir que no se encuentre un grupo que concuerde con nuestras preferencias profesionales. En ese caso es casi obligatorio crear uno propio, e invitar a otros a sumarse a él. Esto permite empezar a crear una comunidad entorno al trabajo, producto o marca.

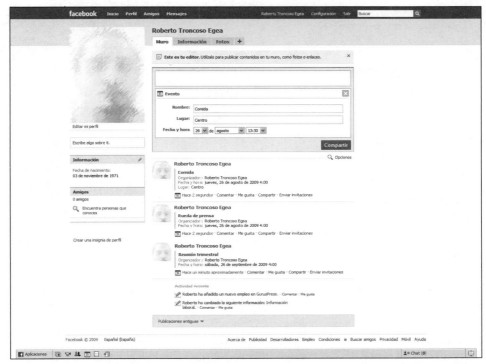

Figura 6.2. *La aplicación Eventos permite contactar de forma sencilla con aquellas personas que van a asistir al mismo, o a las que uno quieres invitar.*

8. Contactar con personas: si se es admirador del trabajo de alguien, lo mejor es dirigirse a dichas personas a través de Facebook. Muchos usuarios chequean sus mensajes de Facebook más regularmente que el *e-mail* y tienden a responderlo. Se puede usar su "muro virtual" para dejar comentarios y generar interés. Véase la figura 6.3.

9. Usar el *Marketplace*: es un mercado *on-line* que permite integrar referencias de productos y servicios. Ésta es una gran forma de ganar exposición. También dispone de una sección de anuncios clasificados, que puede ser interesante si se quiere comprar o vender algo o bien poner una oferta de trabajo.

10. Crear una comunidad: Facebook permite estar constantemente conectado con gente que está abierta a escuchar el mensaje que se desee enviar. Hay que escribir en los muros de otros, responder sus comentarios o preguntas, y presentar a unos con otros para comenzar a construir "una" marca y comunidad.

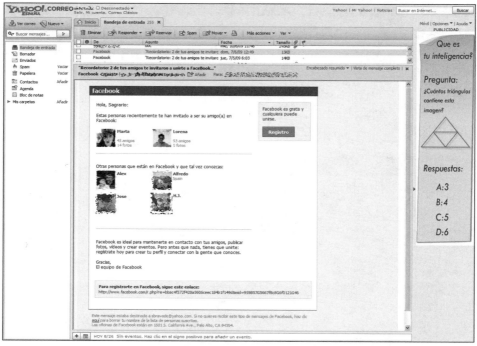

Figura 6.3. *Facebook permite invitar una persona vía correo electrónico a través de las solicitudes de amistad.*

Las reglas del marketing social

Las reglas básicas de la comunicación en un entorno como Facebook se pueden resumir en tres:

- Autenticidad.
- Relevancia y...
- No interrumpir.

Aunque en su ampliación se puede llegar a cinco:

- Relevancia: la presencia y la comunicación tiene que ser todo lo creativa e integrada que uno se proponga, si los contenidos que se transmiten no son relevantes para el usuario/cliente, se fracasará. El producto y el mensaje deben corresponder a un público bien definido y receptivo. Es así como se establecen la conexión emocional entre la marca/trabajo y el consumidor/cliente.

- Autenticidad: no puede pasar por alto el componente social de Facebook. La empresa o profesional que no promueva el compartir y la interacción, no deja de ser un "anuncio" estático. Las marcas capaces de poner en marcha campañas sociales serán mucho más eficaces en su comunicación a largo plazo.

> *Nota:* Es obvio, que las empresas o profesionales poco transparentes acaban en el olvido y dañan la imagen de su trabajo, mientras que la relevancia y la autenticidad fortalecen su presencia y la dotan de una comunidad fiel de seguidores.

- Participación: hay que ser parte del medio. Nada incrementa más la fidelidad a una marca que su integración en la experiencia del uso del medio social concreto.

- Sin interrupciones: existe una delgada línea entre ser parte del medio e interrumpir a los usuarios. Empresas y profesionales deben recordar que entrar en una comunidad de modo agresivo puede acabar mal para sus intenciones. Es imprescindible que su integración sea visible, pero sin molestar, el usuario tiene muchas razones para entrar y permanecer en la comunidad y no son precisamente por las marcas.

- Sociabilidad: la esencia de los medios sociales es eso, que son sociales. Por ello, las empresas y profesionales que lo entiendan y cumplan con los cuatro puntos que se acaban de exponer obtendrán el beneficio de una campaña viral difundida por los propios usuarios, siempre que "enganchen" al usuario con contenidos de calidad.

7. Diferencia entre un perfil, un grupo y una página

Cuando el departamento de una empresa, un profesional o un emprendedor desean o ven la necesidad de estar presente en la Web 2.0 mediante la red social Facebook, la primera pregunta que se plantea es ¿por dónde empiezo?

En realidad, la respuesta es muy sencilla. Únicamente hay que recordar esta dirección: `http://www.facebook.es/`. Véase la figura 7.1.

Una vez que se ha buscado información sobre esta red social, por ejemplo, en Google, y se conoce, de forma básica, en qué consiste y en qué puede ayudarnos, se presenta otra pregunta: ¿cuál es su estructura?, ¿es un mare mágnum de páginas sin sentido?, ¿posee una estructura definida donde es posible exponer toda la información y relaciones que se establecen en su interior?

Todas estas cuestiones pueden confundir a cualquiera, e incluso llegar a estresar. Por eso y para poder explicarlos de forma simple, diremos que la estructura inicial de las páginas que integra Facebook se puede definir en los siguientes tres puntos:

- Usuario. Perfil de usuario.

- Grupos. De usuarios, empresas o bien emprendedores que tengan intereses en común.

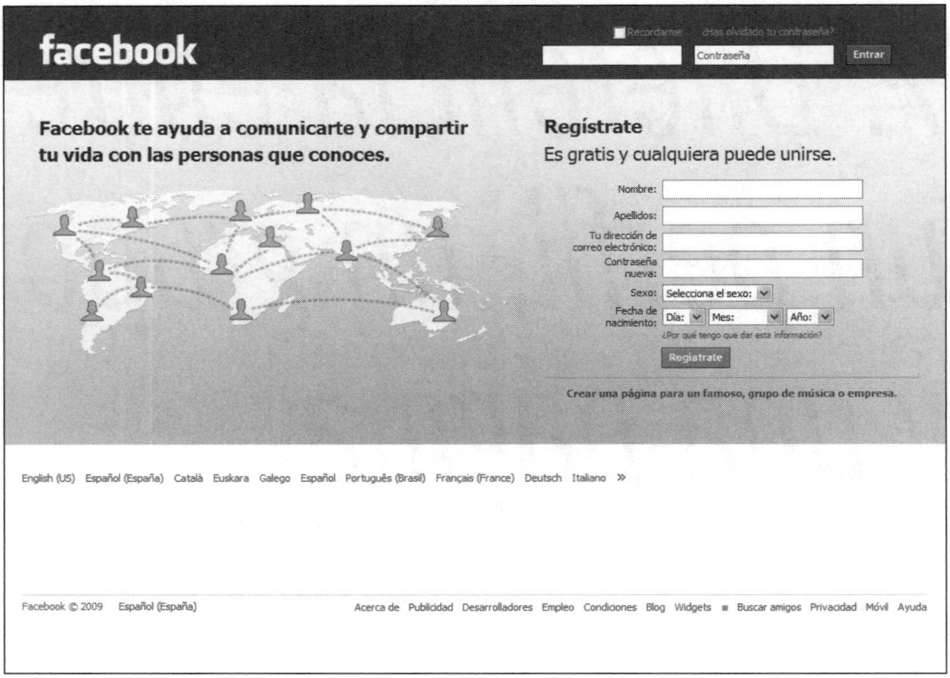

Figura 7.1. *Página de inicio de la red social Facebook, donde es posible registrarse o entrar en una cuenta anteriormente registrada.*

- Páginas. En Facebook se pueden realizar páginas sobre empresas y productos, instituciones o artistas donde los usuarios pueden adherirse y convertirse en seguidores. Véase la figura 7.2.

Los perfiles

Los perfiles son para un usuario, en individual. En un perfil se encontrarán todas las actividades que ha desarrollado una persona dentro de Facebook y también las relaciones sociales que establece con otros usuarios de la misma plataforma. El perfil muestra la personalidad y los intereses de cada persona.

Veamos ahora qué elementos incluyen los perfiles:

- Foto de perfil.

- Descripción en portada.

- Listado de contactos.

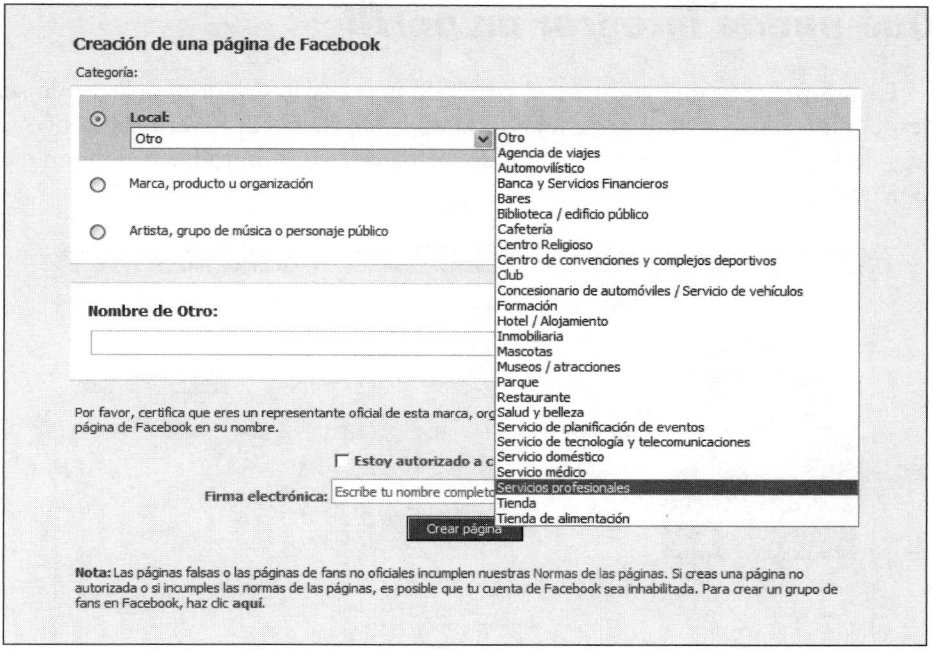

Figura 7.2. *Las páginas de Facebook se pueden basar en tres categorías: local, marca, producto u organización y artista, grupo de música o personaje público.*

- Importar RSS de un blog, Flickr, Digg, Picasa, Delicious, Yelp, Google Reader, Youtube, Lastfm, Pandora, Photobucket, Hulu y Kiva.

- Resumen de última actividad.

- Comentario de estado, sincronizable con Twitter.

- Escribir notas.

- Agregar vídeo.

- Publicar enlace.

- Galerías de fotos.

- Causas.

- Muro.

- Crear insignia de perfil.

- Agregar otras muchas aplicaciones (entre ellas eventos).

- Pestañas.

Qué puede integrar un perfil

La información que contiene el perfil de un usuario de Facebook puede ser desde muy básica a muy compleja, todo depende de él. El nivel más básico se crea de forma automática en función de los datos que se introdujeron durante el registro.

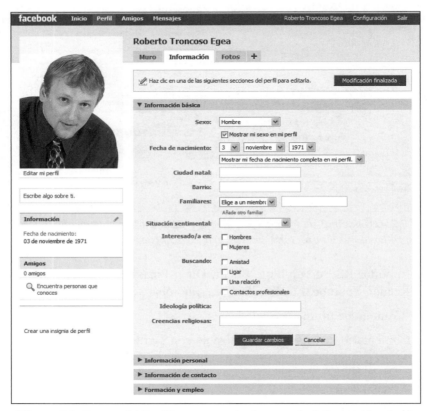

Figura 7.3. *Dentro del Perfil se encuentra el apartado Información, donde se recogen todos aquellos datos que el usuario ha deseado plasmar.*

- Información básica: como sexo, fecha de nacimiento, ciudad natal, barrio donde se reside, situación sentimental, ideología política, creencias religiosas, etc.

- Información personal: se puede introducir una pequeña descripción sobre actividades favoritas, música, programas de televisión, películas, libros, etc. En fin, aficiones personales.

- Información de contacto: direcciones de correo electrónico, alias para la mensajería instantánea, teléfono móvil y fijo, página Web, etc.

- Formación y empleo: permite especificar estudios que se poseen y trayectoria profesional que se tiene hasta el momento. Para los profesionales y emprendedores, ésta es la parte del perfil más interesante, pues es como poner a disposición de toda una red social de millones de personas un Currículum Vítae. Sin mencionar la posibilidad que ofrece de hacer marketing personal.

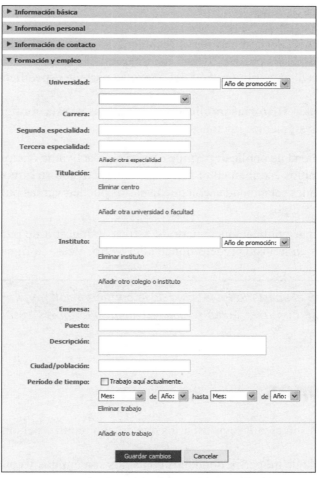

Figura 7.4. *Los datos publicados en la categoría de Formación y empleo del registro pueden ser de gran utilidad para las aspiraciones de cualquier profesional o emprendedor que utilice Facebook para su promoción.*

> *Nota: Los datos de la categoría **Información básica** no son de gran utilidad, de hecho se puede omitir toda la información si se desea; Facebook no obliga a rellenar todas las categorías de un perfil.*

El Muro

Esta zona del perfil está ideada para permitir que se agreguen nuevos elementos, como fotos, vídeos, eventos, enlaces (*links*) y notas, así como otro contenido de distintas aplicaciones.

Lo publicado en un **Muro** puede ser visto por todos los usuarios que tengan permiso para acceder a dicho perfil (es decir, "nuestros amigos"), y al mismo tiempo, esos usuarios pueden "dejar" mensajes en el **Muro**.

Aunque desde la configuración del **Muro** se permite especificar quién puede escribir en él.

En el apartado **Historias publicadas por amigos** de esta configuración es posible editar las siguientes opciones:

- Posibilidad de publicar: permite activar o desactivar la opción de que nuestros amigos escriban en el Muro. Al estar activado se ofrecen nuevas posibilidades relacionadas con qué usuarios pueden ver las publicaciones de dichos amigos.

- Combinar publicaciones: permite activar la muestra de publicaciones de amigos en la vista predeterminada del Muro. Véase la figura 7.5.

> *Nota: Desde el apartado Privacidad de la configuración general de la cuenta es posible controlar quién puede ver cada una de las secciones de un perfil.*

Los grupos

Los grupos son creados por usuarios que desean reunir a personas en un tema en común.

A diferencia de un perfil, donde los contactos son amigos y conocidos. En un grupo se pueden sumar personas de diferentes partes y que no se conocen. Un grupo es un punto de encuentro para que la gente se conozca y establezca nuevas relaciones.

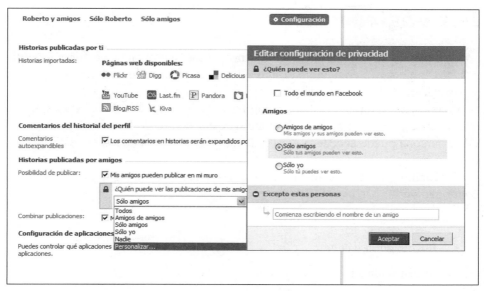

Figura 7.5. *Las publicaciones de amigos en el Muro pueden
ser filtradas para que no todo el mundo las vea.*

Elementos de los grupos:

- Logo.

- Información básica y de contacto.

- Miembros.

- Foro de debate.

- Muro.

- Fotos.

- Elementos publicados.

- Vídeo.

- Eventos.

Nota: *Una de las grandes posibilidades de los grupos de Facebook, consiste en que se puede invitar a participar en ellos a personas que no utilizan esta red social, aunque, eso sí, no podrán unirse hasta que se registren en Facebook.*

Las páginas

Una página sirve para promocionar productos, instituciones o figuras públicas. No "pide ser tu contacto o amigo", sino que recibe admiradores, seguidores y partidarios de lo que se está proponiendo o dando a conocer (fans).

La otra gran diferencia es que la página en Facebook tiene una dirección única que se puede ver sin tener la necesidad de estar dentro de la red. Es decir, cualquier persona puede acceder y observar esa página en Facebook sin estar inscrito en la red.

En cuanto a los elementos de las páginas, encontramos los que se exponen a continuación:

- Logo.

- Información básica.

- Mini-noticias (resumen de última actividad).

- Muro (las aportaciones se visibilizan en portada).

- Foro de debate (las aportaciones no se visibilizan en portada, hay que pulsar sobre ellas. Se organizan por temas).

- Fans (es como la lista de contactos).

- Eventos.

- Elementos publicados.

- Vídeo.

- Notas (es posible importar rss).

- Promover página con anuncio.

- Enviar actualización a fans.

Nota: *Es importante entender la diferencia entre una cuenta personal y una página de Facebook. La cuenta personal es la cuenta asignada a un perfil de usuario, en la que se entra cuando se inicia la sesión en Facebook. Ésta es la que se empleará para administrar una página.*

Por otro lado, el perfil de cuenta personal es diferente de la página, de hecho, cuando se edite, los cambios realizados no se reflejarán en la página, y viceversa.

Figura 7.6. *Página Facebook de admiradores de Jordi Évole,*
más conocido como el Follonero.

8. La primera elección: ¿una página o un grupo?

¿Cuáles son las diferencias entre un grupo y una página en Facebook? ¿Cuál es la opción más adecuada para promocionar a un profesional, a un producto o a una empresa?

Una vez vistos los perfiles personales, muy actos para la promoción de profesionales, digamos que tanto los grupos como las páginas son dos de las mejores formas para promocionarse mediante la red social Facebook. Aunque ambos funcionan con un concepto similar, a la hora de medir resultados son diferentes, y es importante tener en cuenta estas diferencias.

- Las páginas son mejores para establecer relaciones a largo plazo con los usuarios y crear una comunidad interactiva entre ellos.

- Por otro lado, los grupos pueden ser mejor aprovechados para enviar comunicados rápidos e involucrar a los usuarios en discusiones, para recibir comentarios sobre un determinado producto o servicio, etc.

Figura 8.1. *Los grupos pueden ser administrados por una persona o varias, y pueden ser privados o abiertos a todo el mundo.*

Por qué o para qué utilizar un grupo

Los grupos de Facebook pueden servir más para causas comunes, como, por ejemplo, compartir conocimientos alrededor de un tema o hacer campañas específicas. Pero ¿qué se puede hacer para tener un grupo en Facebook y que sea útil?

El primer paso sería definir bien las metas. Antes de crear o integrarse en un grupo se deben definir los objetivos que se desean alcanzar con ese grupo. Es fundamental analizar aspectos como: ¿Buscaré directamente clientes o amigos que en un futuro puedan ser clientes?

Estos objetivos hay que tenerlos muy claros, ya que los miembros de los grupos se manejan de acuerdo al interés que uno despierte. No hace falta recordar que la base de las redes sociales es mantener contacto continuo y tener conversaciones afables y de interés para todos los participantes.

Para llevar a cabo esta "doctrina" desde un grupo lo más aconsejable es:

- La unión hace la fuerza. No es mala opción dar a conocer un nuevo grupo uniéndose a otros (con temáticas afines) con más miembros y que tienen mayor tiempo de existencia, esto ayuda a atraer nuevos miembros segmentados para el grupo. Como siempre, hay que evitar el *spam* y participar, lo más posible, con acertadas aportaciones, de manera que se sea visto como un referente también dentro de esos grupos, y así, potenciar una relación para futuras alianzas.

- Promoción cruzada. Si se participa en otros espacios dentro de Facebook hay que asegurarse de nombrar o citar siempre como fuente de referencia a nuestro grupo. Además, si se posee un sitio Web o un *blog*, es importante propiciar el contacto a través del grupo.

- Manteniendo el *Feedback*. Una característica fundamental de los grupos, a la hora del "mercadeo", es que se debe aprender a usar la comunicación como una herramienta de negocios e intercambio de opiniones e ideas, sin olvidar que el aporte de los miembros es muy útil para cualquier propósito; por eso hay que hacerles sentir que son "escuchados" y tenidos en cuenta. Lógicamente, también hay que hacer valer sus opiniones respondiendo a los mensajes y participando activamente.

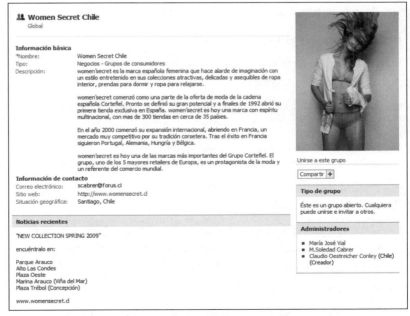

Figura 8.2. *Los grupos pueden servir a una empresa para hacer campañas específicas sobre un producto o servicio.*

- Grupo Primicia. Si se usa un grupo para establecer relaciones de negocios no hay que olvidar una cuestión: aportando primicias o noticias de interés, los miembros sentirán que se están enterando antes que nadie de las novedades de nuestro sitio, próximos proyectos o, incluso, del futuro de la propia empresa.

Establecer este sistema de información a través de grupos puede ser incluso más beneficioso, como estrategia, si, por ejemplo, no todos los miembros son participantes activos del negocio o no están suscriptos al boletín del sitio.

Nota: A la hora de crear un grupo es importante definir un buen nombre para él. No es mala opción poner el nombre de un producto o servicio, o de una compañía, pues sirve para que los demás usuarios lo identifiquen y darle así el carácter de un grupo especializado.

Beneficios e inconvenientes de los grupos

Hay que tener en cuenta que Facebook considera a los grupos como una extensión de un perfil personal del usuario que lo ha creado, por lo que cualquier actividad realizada en ese grupo aparece directamente anexada a ese perfil personal.

- Beneficios de los grupos:
  - Los grupos permiten segmentar por intereses y demográficamente los usuarios de Facebook.
  - El administrador del grupo tiene un mayor control sobre los participantes.
  - Generación de viralidad, ya que toda la actividad del grupo se muestra en las publicaciones del perfil (Muro, Fotos, Vídeos, etc.).
  - Posibilidad de enviar mensajes a todos los miembros del grupo (hasta un máximo de 5.000).
  - Cabe la opción de crear tres tipos de grupos. Abierto: cualquier persona puede entrar. Cerrado: el administrador decide quién puede entrar. Secreto: sólo conocen el grupo los miembros e invitados.
- Inconvenientes de los grupos:
  - La comunicación con los usuarios está limitada a 5.000 personas.
  - Escasa personalización. Además, no se pueden añadir aplicaciones.

- Resulta complicado eliminar el grupo.

- Los grupos no son indexados por los buscadores externos.

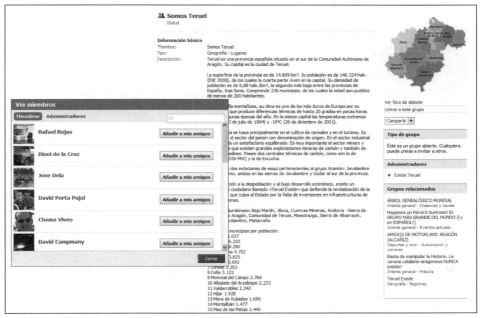

Figura 8.3. *Uno de los mayores inconvenientes de los grupos*
es que no pueden sobrepasar los 5000 miembros.

Puntos a favor de las páginas

La aplicación de páginas permite crear gratuitamente un mini portal dentro de la red de Facebook, con información acerca de la compañía, productos y servicios ofertados. De igual forma, es posible subir el logo de dicha empresa, información corporativa (misión, visión, un enlace a la página Web, contacto, etc.), imágenes, vídeos, notas de prensa, artículos, reportajes, etc. Incluso se puede hacer que dicha página se actualice automáticamente cuando se realice algún cambio en el propio sitio Web.

Las páginas permiten a los administradores actualizar su status, publicar enlaces, fotos y vídeos en el Muro, lo que se refleja directamente en las nuevas publicaciones, al contrario que en los grupos, lo que proporciona una mayor visibilidad a las publicaciones de las empresas y una mayor relevancia ante los usuarios. Si otros usuarios se convierten en admiradores de una página, sus amigos puedan visualizar pequeños *banners* con información de la página cuando navegan por la red social (en la parte derecha de las páginas de Facebook suele salir con bastante frecuencia una pequeño *banner* con una reseña de una página de un producto o servicio).

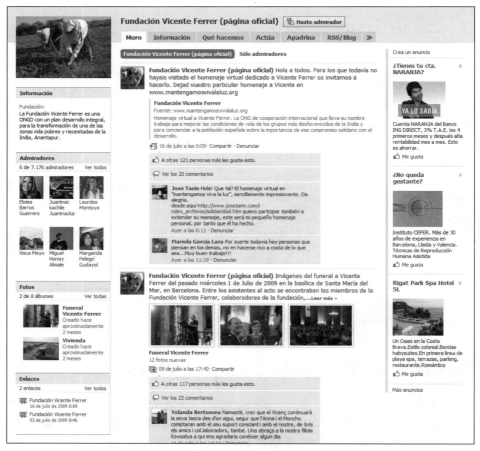

Figura 8.4. *La creación de páginas permite generar de forma gratuita un "mini portal" dentro de la red de Facebook.*

Gran parte de las estrategias de marketing en Facebook pasan por ofrecer contenidos interesantes y útiles para el usuario. A través de las páginas se tiene acceso a las funcionalidades avanzadas e interactivas, como publicar encuestas, cupones, promociones, aplicaciones, etc. Esto lo convierte en un excelente instrumento de fidelización *on-line*. Por ejemplo, es posible avisar a todos los admiradores registrados en una página sobre nuevos eventos que van a celebrarse.

Otra de las facilidades que ofrecen las páginas de Facebook es la posibilidad de analizar la interactividad de nuestro espacio gracias a sus estadísticas. Éstas no sólo se ciñen al número de fans, sino que proporcionan información detallada y gráfica de gran valor: fans dados de baja, países más populares, datos demográficos, visitas de la página, consumo de medios, interacciones, publicaciones, etc. De esta forma se puede ir contabilizando el crecimiento y alcance de la estrategia en esta red social. Véase la figura 8.5.

Nota: *Hoy día muchas empresas están obteniendo un caudal de visitas nada despreciable desde su página de Facebook.*

Figura 8.5. *Gran parte de las estrategias de marketing en Facebook pasan por ofrecer contenidos interesantes y útiles para el usuario.*

Por último y en cuanto a SEO, las buenas estrategias en páginas de Facebook también permiten incrementar las posiciones en buscadores como Google, y más aún si se elige un nombre adecuado para la página.

Beneficios e inconvenientes de las páginas

En el caso de que el principal deseo se base en ganar reconocimiento para una marca o producto, lo más favorable no sería crear o integrarse en un grupo. Sin lugar la dudas, lo realmente conveniente sería crear una página.

*   Beneficios de las páginas:

    *   Posible indexación en motores de búsqueda como Google.

    *   No hay límite de fans, es posible enviar mensajes a todos.

    *   Se pueden añadir vídeos y aplicaciones.

    *   Cabe la opción de realizar moderación de contenido.

*   Inconvenientes de las páginas:

    *   La actividad de la página no se muestra en las publicaciones del perfil. Se muestra con nuevos fans o cuando los fans suben fotos o vídeos.

    *   Los mensajes no llegan a la bandeja de entrada, por lo que existe una menor visibilidad.

Figura 8.6. *Uno de los mayores beneficios de las páginas de Facebook es que no hay límite de fans o admiradores, al contrario que en los grupos, cuya cifra de miembros no puede superar los 5000.*

9. Crear una página corporativa

Como ya se ha comentado, crear una página en Facebook es especialmente útil para promover una organización, un negocio o un producto en concreto, aunque nunca se puede olvidar que, además de un estupendo modo de promocionarse, es un excelente medio de comunicación interna, que permite coordinar a un gran número de miembros, manteniendo una alta cohesión entre todas las personas y actividades involucradas en una empresa.

Hay que mencionar, que en un principio, las páginas no estuvieron disponibles en esta red social.

Esta utilidad surgió quizás de la comprensión sobre la necesidad de los usuarios de compartir mayores cantidades de información, de verse agrupados en un ámbito que hacía más explícitos sus gustos e intereses y, por qué no, de tener una interfaz "más amplia" que contrastara un poco con la sobriedad y el minimalismo que siempre ha caracterizado a Facebook.

Originalmente las páginas de Facebook eran conocidas como Fan Pages. Esto es porque las páginas hacen posible que los usuarios se relacionen de forma más frecuente con el "objeto" que representa esa página (ya sea un producto o una compañía), y puedan, así, expresar su apoyo agregándose como fan.

> **Nota:** *Facebook dispone de un buscador de páginas (Browse Facebook Pages: `http://www.facebook.com/pages/?browse`) desde donde se pueden visitar varios miles de páginas que están convenientemente clasificadas en distintos grupos para permitir la búsqueda de ejemplos o modelos con los cuales ayudarse a crear la Página propia. Desde el directorio de Facebook (`http://www.facebook.com/directory/pages/`) también es posible acceder a un sinfín de interesantes páginas corporativas.*

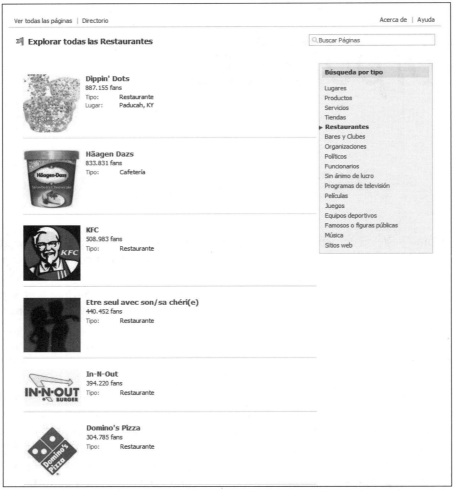

Figura 9.1. *Tanto el buscador como el directorio de páginas de Facebook son un buen inicio para ver ejemplos de páginas que puedan ayudar a crear una página propia.*

Primeros pasos: Desde dónde se puede crear una página

En Facebook es posible comenzar a crear una página desde numeroso sitios, dependiendo si se es nuevo, o si, por ejemplo, ya se dispone de un perfil en esta red social.

Cuando no se posee una cuenta en Facebook cabe la posibilidad de crear una página directamente desde la página principal de Facebook, pulsando sobre la opción Crear una página o accediendo directamente desde:

```
http://www.facebook.com/pages/create.php.
```

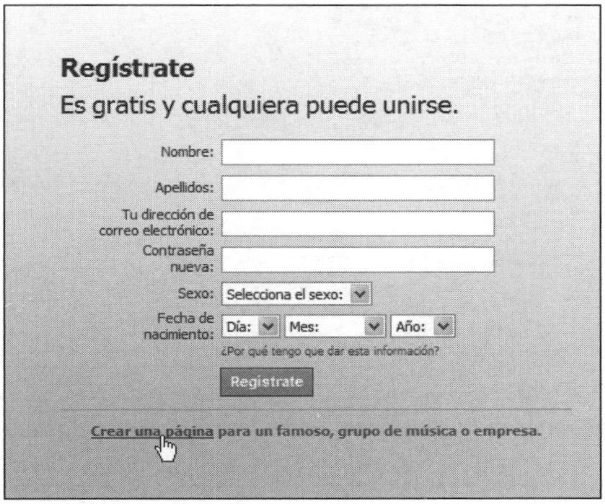

Figura 9.2. Desde la página principal de Facebook es posible acceder al formulario de registro de una página.

Por ambos caminos se llega al formulario de registro denominado: Creación de una página de Facebook, que es muy sencillo e intuitivo de rellenar. Véase la figura 9.3.

Si ya se tiene un perfil en Facebook, también se puede crear una página de múltiples formas. Por ejemplo, una de ellas es pulsando sobre la opción Publicidad que aparece en la parte inferior de la página de **Inicio** del perfil. Véase la figura 9.4.

Después de pulsar sobre dicha opción, se accederá a la página de Publicidad de Facebook.

En su parte superior aparecen varias opciones, una de ellas es Páginas, donde habrá que pulsar. Véase la figura 9.5.

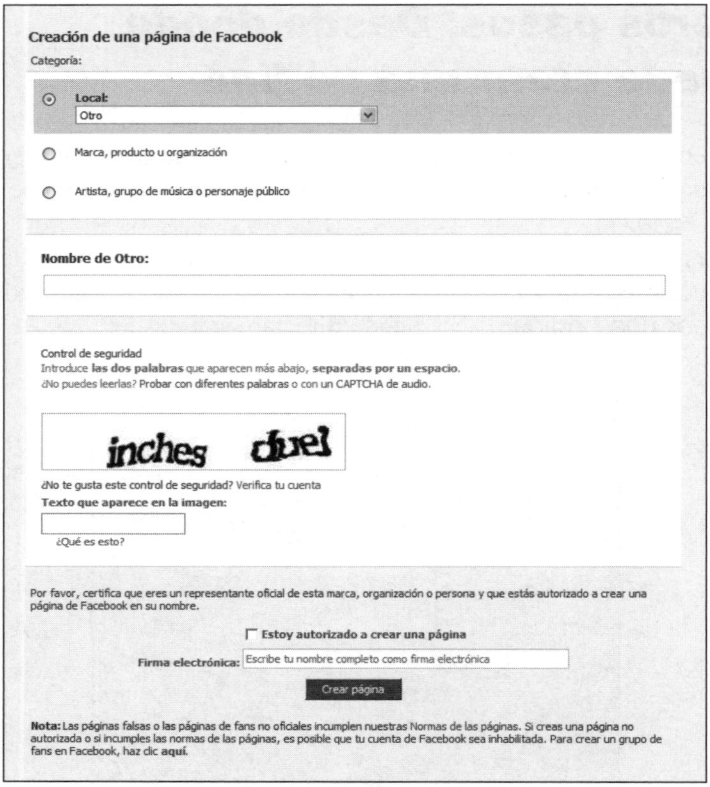

Creación de una página de Facebook

Categoría:

⊙ **Local:**
  [Otro ▾]

○ Marca, producto u organización

○ Artista, grupo de música o personaje público

Nombre de Otro:

[_____]

Control de seguridad
Introduce **las dos palabras** que aparecen más abajo, **separadas por un espacio.**
¿No puedes leerlas? Probar con diferentes palabras o con un CAPTCHA de audio.

inches   duel

¿No te gusta este control de seguridad? Verifica tu cuenta
Texto que aparece en la imagen:
[_____]
¿Qué es esto?

Por favor, certifica que eres un representante oficial de esta marca, organización o persona y que estás autorizado a crear una
página de Facebook en su nombre.

☐ **Estoy autorizado a crear una página**

Firma electrónica: [Escribe tu nombre completo como firma electrónica]

[Crear página]

Nota: Las páginas falsas o las páginas de fans no oficiales incumplen nuestras Normas de las páginas. Si creas una página no
autorizada o si incumples las normas de las páginas, es posible que tu cuenta de Facebook sea inhabilitada. Para crear un grupo de
fans en Facebook, haz clic **aquí**.

Figura 9.3. *Aspecto del formulario de registro de una página en Facebook.*

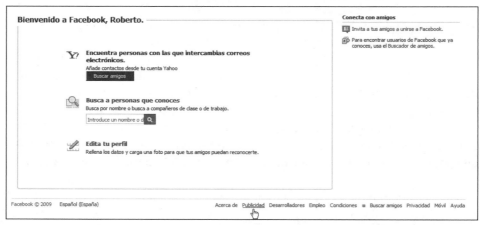

Bienvenido a Facebook, Roberto.

Conecta con amigos

🖳 Invita a tus amigos a unirse a Facebook.

🖼 Para encontrar usuarios de Facebook que ya
conoces, usa el Buscador de amigos.

Y₇ **Encuentra personas con las que intercambias correos
   electrónicos.**
   Añade contactos desde tu cuenta Yahoo
   [Buscar amigos]

🔍 **Busca a personas que conoces**
   Busca por nombre o busca a compañeros de clase o de trabajo.
   [Introduce un nombre o d 🔍]

✏️ **Edita tu perfil**
   Rellena los datos y carga una foto para que tus amigos puedan reconocerte.

Facebook © 2009   Español (España)   Acerca de Publicidad Desarrolladores Empleo Condiciones ▪ Buscar amigos Privacidad Móvil Ayuda

Figura 9.4. *La opción Publicidad está disponible en todo momento
en la parte inferior de la página de un perfil.*

Figura 9.5. *La parte superior de la página Web de Publicidad dispone de varias opciones, entre ellas la de Páginas.*

Una vez realizado este paso, se llega a la Web de Facebook dedicada a las Páginas. Ésta dispone de una pequeña descripción de dicha aplicación, así como algunos consejos a tener en cuenta antes de empezar, sobre cómo una vez creada conseguir más seguidores o fans... Por supuesto, cuenta con un botón que permite acceder al formulario de registro, denominado **Crea una página**, que será el que habrá que pulsar para comenzar.

Figura 9.6. *El botón Crea una página permite acceder al formulario de registro de páginas.*

Registrar una página paso a paso

Una vez que ha accedido al formulario de creación de una página de Facebook, el primer paso es escoger una categoría y el nombre para dicha página.

La primera sección que se observa, es decir, Categoría, se divide en tres:

- Local. Incluye las siguientes subcategorías: Agencia de viajes, Automovilístico, Banca y Servicios Financieros, Bares, Biblioteca/edificio público, Cafetería, Centro Religioso, Centro de convenciones y complejos deportivos, Club, Concesionario de automóviles / Servicio de vehículos, Formación, Hotel / Alojamiento, Inmobiliaria, Mascotas, Museos / Atracciones, Parque, Restaurante, Salud y belleza, Servicio de planificación de eventos, Servicio de tecnología y telecomunicaciones, Servicio doméstico, Servicio médico, Servicios profesionales, Tienda y Tienda de alimentación.

- Marca, producto u organización. Cuenta con las siguientes subcategorías: Alimentación y bebidas, Alquiler de coches, Comunicaciones, Deportes, Farmacéutico, Gobierno, Hogar, Hotel / Alojamiento, Juegos, Línea aérea, embarcación o estación de ferrocarril, Moda, Organización religiosa, Película, Producto tecnológico / Servicio, Productos de consumo, Programa de televisión, Servicios financieros, Servicios profesionales, Sin ánimo de lucro, Sitio Web, Tienda virtual, Venta al por menor y Viajes.

- Artista, grupo de música o personaje público. Se pueden seleccionar subcategorías como éstas: Actor / Actriz, Artista visual, Atleta, Crítico, Cómico, Equipos deportivos, Escritor, Funcionario, Grupo Musical, Modelo, Músico y Político.

> **Nota:** *Las tres categorías en las cuales se puede situar la página que se va a crear disponen de numerosas subcategorías, que permiten escoger entre la materia que más se aproxima al negocio de que se trate. Pero si no fuera así, y ninguna lo identificase, siempre se podrían seleccionar subcategorías genéricas como, por ejemplo, para Local: Otro; para Marca: Productos, o para Artista: Otro personaje público.*

Tras seleccionar la categoría, es imprescindible asociar un nombre a esa página en la casilla de texto Nombre de...

Se trata de un paso más importante de lo que parece. Se debe elegir el nombre con cuidado dado que, por ahora, no es posible modificarlo después. Por eso es recomendable que se ponga el nombre del servicio o la empresa seguido de aquellas palabras clave que mejor lo definan. Esto, además ayudará a mejorar el futuro posicionamiento en buscadores. Un ejemplo sería: AYCSA- Asesoramiento y Consultoría en Internet.

A continuación hay que rellenar el típico Control de Seguridad que consiste en una imagen con dos palabras que será necesario introducir en un cuadro de texto situado debajo, el cual se denomina Texto que aparece en la imagen.

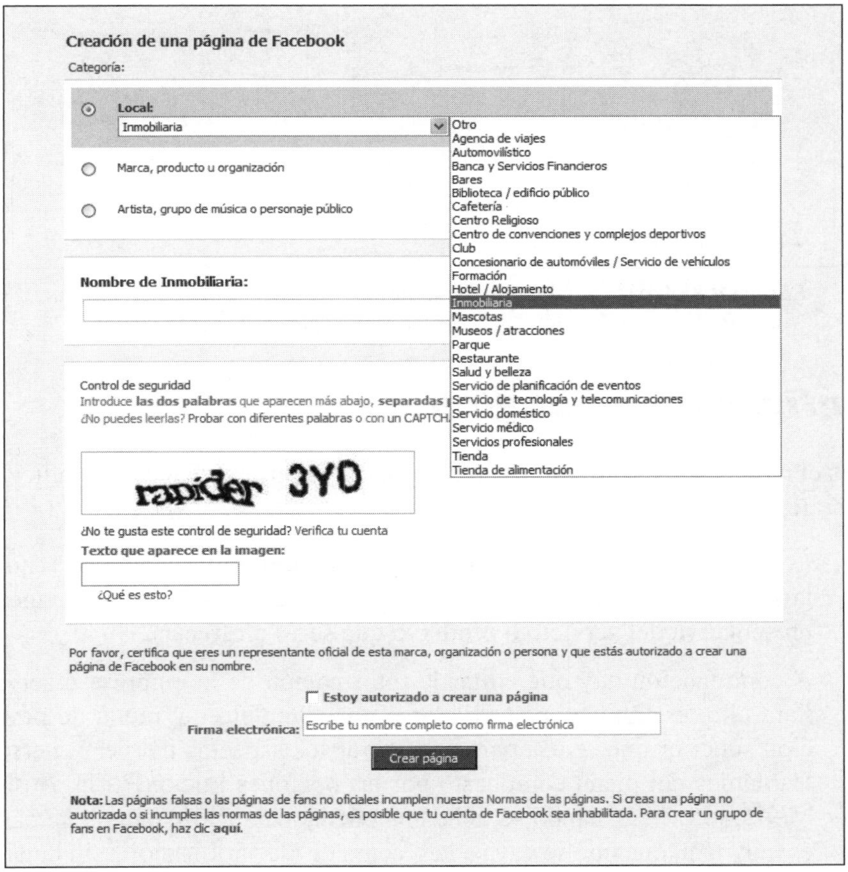

Figura 9.7. Antes de escoger el nombre para la página es necesario seleccionar la categoría en la que se inscribirá.

Nota: *El control de seguridad, conocido como* captcha *es una prueba de seguridad estándar que se utiliza para impedir que programas de correo no deseado creen cuentas ficticias y envíen este tipo de correo a los usuarios.*

Posteriormente habrá que seleccionar la casilla Estoy autorizado a crear una página, y escribir el nombre completo en la casilla de texto Firma electrónica, para certificar que se es el representante oficial de esa compañía o empresa.

Para finalizar, hay que hacer clic sobre el botón **Crear página**, para así poder acceder a la página y configurarla de acuerdo a las necesidades de cada uno.

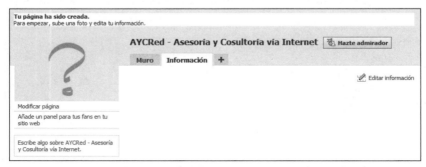

Figura 9.8. *Aspecto que tendría una página de Facebook recién creada, sin elementos. Únicamente se aprecia el nombre que se le dio.*

Configurar una página

Es el momento de configurar la página. Como el propio Facebook indica, hay que realizar las siguientes acciones:

1. Lo primero que se debe hacer es elegir una fotografía y "subirla" (nos estamos refiriendo, por ejemplo, al logo de la empresa o a una imagen representativa del servicio o producto que se va a ofrecer).

2. A continuación hay que editar la información de la empresa o servicio. Para ello, es fundamental olvidarse por completo del menú de navegación superior que se usa para configurar los aspectos del perfil personal. Hablamos del menú compuesto por las opciones Inicio, Perfil, Amigos, Mensajes, etc. Cuando se tiene una cuenta personal y luego una página, es muy fácil que uno se vaya a la sección de Configuración. Sin duda, eso sería un gran error, ya que desde allí se accede a la configuración personal; una página se debe editar desde el enlace Modificar Página, el cual aparece justo debajo de la fotografía que la ilustra.

Figura 9.9. *Este menú se circunscribe al perfil personal que se posee en Facebook, no al de la página creada con posterioridad.*

Para comenzar, lo mejor es identificar, con una imagen, la empresa o compañía que es representada en la página que se está creando. El proceso es muy sencillo, lo único que se tiene que hacer para subir el logo es:

1. Situar el ratón por encima del recuadro con el interrogante y, una vez que éste se convierta en una mano, pulsar sobre la opción que aparece en la parte superior: Cambiar foto.

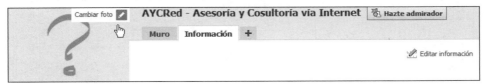

Figura 9.10. Aspecto de una página de Facebook antes de hacerla más "vistosa" con una imagen.

2. Una vez hecho esto, en el pequeño menú que se despliega, es necesario pulsar sobre la opción Cargar foto para que aparezca el cuadro de diálogo que permite buscar en el equipo la imagen que se desea para ilustrar la página. Véase la figura 9.11.

Nota: No hay problema en cambiar la imagen que se ha añadido a la página cuando uno quiera, únicamente hay que realizar el mismo proceso comentado con anterioridad.

Por otro lado, si en un determinado momento se prefiere volver a colocar la imagen anterior (y ésta no ha sido eliminada), sólo hay que hacer clic, de nuevo, sobre Cambiar foto y, en le menú que se despliega, pulsar sobre Elegir del álbum. La página que aparecerá incluye las imágenes que se han cargado en otras ocasiones, las cuales se pueden editar, sustituir, compartir, eliminar, etc.

El menú comentado incluye otras opciones interesantes como, por ejemplo, Hacer una foto, en el caso de que reconozca una Webcam instalada, Eliminar tu foto o Modificar miniatura.

3. Después de completar el paso de ilustrar la página con una imagen o logotipo representativo de la compañía, faltaría agregar un poco de información sobre la empresa en cuestión. Cuanta más información se proporcione, seguramente más éxito tendrá la página, pues los usuarios verán que todo es auténtico y veraz. Véase la figura 9.12,

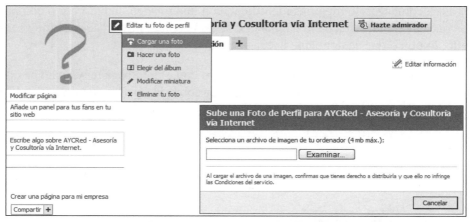

Figura 9.11. *Subir un archivo gráfico a una página de Facebook es igual de sencillo que a un perfil personal.*

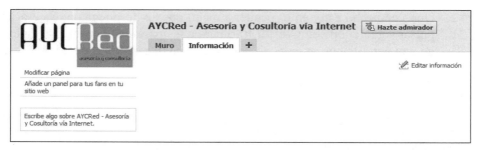

Figura 9.12. *Cualquier compañía o empresa que desee tener presencia en Facebook necesita una imagen representativa que el usuario sea capaz de identificar de forma rápida y sencilla.*

Para incorporar la información de la empresa y lo servicios que ofrece hay que pulsar sobre la opción Editar información de la pestaña Información. De esta forma se tendrá acceso a dos opciones (véase la figura 9.13):

- Información básica: en la que se incluyen datos referentes a la dirección, el teléfono y el horario.

- Información detallada: con sitio Web e información general.

Nota: *Ha sido agregado el logotipo de la empresa, así como información detallada, tal como indica Facebook; además, la página ya está configurada, pero ojo, todavía no está operativa, como se puede observar al leer*

---

el mensaje de atención que aparece en la parte superior. Para ello hay que pulsar en el enlace Publicar esta Página. De esta forma ya será pública en la red social. Véase la figura 9.14.

Figura 9.13. *Aspecto de una página de Facebook que incluye información empresarial, así como mensajes en su Muro.*

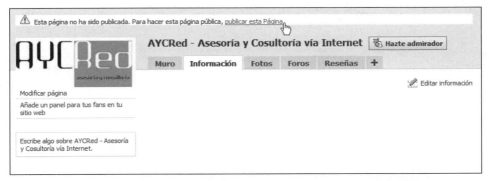

Figura 9.14. *Una vez configurada la página, para hacerla pública hay que pulsar sobre la opción Publicar esta página, como muestra la imagen.*

Secciones más interesantes de una página

De forma predeterminada, una página de Facebook dispone de una ficha Muro y de otra denominada Información.

El **Muro** mantiene la misma riqueza multifuncionalidad que la que posee el **Muro** de un perfil de usuario. Muestra tanto la información generada por el administrador de la página (contenidos actualizados), como la publicada por los usuarios que accedan a ella (contribución de los fans o admiradores).

La pestaña de Información permite compartir datos claves acerca de la empresa; tales como página Web, visión general del negocio, referencias acerca de los productos o servicios que desarrolla, etc.

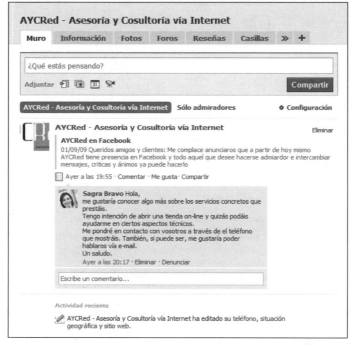

Figura 9.15. *El Muro de una página es como el de un perfil de usuario, permite agregar nuevos elementos, por ejemplo, fotos, vídeos, notas y comentarios, así como otros contenidos de aplicaciones.*

Nota: *Dependiendo de la categoría de la página que se haya creado, la pestaña Información mostrará diferentes campos relacionados con la actividad sugerida. Por ejemplo, si se trata de un restaurante, en su información* *detallada se recogerán datos acerca del equipo de cocina, si tiene aparcamiento y aparcacoches, un rango de precios, los servicios que presta (es decir, si acepta reservas, si es un lugar indicado para grupos, si pone a disposición del cliente un servicio de catering, etc.), y las especialidades (desayunos, café, cenas, almuerzo, etc.).*

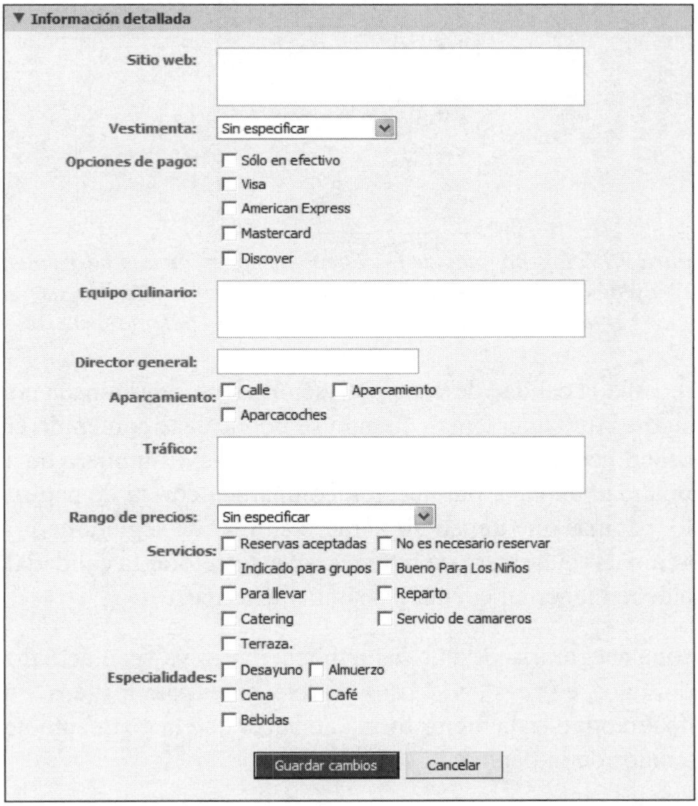

Figura 9.16. *Dependiendo de la categoría de la página que se haya creado, la pestaña Información detallada mostrará diferentes campos relacionados con la actividad que desarrolla, en este caso sería la de Restaurante.*

Aspectos adicionales: Estadísticas de calidad

Las páginas de Facebook disponen de una herramienta esencial denominada Insights, dedicada a las estadísticas. Dicha aplicación incluye los datos sobre la participación de Fans o Admiradores, es decir, las formas de interacción de los usuarios con la página. Una interacción se produce cuando un fan escribe en el **Muro**, comenta las publicaciones o le gusta lo que se publica.

Cuando se crean contenidos atractivos, los "seguidores" pueden elegir interactuar con dicho material mediante un comentario, votando que les gusta o escribiendo en el **Muro**. Estos admiradores ayudan a difundir dicho contenido de modo viral a través de Facebook, dado que su actividad en la página lleva a la publicación de noticias orgánicas en las noticias de sus amigos.

Figura 9.17. *Las páginas de Facebook disponen de una herramienta esencial denominada Insights, dedicada a las estadísticas de las interacciones y la calidad del contenido.*

Para Facebook, la calidad de una publicación viene determinada por el porcentaje de seguidores que interactúan cuando se publica ese contenido en la página. Se calcula usando como base siete días consecutivos. El número de estrellas depende de la calidad de cada publicación comparada con la de páginas similares (por ejemplo, páginas que tienen un número similar de seguidores).

Para incrementar el número de interacciones y mejorar la calidad de las publicaciones, se deben tener en cuenta los siguientes aspectos:

- Hay que asegurarse de que las publicaciones, ya sean actualizaciones de estado, fotos, enlaces o vídeos, sean relevantes para los fans. Publicar contenido atractivo es la mejor forma de hacer que la gente interactúe con los contenidos de la página.

- Es importante publicar con frecuencia, pero no una cantidad agobiante de contenido que los usuarios puedan considerar *spam* o difícil de digerir.

- Sin duda, se debe incrementar la base total de fans para generar más interacciones. Para ello, cabe la posibilidad, por ejemplo, de promocionar la página con un anuncio.

La página de Estadísticas muestra información sobre la actividad a largo tiempo (Admiradores que interactúan con la página) y los fans de siempre (Todos los admiradores):

- **Panel informativo sobre las interacciones de los admiradores**: muestra cómo los fans o admiradores están interactuando con las publicaciones realizadas en la página, y cómo, además, están usando dicho contenido.

  - Interacciones: número total de comentarios, publicaciones en el **Muro** y votos de "Me gusta".

  - Interacciones por publicación: promedio de comentarios, publicaciones en el **Muro** y votos "me gusta" obtenidos por cada publicación.

  - Calidad de mensaje: puntuación que mide cómo de interesante es el contenido para los usuarios (una calidad de mensaje alta indica material que despierta mayor interés en los usuarios).

  - Indicador CTR / ETR: este gráfico es una medida de la Tasa de clics para el contenido que aparece en el Facebook News Feed. Si un usuario hace clic en uno de sus anuncios, se contarán como CTR. Si a un usuario le gusta o comenta uno de sus anuncios, será contado en el ETR.

  - Publicaciones de discusión: el número de temas de discusión que los usuarios han creado en la página.

  - Referencias: número de veces que los fans han empleado la aplicación de Referencias para valorar la página.

Nota: Los administradores de páginas que participen con la publicación de material de alta calidad tendrán más capacidades interactivas para propagar su contenido a través de la red social de fans o admiradores.

- **Panel informativo sobre los fans**: muestra una gráfica con las tendencias de adquisición y suscripción.

  - Total de fans / no suscritos: el número total de fans hasta ahora, más el número total de fans que han decidido esconder sus publicaciones en el noticiero (no suscritos).

  - Fans nuevos y eliminados: el número de personas que se han convertido en nuevos fans de la página o que han dejado de serlo.

  - Demografía: el crecimiento de su base de aficionados en el tiempo, desglosados por edad y sexo.

  - Vistas de la página: número de veces diarias que ha sido visitada una página.

- Consumo de Medios: total de fotos vistas, audio escuchado y vídeos vistos para el contenido que se ha subido a la página.

- No Inscriptos/Re Inscriptos: el total de veces que los fans dejan de ser fans, y el total de veces que los fans se reinscriben.

Nota: *Los administradores de páginas que publican contenido relevante mantendrán a sus "admiradores", mientras que los administradores que publiquen material de baja calidad perderán usuarios y suscriptores.*

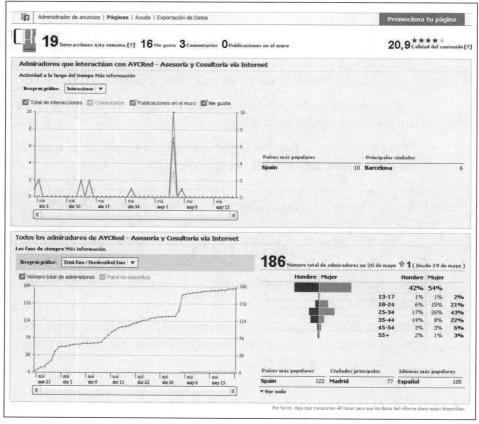

Figura 9.18. *La página de Estadísticas muestra información sobre la actividad de los admiradores que interactúan con la página y los fans de siempre.*

10. Crear una página de producto

Tras haber creado una página corporativa, disponiendo ya de presencia en la red social Facebook, el siguiente paso puede ser promocionar un producto o servicio, pero no desde esa página corporativa, sino desde una propia para ese producto. De hecho, cabe la posibilidad de crear tantos "microsites" como productos se deseen dar a conocer. Véase la figura 10.1.

Nota: *La forma de sacar un mayor beneficio a las página de producto es generando complicidad y colaboración con el usuario que se ha hecho admirador de la página. De esta forma, es más factible llegar a todos sus contactos y disponer así de nuevos fans.*

Generando la página

De una forma muy sencilla, cualquier administrador de una página corporativa puede crear una página de producto en poco tiempo, para ello, lo primero que debe hacer es pulsar sobre el botón **Páginas** de la **Barra de Aplicaciones** situada en la zona inferior de su página de Facebook. Véase la figura 10.2.

Figura 10.1. *Las páginas de productos ofrecen la oportunidad de crear tantos "microsites" dentro de Facebook como productos se deseen dar a conocer.*

Figura 10.2. *La Barra de Aplicaciones, situada en la parte inferior de la pantalla, dispone de un botón denominado Anuncios y páginas.*

Una vez realizado este paso, se cargará una página informativa para el administrador con datos estadísticos e información sobre cómo promocionar la actividad de la empresa con los anuncios de Facebook. En ella, se deberá pulsar sobre la opción Páginas.

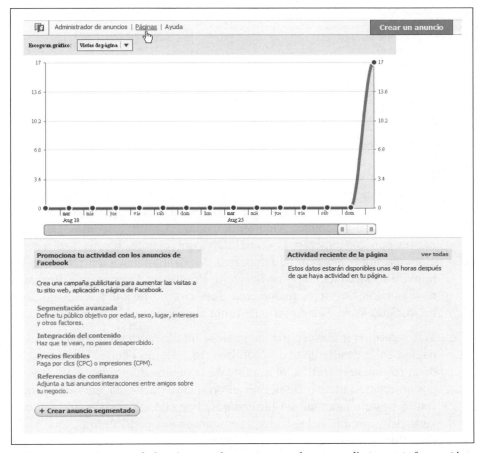

Figura 10.3. *Aspecto de la página informativa con datos estadísticos e información sobre cómo promocionar una actividad con los anuncios de Facebook.*

Al hacerlo, aparecerá en pantalla una página cargada de opciones de configuración, ajustes, aplicaciones, etc., la cual, además, dispone de un botón denominado **Crear una página**, que será el que habrá que pulsar. Véase la figura 10.4.

En dichos momentos se cargará en el navegador la página que incluye el formulario de registro: Creación de una página de Facebook. Ahora, hay que hacer lo siguiente:

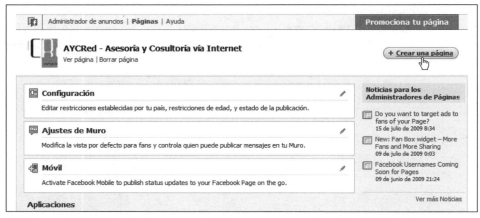

Figura 10.4. *El botón Crear una página permite acceder al formulario de registro.*

1. Lo primero, es seleccionar la categoría **Marca, producto u organización** y, si se desea, en la casilla desplegable que incluye, elegir la subcategoría que más se aproxime a la "esencia" del producto. Existen las siguientes: Alimentación y bebidas, Alquiler de coches, Comunicaciones, Deportes, Farmacéutico, Gobierno, Hogar, Hotel / Alojamiento, Juegos, Línea aérea, embarcación o estación de ferrocarril, Moda, Organización religiosa, Película, Producto tecnológico/Servicio, Productos de consumo, Programa de televisión, Servicios financieros, Servicios profesionales, Sin ánimo de lucro, Sitio Web, Tienda virtual, Venta al por menor y Viajes.

2. Tras seleccionar la categoría, es imprescindible otorgar un nombre a dicha página en la casilla de texto **Nombre de...** Como ocurrió en la creación de la página corporativa, el nombre de la página de producto es muy importante, pues además de definir el producto, puede ser muy útil para su futuro posicionamiento en buscadores. Por ello, es aconsejable poner el verdadero nombre del producto, seguido de una pequeña frase que lo defina. Por ejemplo, Reflotamiento de empresas - procesos de dirección con enfoque proactivo.

3. Después se debe rellenar el Control de Seguridad, el cual cuenta con una imagen con dos palabras que habrá que introducir en un cuadro de texto situado debajo y que se denomina **Texto que aparece en la imagen.**

4. Ahora, hay que activar la casilla se selección **Estoy autorizado a crear una página,** y escribir el nombre completo en el cuadro de texto **Firma electrónica.** Se trata de un modo de certificar que se es el representante oficial de ese servicio o producto.

5. Una vez hecho esto, para concluir, únicamente resta pulsar sobre el botón **Crear página**. Así se accederá a la página creada, pudiendo configurarla con las necesidades de promoción del producto.

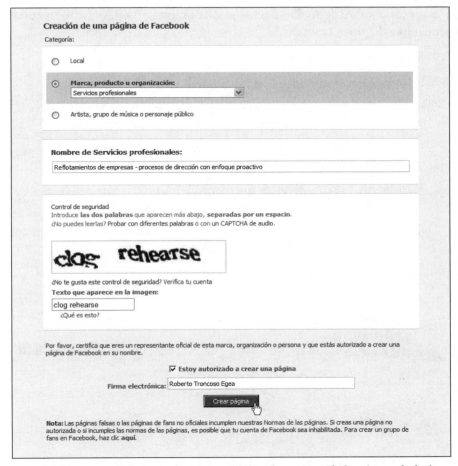

Figura 10.5. Tras rellenar en el formulario de registro de la página, habrá que pulsar sobre el botón Crear página para poder acceder a la página y configurarla con las necesidades de promoción del producto.

Configurar una página de producto

Al igual que veíamos al crear una página corporativa, lo primero que hay que hacer es ilustrar la nueva página con una fotografía característica del producto ofrecido, y lo segundo, editar la información de la empresa o servicio.

Para efectuar la primera operación (incluir fotografía o logo), hay que llevar a cabo los mismos pasos que se realizaron en las páginas corporativas. Una vez completado el paso de ilustrar la página con una imagen, faltaría agregar un poco de información acerca del servicio o producto que se quiere promocionar. Para ello, hay que pulsar sobre la opción Editar información de la pestaña Información, accediendo así a dos opciones:

- Información básica: fundación. Se puede dejar sin rellenar.
- Información detallada: con las siguientes opciones de texto:
  - Sitio Web: cuadro de texto que permite introducir la página o páginas dedicadas al producto, a la empresa que lo desarrolla, etc.
  - Descripción de la empresa: permite introducir una pequeña reseña sobre la compañía que lleva a cabo el producto o servicio.
  - Misión: cuadro de texto que permite introducir una referencia de las cualidades del servicio o producto a promocionar.
  - Productos: sirve para catalogar, con una mayor precisión, los servicios derivados del producto promovido.

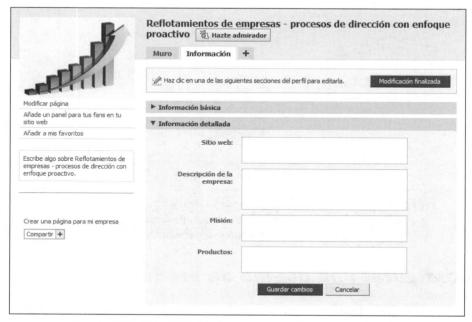

Figura 10.6. *Sitio Web donde se completa la información sobre el servicio o producto a promocionar en la página.*

Una vez incluida la información, para acabar con el proceso, será necesario pulsar sobre el botón **Guardar cambios** y, posteriormente, sobre **Modificación finalizada**. Esto hará que la página de producto tenga un aspecto como la de la figura 10.7.

> **Nota:** *De forma predeterminada, como ocurre en las páginas corporativas, una página de producto dispone de una ficha o pestaña Muro y otra denominada Información.*

Figura 10.7. *Aspecto inicial de una página de producto tras haber escrito su información más relevante.*

11. Crear un grupo

Como ya hemos visto, para lograr reconocimiento para una marca, lo mejor es crear una página. Entonces, ¿en qué situaciones sería más beneficioso utilizar los grupos?

Esta aplicación se puede usar más para causas comunes o para compartir conocimientos alrededor de un tema o, si se dispone también de una página, para hacer campañas específicas sobre un servicio o producto.

Se trata de una herramienta que permite crear páginas temáticas dentro de Facebook con una serie de funcionalidades y contenidos añadidos (enlaces, opiniones, fotos, imágenes, encuestas, etc.).

Por ejemplo, si una persona dispone de una página de una asesoría jurídica, se puede crear un grupo con consejos sobre derecho civil, mercantil, administrativo, etc.

El verdadero arma de los grupos es que unos contenidos buenos se traducen en comentarios cualificados. Esto quiere decir que, cuando un grupo es suficientemente importante (en número de miembros), pero también rico en contenidos, atraerá cada vez más a nuevos usuarios y, por consecuencia, a potenciales clientes o contactos.

Figura 11.1. *"Los grupos" son la herramienta perfecta para compartir conocimiento alrededor de un tema, o para realizar campañas específicas sobre un determinado servicio o producto.*

Una vez creado un grupo, es necesario "reactivar" individualmente los miembros para que se conviertan en "amigos" y ver si se puede establecer algún tipo de relación comercial con ellos. Véase la figura 11.2.

Creando un grupo

Cuando un usuario dispone ya de un perfil o bien administra una página, comenzar la creación de un grupo es realmente sencillo. Lo único que debe hacer es pulsar sobre el botón **Grupos** de la **Barra de Aplicaciones** situada en la zona inferior de su página de Facebook. Véase la figura 11.3.

***Figura 11.2.** Cuando un grupo es suficientemente importante,
atrae a cada vez más usuarios nuevos.*

Una vez hecho esto, se accederá a una página de Facebook denominada
Grupos. En ella, para comenzar a generar el grupo, únicamente será necesario
pulsar sobre la opción Crear un nuevo grupo (se encuentra situada a la derecha). En la siguiente página se mostrarán los pasos que hay que llevar a cabo para
ello. Véase la figura 11.4.

Figura 11.3. *El botón Grupos de la Barra de Aplicaciones*
permite acceder a la página Grupos de Facebook.

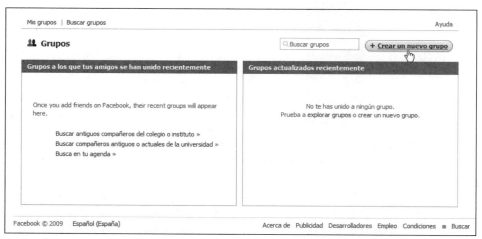

Figura 11.4. *Pulsando sobre el botón Crear un nuevo grupo*
se accede al Paso 1: Información del grupo.

Paso 1: Información del grupo

Nos encontramos ante la página Crear un grupo, donde se va a realizar el Paso 1: Información del grupo. Ésta cuenta con tres apartados obligatorios:

- Nombre del grupo. Es importante otorgar un nombre serio y que se diferencie de los demás grupos, es decir, que su temática sea de fácil identificación.

- Descripción. Se trata de un pequeño texto que de algún modo debe definir tanto el grupo, como sus pretensiones.

- Tipo de grupo. Dispone de dos casillas desplegables:

  - Selecciona una categoría. Cuenta con las siguientes opciones: Negocios, Interés general, Arte y entretenimiento, Geografía, Internet y tecnología, Sólo por diversión, Música, Organizaciones, Deportes y ocio y Grupos de estudiantes.

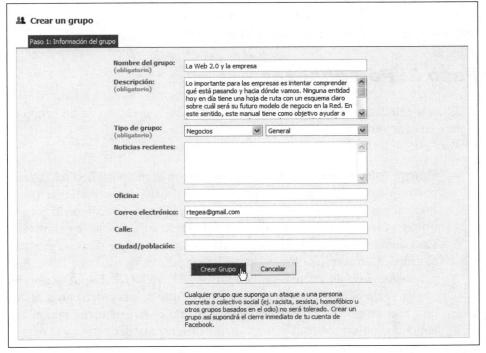

Figura 11.5. *El Paso 1: Información del grupo, tiene tres campos que son obligatorios: Nombre del grupo, Descripción y Tipo de grupo.*

- Seleccionar tipo. Esta opción variará dependiendo de la categoría que se seleccione para el Grupo. Por ejemplo, la categoría Negocios ofrece las siguientes posibilidades: Empresas, Grupos de consumidores, Trabajo y empleo, General, Inicio de negocios, Marketing y publicidad, Relaciones públicas e Inmobiliaria.

Nota: *La categoría y el tipo de grupo pueden definir bastante bien al usuario o empresa que ha creado el grupo. Por ejemplo, un emprendedor debería seleccionar el tipo Inicio de negocios; un autónomo podría seleccionar Trabajo y empleo, y una compañía que desee abrir una discusión sobre un producto o servicio, el tipo Empresas.*

Otros apartados adicionales son los siguientes: Noticias recientes, Oficina, *E-mail*, Calle y Ciudad.

De estos, quizás el más importante sería el relativo a la dirección de correo electrónico, pues no aportar este dato puede hacer desconfiar a los usuarios y, por lo tanto, no generar tráfico.

Una vez finalizada la introducción de los datos comentados, para poder continuar hay que pulsar sobre el botón **Crear grupo**.

Paso 2: Personalizar

El siguiente paso que hay que llevar a cabo para la creación de un grupo es la personalización.

Para ello, Facebook se vale de cuatro secciones:

- Cargar foto. Permite ilustrar el grupo con un archivo gráfico (el tamaño máximo del archivo no debe ser superior a 4 Mb). Es aconsejable que la imagen sea representativa de la categoría que se ha seleccionado para el grupo o bien del servicio o producto del que se va a discutir en el mismo. Esto siempre facilitará la identificación a los usuarios que deseen agregarse al grupo. Como resulta lógico, para incluir la imagen, primero es necesario disponer de un archivo gráfico (JPG, GIF o PNG.), después buscarlo y, una vez elegido, aceptar que se certifica que se tiene derecho a distribuir esta imagen y que no incumple las Condiciones de uso. Finalmente, habrá que pulsar sobre el botón **Cargar foto** para poder verla en la página del grupo.

- Sitio Web. Facilita la introducción de enlaces a páginas Web.

- **Opciones.** Esta categoría permite, mediante casillas de selección, incluir o no incluir preferencias como:

  - Mostrar grupos relacionados, Mostrar eventos relacionados, Habilitar el foro de debate o Habilitar el muro.

  - Habilitar fotos, vídeos y permitir enlaces a todos los miembros del grupo o únicamente a los administradores.

Figura 11.6. *El Paso 2: Personalizar permite seleccionar*
el nivel de seguridad y accesibilidad del grupo.

- **Acceso**. Permite escoger el nivel de seguridad y accesibilidad del grupo. Existen tres opciones:

  - Este grupo es abierto: hace que cualquiera pueda unirse e invitar a otros a que se unan al grupo y, además, que cualquier usuario pueda ver la información y el contenido del grupo.

  - Este grupo es privado: seleccionando esta opción, es el administrador del grupo quien debe aprobar las solicitudes de ingreso de los nuevos miembros. Eso sí, cualquier usuario puede ver la descripción del grupo, pero sólo los miembros podrán visualizar el **Muro**, el foro de debate y las fotos.

  - Este grupo es secreto: nivel de seguridad más alto, donde el grupo no aparecerá como resultado de una búsqueda ni en los perfiles de sus miembros. Tan sólo se aceptarán nuevos miembros por invitación y únicamente los miembros podrán ver la información y el contenido del grupo.

Para finalizar el Paso 2 será necesario pulsar sobre el botón **Guardar** y, a continuación, en el cuadro de texto que aparece, sobre el botón **Publicar**. Así se concluirá con el proceso de creación del grupo.

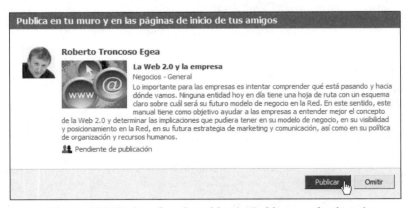

*Figura 11.7. Pulsando sobre el botón Publicar se finalizará
el proceso de creación del grupo.*

Invitando a personas a forma parte del grupo

Nada más finalizar el proceso de creación del Grupo, Facebook ofrece la posibilidad de empezar a invitar a amigos a unirse a él.

Dichas personas pueden ser, o no, usuarios de esta red social. En el caso de que no sean usuarios de Facebook, la invitación se realizará a través de correo electrónico, y éstos podrán ver el contenido del grupo, pero no formar parte de él hasta que no se den de alta en Facebook.

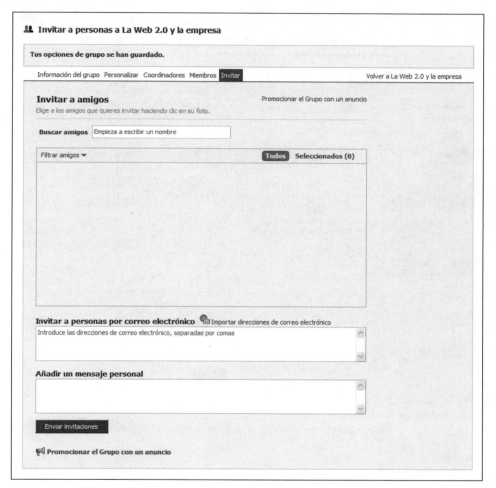

Figura 11.8. *Tras finalizar el proceso de creación del Grupo, se puede empezar a invitar a amigos a unirse a él.*

Tras crear el grupo e invitar a tantas personas como se desee, la página del grupo aparecerá como muestra la figura 11.9, con la posibilidad de abrir un foro de debate, escribir en el **Muro**, publicar enlaces, organizar eventos o editar el grupo o sus miembros.

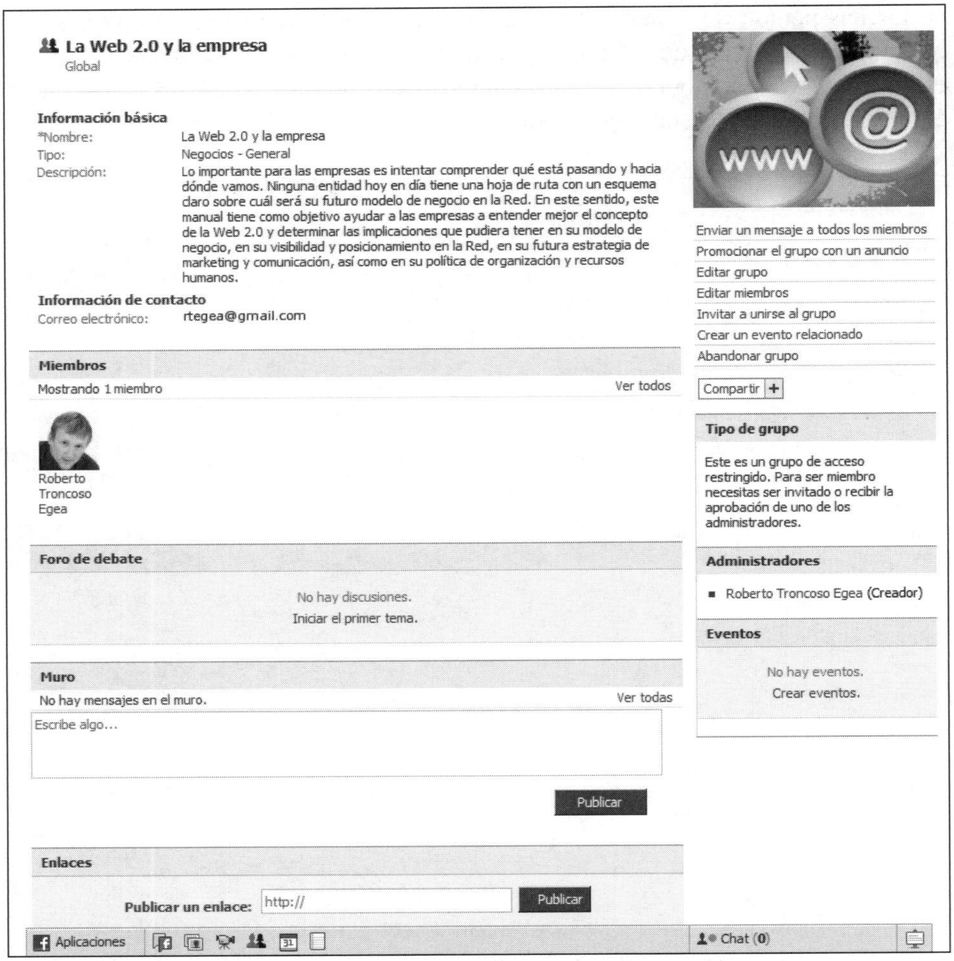

Figura 11.9. Aspecto final de un grupo recién creado, con información sobre el tipo de grupo y su administrador y creador.

12. Añadir elementos a una página

El éxito de Facebook no radica únicamente en que se trata de una red social que conecta a gente de todo el mundo...

Hay algo, creemos, mucho más importante. Nos referimos al hecho de COMPARTIR. Porque al fin y al cabo, contactar con gente significa que vas a compartir información, experiencias, imágenes, vídeos, notas, noticias... ¿Cómo? Lógicamente, a través del perfil, página, etc.

Eso sí, encontrar una página cargada de elementos no es casualidad. Se han añadido.

Facebook permite publicar fotos, álbumes de fotos, notas, historias de noticias y otro tipo de contenidos externos... y, lo más importante, cada uno puede decidir quién puede verlos.

Nota: *Facebook ha sido uno de los servicios que más se ha extendido y usado en Internet en los últimos meses, gracias en parte a la posibilidad de crear todo tipo de aplicaciones para usarlas en un perfil personal o en una página.*

Mensajes en el Muro

Ya sea en una página de usuario o en una página corporativa, el **Muro** es el centro neurálgico donde se pueden agregar nuevos elementos, como fotos, vídeos o notas, así como otro contenido de diferentes aplicaciones Facebook.

Estos elementos los puede añadir uno mismo, o hacerlo otros usuarios de la red social, que sean "amigos", es decir, que tienen permiso para ello.

A su vez, se puede utilizar esta sección para escribir o agregar elementos en los muros de otros "amigos". Como los muros son parte de los perfiles, cualquiera que sea capaz de ver el perfil podrá ver los mensajes o elementos que aparecen en el **Muro**. Véase la figura 12.1.

Nota: *El cuadro Editor de la parte superior del **Muro** es una solución integral para agregar todo el contenido interesante a una página. Este cuadro también permite escribir publicaciones en el **Muro** de amigos. Como antes con los archivos adjuntos del **Muro**, puede usar el Editor para agregar muchos tipos distintos de contenido a los muros de otros, como vídeos y fotos.*

Compartir mensajes

Dejar un mensaje en el **Muro** de otro usuario de Facebook o en el de la página propia es la forma más directa de comenzar a comunicar algo. Para escribir en el **Muro** personal o en el de un amigo, hay que llevar a cabo los siguientes pasos:

1. En primer lugar, en el cuadro Editor, debe escribir el mensaje deseado.

2. A continuación, pulsar sobre el botón **Compartir**.

Para escribir en el **Muro** de un amigo o de una página corporativa se realizarían los mismos pasos, pero desde el perfil. Es importante recordar que para escribir en el **Muro** de una página es necesario haberse hecho admirador con anterioridad.

Responder y borrar un mensaje del Muro

Cuando se recibe un mensaje de un fan o un admirador en el **Muro** de la página corporativa o de producto, para responderle, el proceso es muy rápido y sencillo: basta con pulsar sobre el nombre o la fotografía de dicho admirador para acceder a su **Muro**, y contestar al mensaje desde el cuadro Editor.

Figura 12.1. *El Muro es el centro neurálgico donde se pueden agregar nuevos elementos, como fotos, vídeos o notas.*

Nota: *A los mensajes de fans o admiradores se les puede añadir una observación pulsando sobre la opción Comentario. Eso sí, hay que tener en cuenta que esa consideración aparecerá únicamente en la página personal, no en la de ellos.*

Figura 12.2. *El cuadro Editor del Muro de cualquier usuario es la forma
más sencilla y rápida de responder a un mensaje.*

Desde el **Muro** de la página es posible eliminar cualquier mensaje, independientemente de la persona que lo haya publicado, es decir, un fan o uno mismo. Para llevar a cabo esta operación únicamente es necesario pasar el cursor sobre el mensaje y, a continuación, hacer clic sobre el botón **Eliminar** que aparecerá.

> *Nota: Al pulsar sobre el botón Eliminar de un mensaje del Muro, aparecerá un cuadro de confirmación denominado Borrar publicación, con el mensaje ¿Seguro que quieres eliminar este mensaje? En el caso de que la respuesta sea afirmativa, habrá que pulsar sobre el botón Eliminar, si no fuera así, se tendría que pulsar sobre el botón Cancelar.*

Fotografías

Una de las aplicaciones más interesantes de Facebook es la de Fotos. Este elemento permite subir y compartir archivos de imagen con todos los admiradores de la página.

Esto quiere decir, que en el caso de disponer de una página de producto o corporativa, se puede "hacer ver" a todos los fans un gran "book" del producto de una forma ágil y sencilla.

> *Nota: Facebook permite subir tres tipos de archivos gráficos:* `.jpg`, `.png` *y* `.gif` *(no permite gif animados).*

Figura 12.3. *La aplicación Fotos permite subir y compartir archivos de imagen con todos los admiradores de una página mediante tres posibilidades: Cargar una foto, Hacer una foto y Crear un álbum.*

Cargar una foto

En un momento determinado, puede interesar mostrar una imagen de, por ejemplo, un producto concreto que va a ser lanzado, junto con una explicación.

Si éste es el caso, es decir, se pretende agregar una imagen por separado con un comentario al **Muro** propio o bien al **Muro** de otro, hay entonces que hacer lo siguiente:

1. Pulsar el botón **Fotos** del cuadro Editor.

2. A continuación, hacer clic sobre la opción Cargar una foto (desde tu equipo).

3. Una vez hecho esto, se debe buscar y seleccionar el archivo gráfico mediante la utilización del botón **Examinar**.

4. Para finalizar, hay que pulsar sobre el botón **Compartir**.

Figura 12.4. *Para agregar una imagen al Muro se debe utilizar el botón Fotos del cuadro Editor.*

Una vez subido el archivo, éste se integrará en el **Muro**, donde se le podrá añadir una reseña utilizando la opción Comentar.

Figura 12.5. *Aspecto de una imagen en el Muro, complementada con un comentario.*

El archivo gráfico se encuentra presente en el **Muro**. Pues bien, para acceder a la página de Fotos o Wall Photos hay que pulsar sobre él. En esta página, la fotografía aparecerá con el tamaño original y será posible realizar sobre ella las siguientes acciones:

- **Etiquetar**. Esta acción, en su origen, estaba pensada para identificar a las personas de las fotos, pero en realidad sirve para etiquetar cualquier parte de una foto. El proceso es muy sencillo: se señala la parte de la imagen que se desea etiquetar y, a continuación, se le añade un texto. Cuando se visualice la imagen y se pase el cursor sobre ella, las zonas que hayan sido etiquetadas aparecerán recalcadas con su texto correspondiente.

- **Editar**. Permite agregar al archivo gráfico un pie de foto.

- **Eliminar**. Suprime el archivo del **Wall Photos** y del **Muro**.

- **Hacerla foto de perfil para la página**. Cambia la fotografía del perfil de la página, sustituyéndola por la actual.

Figura 12.6. *Fotografía almacenada en el álbum*
Wall Photos, lista para ser etiquetada.

Subir una imagen mediante correo electrónico

Otra de las opciones que ofrece el elemento Cargar una foto es la posibilidad de subir un archivo gráfico mediante correo electrónico. Para ello se deberán realizar los siguientes pasos:

1. Primero, hay que pulsar sobre el botón **Fotos** del cuadro Editor.

2. A continuación, hacer clic sobre Cargar una foto (desde tu equipo).

3. Una vez hecho esto, pulsar sobre la opción Subir mediante correo electrónico.

4. Aparecerá un cuadro de diálogo. En él se muestra una dirección de correo electrónico personalizada para enviar fotos. Si se desea cargar de inmediato una foto, hay que pulsar sobre la dirección de correo electrónico, para

que se ejecute de forma automática el gestor de correo y poder así adjuntar la imagen.

5. Una vez adjuntada la imagen, habrá que utilizar el Asunto del mensaje para escribir el pie de foto que le acompañará.

6. Ya se puede enviar el mensaje (la imagen se cargará en el **Muro** del perfil de usuario que administre la página corporativa o de producto).

Nota: *La dirección para cargar fotos es personal, no se debe compartir con nadie.*

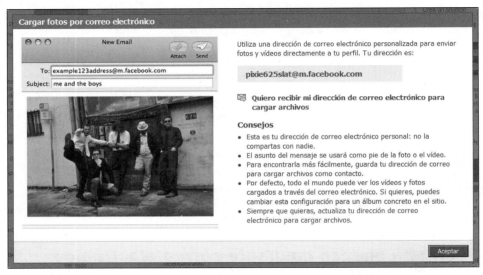

Figura 12.7. *El elemento Cargar una foto también permite subir fotos mediante un correo electrónico personal de Facebook.*

Hacer una foto

Si se dispone de una webcam instalada en el equipo y Facebook la reconoce, la opción Hacer una foto (con una webcam) permitirá subir de forma rápida y sencilla una imagen capturada mediante este dispositivo:

1. Tras pulsar sobre esta opción, en el **Muro** se cargará la ventana Fotos con un cuadro de Privacidad de Adobe Flash Player preguntando si se desea que www.facebook.com pueda acceder a la cámara. Si la respuesta

es afirmativa, habrá que pulsar sobre la casilla de selección Permitir y, a continuación, sobre el botón **Cerrar**.

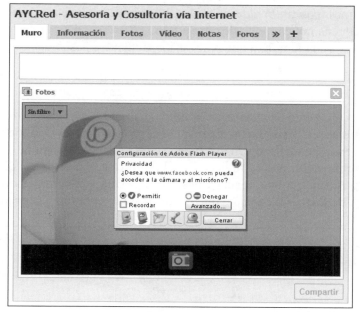

Figura 12.8. *Con una webcam instalada en el equipo, subir una imagen será mucho más rápido y sencillo.*

2. Justo en ese momento debe aparecer en pantalla la imagen que está capturando la webcam. En la esquina superior izquierda de la imagen se encuentra la opción Filtros, la cual permiten aplicar a la imagen distintos efectos. En el caso de que no se desee realizar ningún tipo de efecto sobre ella, se puede emplear la opción Sin filtro, que es la predeterminada. Para hacer la captura fotográfica hay que pulsar sobre el icono en forma de cámara de fotos.

3. Si la imagen resultante es lo que se "esperaba", se puede pulsar sobre el botón **Compartir** para que aparezca en el **Muro**.

Nota: *Una imagen capturada mediante una webcam se almacenará en el álbum Webcam Photos. Si se pulsa sobre ella en el **Muro**, se le podrán realizar las mismas acciones que a una imagen conseguida a través de la opción **Cargar una foto (desde tu equipo)**.*

Crear un álbum

En Facebook, los archivos gráficos (`.jpg`, `.png` y `.gif`) se pueden organizar en álbumes (con título y descripción). Las imágenes, además, podrían contar con una pequeña nota a modo de pie de foto.

Para crear un álbum, hay que realizar los siguientes pasos:

1. En la página corporativa o de producto, hay que pulsar sobre la pestaña Fotos y, a continuación, sobre el botón **Crear un álbum**.

2. Es el momento de asignar un nombre al álbum. En el caso de que las imágenes se realizaran en un espacio concreto (por ejemplo, podría tratarse de un reportaje realizado en una rueda de prensa en el Palacio de Congresos), si se quisiera, podría indicarse dicha información en la casilla de texto Lugar, junto a una pequeña descripción. Una vez completados los cuadros de texto, únicamente queda pulsar sobre el botón **Crear álbum**.

Figura 12.9. *Facebook permite organizar las fotos mediante álbumes que contienen un título y una descripción.*

3. Aparecerá la página Agregar fotos, que ofrece dos opciones:

   • **Subida mediante el complemento Facebook Photo Uploader**. Hay que permitir que se instale un pequeño módulo de *software*. Para ello, debería aparecer una ventana emergente o una barra amarilla en la parte superior de la ventana desde donde se puede confirmar que se quiere instalar el control Active X; pues bien, hay que instalarlo. Una vez hecho, en la página Agregar fotos se verá un panel de control que facilita el acceso a todas las carpetas del equipo, para buscar y seleccionar las imágenes que se deseen subir.

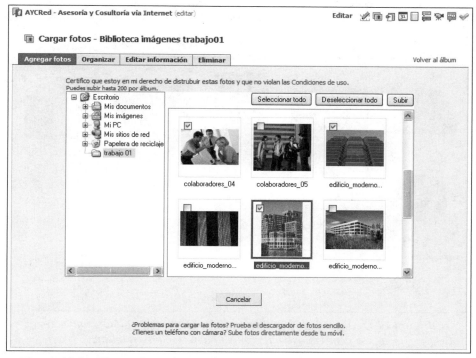

Figura 12.10. *El complemento Facebook Photo Uploader permite acceder a todas las carpetas del equipo, para buscar y seleccionar un gran número de imágenes.*

- **Subida sencilla**. No se instala ningún control ActiveX en el equipo y permite subir las fotografías de cinco en cinco (en ambos casos de subida de imágenes el límite de tamaño de cada archivo será de 5 MB).

4. Tras la carga de las imágenes, éstas aparecerán en la página Editar fotos, donde se podrán escribir los pies de foto y seleccionar las imágenes que se desean como portada del álbum. Una vez realizadas estas acciones, habrá que pulsar sobre el botón **Guardar cambios**.

5. Ya en la página del álbum creado, se podrá pulsar sobre ellas para poder etiquetarlas, editarlas, eliminarlas o hacer que una de ellas sea la foto de perfil para la página.

Nota: *Una vez creado el álbum o los álbumes, para agregar más fotos (se pueden almacenar 200 imágenes en cada álbum), editar su información o eliminarlas se deberá utilizar la pestaña* Fotos *de la página corporativa.*

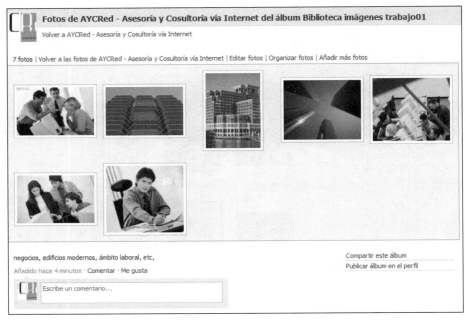

Figura 12.11. Aspecto de un álbum de Facebook con su título, el número de imágenes que lo integran y la descripción del mismo.

Vídeos

La red social Facebook dispone de una aplicación propia que se denomina Facebook Video la cual permite subir grabaciones de vídeo a cualquier página de usuario o corporativa. Este servicio admite casi todos los tipos de archivo de vídeo que circulan por Internet. Pero, ya que es mejor cerciorarse de que el vídeo que se posee va a poder verse de forma correcta, recomendamos echar un vistazo a la lista completa de formatos de vídeo compatibles con esta red social, que mostramos a continuación. Porque sería una pena intentar una y otra vez subir vídeos con un formato que no lo es.

- QuickTime Movie (mov).
- Vídeo de Windows Media (wmv).
- Vídeo AVI (avi).
- Vídeo MPEG (mpg, mpeg).
- Vídeo de Windows Media (asf).

- Vídeo MPEG-4 (mp4, mpeg4).

- Vídeo de móvil (3gpp, 3gp, 3g2).

- Formato Matroska (mkv).

- Vídeo de reproductor de flash (flv).

- Vídeo de DVD (vob).

- Formato Ogg (ogm).

- Vídeo Nullsoft (nsv).

Subir un vídeo

Para subir un vídeo desde la página corporativa o de producto, hay que realizar los pasos que describimos a continuación:

1. Puede que la pestaña Vídeo no se encuentre activa. Si éste es el caso, en primer lugar se deberá pulsar sobre el botón **Otras pestañas** (aparece con el símbolo >> y está situado a la derecha de la última pestaña) y, a continuación, sobre **Vídeo**.

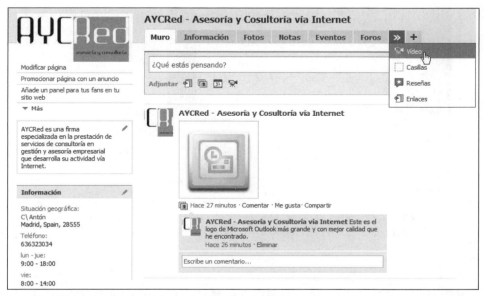

Figura 12.12. *La aplicación Facebook Video permite subir grabaciones de vídeo a cualquier página de usuario o corporativa.*

2. La pestaña **Vídeo** ya está activa. Como se puede observar, han aparecido dos botones: **Cargar** y **Grabar**.

- • **+ Cargar**. Permite buscar y seleccionar un archivo de vídeo almacenado en el equipo o en un dispositivo externo enganchado a él. El archivo de vídeo no debe superar los 100 MB, ni durar más de 2 minutos.

- • **• Grabar**. Tras pulsar sobre este botón, aparecerá la página **Grabar vídeo** con un cuadro de Privacidad de Adobe Flash Player preguntando si se desea que `www.facebook.com` pueda acceder a la cámara. Si la respuesta es afirmativa, habrá que pulsar sobre la casilla de selección Permitir y, a continuación, sobre el botón **Cerrar**. Para comenzar a grabar se deberá pulsar sobre el botón **Rec**, y para finalizar la grabación, sobre el botón **Stop**. Tras esto, hay que hacer clic sobre el botón **Save** para editar la información del vídeo y guardarlo.

3. Tras la carga o grabación del vídeo, éste se publicará en el **Muro**. Para acceder a él y editarlo, etiquetarlo o bien suprimirlo se deberá utilizar la pestaña Vídeo.

***Figura 12.13.** Aspecto de un vídeo visto a calidad normal. Dependiendo de la compresión del mismo también se podrá ver en calidad alta.*

Nota: *Para que Facebook grabe vídeos directamente se necesita una cámara Web y un equipo con la versión más reciente de Adobe Flash Player instalada.*

Notas y foros

En Facebook una nota se puede considerar como una entrada de un *blog*, a la que se puede suscribir a otro usuario de esta red social (lo que Facebook denomina **Etiquetar personas en esta nota**). Esto significa que las notas pasan a convertirse en una vía de comunicación de pequeños "escritos" que pueden ser recibidos por los miembros de un grupo de trabajo o por usuarios/clientes interesados en un producto/servicio.

Para escribir una nota sencilla en una página, hay que realizar estos pasos:

1. Si en la página corporativa o de producto no se ve la pestaña Notas, hay que pulsar sobre el botón **Otras pestañas** (aparece con el símbolo >> y está situado a la derecha de la última pestaña) y, a continuación, sobre **Notas**.

2. Seguidamente, se pulsa sobre el botón **Escribir una nueva nota**.

3. En la página Escribir una nota, ya se puede comenzar a "trabajar". En primer lugar, por ejemplo, se añade el título, a continuación se escribe el cuerpo de la nota y, para finalizar, se pulsa sobre el botón **Publicar** para que aparezca en el **Muro** de la página.

Figura 12.14. *Las notas de Facebook están compuestas por un título, un cuerpo de texto y, si se desea, se las puede completar con una foto.*

> **Nota:** *Si navegando por las páginas de Facebook, se ve una nota a la cual no se puede agregar un comentario, es que el usuario que la publicó dispone de una configuración de privacidad que evita que se lleven a cabo este tipo de acciones.*

Notas con formato

Tras publicar la nota, si se desea revisar de nuevo, habrá que volver a utilizar la pestaña Notas. En ella se debe pulsar sobre la opción Editar nota de la nota a corregir. Esto, por ejemplo, permitirá dar formato al cuerpo de la misma o agregarle una foto.

Para emplear en las notas formatos especiales como negrita o subrayado, se deben usar comandos HTML, como muestra la figura 12.15.

Para ver esto:	Escribe esto en tu nota:
negrita	negrita
cursiva	<i>cursiva</i>
<u>subrayado</u>	<u>subrayado</u>
~~tachado~~	<s>tachado</s>
Gran tamaño	<big>Gran tamaño</big >
Tamaño pequeño	<small>Tamaño pequeño</small>
¿ver un guión bajo —?	¿ver un guión bajo —?
Hipervínculo a Facebook	Hipervínculo a <a href="http://www.facebook.com">Facebook</a>
Una lista de viñetas: • Un artículo • Otro artículo	Una lista de viñetas: <ul> <li>Un artículo</li> <li>Otro artículo</li> </ul>
Una lista solicitada: 1. Primer elemento 2. Segundo elemento	Una lista solicitada: <ol> <li> Primer elemento</li> <li> Segundo elemento</li> </ol>
La siguiente cita es especial: Porque es una sangría	La siguiente cita es especial: <blockquote>Porque es una sangría</blockquote>
Encabezado 1	<h1>Encabezado 1</h1>
Encabezado 2	<h2>Encabezado 2</h2>
Encabezado 3	<h3>Encabezado 3</h3>

Figura 12.15. Comandos HTML necesarios para dar a una nota formatos especiales.

Acompañar e ilustrar de forma gráfica una nota es igual de sencillo que escribirla, únicamente es necesario utilizar el botón **Examinar** de la sección Subir una foto de la página Editar nota. Así, se podrá buscar y seleccionar la imagen deseada que se encuentra almacenada en el equipo.

Tras cargar la foto, Facebook permite añadirla un pie de foto y configurar la composición de la nota.

Existen cuatro tipos de composiciones, donde el texto siempre aparecerá en la parte superior de la imagen, únicamente varía la disposición y tamaño de la imagen:

- **Completo**: con la foto centrada.

- **Izquierda**: con la imagen en miniatura a la izquierda.

- **Centrar**: con la foto en miniatura centrada.

- **Derecha**: con la imagen en miniatura a la derecha.

Figura 12.16. *Cuando a una nota se le añade una foto, su composición se puede "maquetar" de diversas formas.*

Foros

Los foros de debate de una página corporativa o de un grupo son lugares para "conversar" o "discutir" con los admiradores o los miembros del grupo. Es el administrador de la página o el grupo el que lanza el tema de discusión o estudio. Los demás usuarios y el mismo administrador, empiezan a dar su opinión en forma de mensajes. Para iniciar un nuevo foro de debate es necesario hacer lo siguiente:

1. En una página corporativa, hay que utilizar la pestaña Foros. En un Grupo, la opción Iniciar el primer tema del apartado Foro de debate.

2. A continuación, en la página Nuevo tema, se debe escribir el título del mismo y publicar el mensaje inicial.

3. No hay que olvidarse de formalizar el control de seguridad y, por último, pulsar sobre el botón **Publicar un nuevo tema**.

Figura 12.17. *Aspecto de la página que permite definir el tema de debate que se va a llevar a cabo en un foro de un grupo o de una página.*

13. Servicios a disposición de una página

Aparte de todos los elementos y posibilidades que hemos enumerado a lo largo del libro, y que enumeraremos en capítulos posteriores, existen otros muchos servicios que Facebook pone a disposición de los creadores de una página de empresa. Nos estamos refiriendo a aquellos que, visualizando la página en cuestión, se encuentran situados en la parte izquierda de la pantalla, justo en la zona inferior de la imagen que acompaña a la página corporativa o de producto, y que son los siguientes:

- **Modificar página**. Hace que se pueda editar la configuración de la página y del **Muro**, así como de distintas aplicaciones.

- **Promocionar página con un anuncio**. Permite a los usuarios hacerse admiradores de página o bien visitar ésta directamente desde un anuncio. Este servicio se tratará en capítulos posteriores.

- **Añade un panel para tus fans en tu sitio Web**. Se trata de un sistema de promoción que permite mostrar en una Web la información que se tiene en el **Muro** de la página, y que, además, ofrece la posibilidad de hacer que los usuarios se hagan admiradores. Este servicio también se tratará en capítulos posteriores.

- **Enviar una actualización a Admiradores**. Permite remitir un mensaje (con su asunto) a todos, o a aquellos admiradores de la página que uno mismo designe.

- **Sugerir esta página a mis amigos**. Sirve para ayudar a que otros usuarios de Facebook, que sean "amigos", pero que no sean admiradores de la página, reciban una invitación para que se hagan en ese momento.

- **Añadir a mis favoritos**. Agrega la página actual a la página de favoritos del usuario que la esté visitando.

- **Estadísticas**. Las páginas de Facebook disponen de una herramienta esencial denominada Insights, dedicada a las estadísticas. Dicha aplicación incluye los datos sobre la participación de Fans o Admiradores. Este servicio ya fue tratado en el capítulo 9, Crear una página corporativa, más concretamente en el apartado: Aspectos adicionales: estadísticas de calidad.

Figura 13.1. *La zona inferior de la imagen ilustrativa de la página corporativa muestra los enlaces de los servicios a disposición de una página.*

Modificar página

El que podemos considerar como primer servicio, y quizás el más importante, de una página, es la opción Modificar página. ¿Cuál es la razón? Muy sencillo, esta acción va a permitir al administrador cambiar la configuración general de la página, del **Muro** y de las distintas aplicaciones de que disponga.

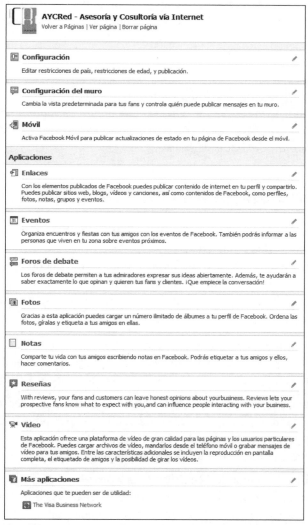

Figura 13.2. *La opción Modificar página permite al administrador cambiar la configuración general del Muro y de las distintas aplicaciones de que disponga.*

La configuración general de la página está pensada para aplicar a dicha página tanto restricciones geográficas como de edad. Esta opción también integra la Configuración del Muro, la cual sirve para seleccionar todos los elementos (es decir, fotos, vídeos, enlaces, etc.) que los admiradores o fans pueden publicar en la página.

Dentro de esta opción de Modificar página se encuentra el apartado **Móvil**, que permite activar el elemento Facebook Móvil.

Este componente facilita la publicación de actualizaciones de la página desde un teléfono móvil. Pero, para ello, previamente hay que estar dado de alta y recibir un código de confirmación. Como se puede ver, se trata de un tema bastante complejo.

> *Nota: La opción **Modificar página** también dispone de otras acciones de interés como, por ejemplo, la de borrar página, que elimina la página y todo su contenido. ¡Ojo! Una vez confirmada la supresión de una página, ya no hay posibilidad de deshacer la acción.*

Configuración general de la página

Como ya hemos comentado, el cuadro Configuración permite disponer de restricciones geográficas y de edad.

También ofrece la posibilidad de indicar si la página puede ser consultada por otros usuarios o sólo por los administradores.

Para comenzar la configuración general de la página, se deberán realizar los siguientes pasos:

1. En primer lugar, hay que pulsar sobre el botón **Opciones de Administración** (éste aparece representado por un lápiz y está situado en la esquina superior derecha del cuadro) y, a continuación, sobre **Editar**.

2. En el cuadro de texto Restricciones de país se pueden escribir uno o más países, lo cual implica que únicamente las personas que estén en esos países podrán ver la página. Si no se especifica ningún país, la página se podrá ver en todo el mundo y por todos los usuarios.

3. La casilla desplegable Restricciones de edad permite, como su propio nombre indica, aplicar restricciones de edad. Esto implica que ningún usuario que sea menor de la edad especificada podrá encontrar la página al hacer búsquedas en Facebook ni al ver los perfiles de amigos, y tampoco podrán ver el contenido de la página de ningún otro modo.

4. Opción **Publicada (visible para todo el mundo)**. A través de esta casilla desplegable se puede indicar si la página está publicada o no, es decir, si es visible para otros usuarios o únicamente para los administradores (en este caso la página estaría sin publicar.).

5. Para guardar los cambios realizados y finalizar con el apartado **Configuración**, se debe pulsar sobre el botón **Guardar cambios**.

Nota: *La casilla desplegable Restricciones de edad permite indicar, por ejemplo, que la página está relacionada con bebidas alcohólicas, en cuyo caso la restricción de edad mínima variaría dependiendo de la situación geográfica del usuario.*

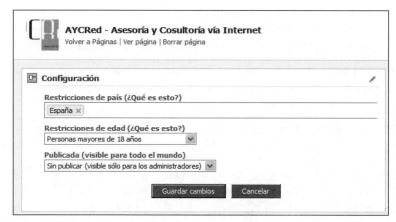

Figura 13.3. *El cuadro Configuración permite indicar las restricciones geográficas y de edad, así como la posibilidad de seleccionar la opción de si la página puede ser consultada por otros usuarios o sólo por los administradores.*

Configuración del Muro

La configuración del **Muro** va a permitir determinar qué elementos pueden publicar los admiradores en el **Muro** de la página, así como la visualización de la misma.

Para realizar la configuración del **Muro** hay que hacer lo siguiente:

1. Pulsar sobre el botón **Opciones de Administración**.

2. A continuación, hacer clic sobre **Editar**.

Al desplegarse el cuadro Configuración del muro se podrán observar dos secciones bien diferenciadas: Ver configuración y Permisos para fans.

- Ver configuración. Incluye las siguientes secciones:

  - Vista predeterminada del muro. Permite seleccionar una de estas dos opciones de publicación de contenido: Publicaciones de la página y de los admiradores (estando seleccionada hace posible que en el **Muro** se visualicen las contribuciones de los fans y las de los administradores) o Sólo publicaciones de la página (en este caso, únicamente se visualizarán en el **Muro** las aportaciones que hayan hecho los administradores).

  - Pestaña predeterminada para los usuarios que no son fans. Determina qué pestaña de la página se cargará por defecto cuando un usuario que no es admirador intenta acceder a la página. Por ejemplo, si se selecciona la pestaña Fotos, el usuario que no es fan, lo primero que verá cuando se cargue la página será el contenido de la pestaña Fotos.

  - Expandir automáticamente los comentarios. Si se activa esta casilla, los comentarios realizados sobre lo publicado en el **Muro** aparecerán visibles en éste por defecto.

- Permisos para fans. Contiene las casillas de selección necesarias para indicar qué pueden publicar los fans o admiradores en el **Muro**. Son éstas:

  - Los fans pueden escribir o publicar contenido en el muro. Si se desactivara esta casilla, los admiradores no podrían ni escribir en el **Muro**, ni publicar ningún elemento: es decir, ni fotos, ni vídeos ni enlaces.

  - Los fans pueden publicar fotos. Desactivada, los fans no podrán subir archivos gráficos al **Muro** de la página.

  - Los fans pueden publicar vídeos. Al desactivarla se anulará la posibilidad de publicar vídeos por parte de los admiradores en el **Muro** de la página.

  - Los fans pueden publicar enlaces. Desactivada, los fans no podrán publicar en la página enlaces a otras páginas Web.

---

*Nota: Para ocultar el panel de Configuración del muro y empezar a ajustar las aplicaciones, se deberá pulsar nuevamente sobre el botón **Opciones de Administración** y, a continuación, sobre la opción **Ocultar**.*

Figura 13.4. *La Configuración del muro va a permitir indicar qué elementos pueden publicar los admiradores en el Muro de la página y la visualización de la misma.*

Opciones de administración de las aplicaciones

Las opciones de administración de las aplicaciones se basan en cuatro operaciones: Editar, Configuración de las aplicaciones, Enlace de esta pestaña y Eliminar aplicación. Para acceder a ellas sólo se deberá pulsar sobre el botón definido con un lápiz y, después, seleccionar la que interese en ese momento:

- Editar. En la mayoría de las aplicaciones, esta opción va a permitir acceder a la página de edición de cada aplicación. Por ejemplo, en la aplicación **Fotos** se mostrarán los álbumes adscritos a la página.

- Configuración de las aplicaciones. Permite modificar los permisos adicionales de las pestañas. Estas autorizaciones se basan en aceptar o no la publicación de las actividades recientes de las aplicaciones en el **Muro** del usuario que realice las labores de administrador de la página.

- Enlace de esta pestaña. Muestra la URL o dirección Web concedida a dicha pestaña.

- Eliminar aplicación. Permite suprimir la aplicación y todo su contenido.

---

*Nota: Dentro de las aplicaciones se encuentra otra opción denominada Más aplicaciones que, además de mostrar alguna aplicación recomendada por Facebook y que puede ser de utilidad para la página, permite buscar otras diferentes. Para ello, hay que pulsar sobre su botón **Opciones de administración** y, a continuación, sobre **Buscar más**.*

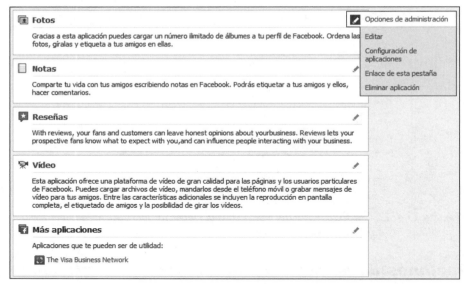

Figura 13.5. Las opciones de administración de las aplicaciones se basan en las preferencias: Editar, Configuración de las aplicaciones, Enlace de esta pestaña y Eliminar aplicación.

Enviar una actualización y sugerir una página

Que los fans o admiradores estén informados periódicamente de las novedades de la página, aporta un valor añadido que en ocasiones no se valora lo suficiente. Este no es el caso, porque otros de los servicios que ofrecen las páginas de Facebook son:

- Enviar una actualización a admiradores.
- Sugerir esta página a mis amigos.

Enviar una actualización a admiradores

Esta opción permite interactuar con los fans o admiradores de una página. La forma de hacerlo sería enviándoles un mensaje con una reseña sobre una nueva actualización realizada sobre la página (abrir un foro nuevo, crear un nuevo álbum de fotos o haber subido el último vídeo promocional de un nuevo servicio). Esto permite tener informados a los fans en todo momento. Otra de las ventajas de esta opción es que hace posible la segmentación por origen, sexo y edad a los usuarios que van a recibir el mensaje de actualización.

Para enviar una actualización a los admiradores de la página, hay que realizar los siguientes pasos:

1. Lo primero es pulsar sobre la opción Enviar una actualización a Admiradores, situada en la zona inferior de la imagen que acompaña a la página. Si no se viera el enlace, habría que pulsar sobre el botón **Más**, para acceder a él.

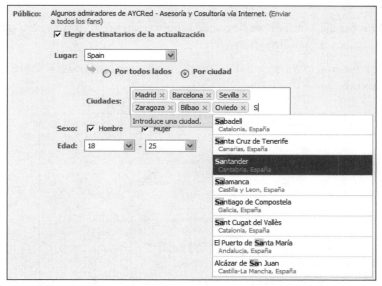

Figura 13.6. *El servicio de enviar una actualización a admiradores permite delimitar la recepción del mensaje a usuarios de una o varias ciudades.*

2. Por defecto, la actualización se enviará a todos los fans de la página. Si no se deseara realizar esta acción, y se prefiriera restringirla un poco más, sería necesario activar la casilla Elegir destinatarios de la actualización. Esto permite concretar la zona geográfica del mundo, el sexo y la edad de los usuarios a los que se desea que llegue el mensaje.

   • Lugar. Permite seleccionar el país de origen de los receptores del mensaje. En algunos casos también se podrá delimitar aún más a quién se va a enviar el mensaje, pudiendo seleccionar una o varias ciudades de ese país.

- **Sexo**. Dispone de las casillas de selección **Hombre** y **Mujer**. Este apartado permite que se seleccionen las dos casillas, para que no haya ninguna restricción en el género.

- **Edad**. Permite seleccionar un parámetro de años mediante dos columnas numéricas. Por ejemplo, si se desea que el mensaje llegue a una fracción de población joven, pero adulta, se deben indicar unas edades comprendidas entre 18 y 25 años.

3. Después, en la casilla de texto **Asunto** se escribirá el título del mensaje.

4. En la casilla de texto **Mensaje** se escribirá o bien se pegará el cuerpo del mismo.

5. Al mensaje también se le puede adjuntar un archivo de vídeo grabado o un enlace a una dirección Web.

6. Por último, para mandar el mensaje, habrá que pulsar sobre el botón **Enviar**.

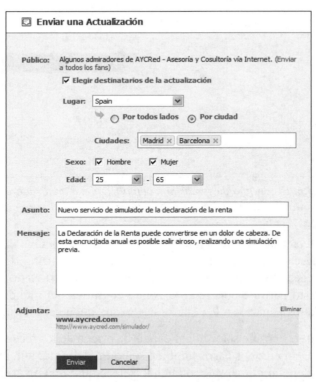

Figura 13.7. *Aspecto de un mensaje de actualización antes de ser enviado.*

Sugerir esta página a mis amigos

Gracias a este servicio, "los amigos" recibirán una sugerencia para hacerse admiradores de esta página. De otra manera, quizás no lo harían por pasar desapercibida.

El proceso a llevar a cabo es muy sencillo:

1. Para comenzar, hay que pulsar sobre la opción Sugerir esta página a mis amigos, la cual está situada en la zona inferior de la imagen que acompaña a la página. Si no se viera el enlace, se tendría que pulsar sobre el botón **Más**, para acceder a él.

2. En el cuadro que aparece se debe hacer lo siguiente: o bien escribir el nombre en la casilla de texto Buscar amigos o bien seleccionarlos directamente, pulsando sobre su fotografía de la lista situada en la zona inferior del cuadro.

3. Por último, para mandar la sugerencia, únicamente hay que pulsar sobre el botón **Enviar invitaciones**.

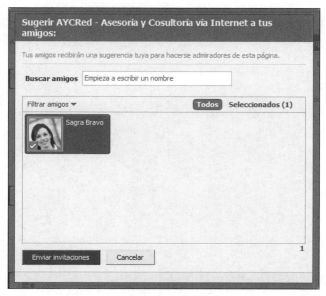

Figura 13.8. *Cuadro que permite mandar a otros usuarios de Facebok una sugerencia para hacerse admiradores de una página.*

14. Añadir aplicaciones profesionales a una página

Desde que en mayo de 2007 Facebook "abriese" su plataforma, y con ello la posibilidad de que programadores externos crearan aplicaciones compatibles con esta red social, el número de estos programas se ha incrementado casi de forma proporcional al número de usuarios nuevos. Esto ha provocado que sea una de las causas de la creciente popularidad de Facebook en el mundo de los negocios y en el ámbito profesional.

Entre los motivos que hay para que las aplicaciones sean tan admiradas, podemos destacar el hecho de que sean muy útiles (por ejemplo, las hay que permiten crear currículums o perfiles profesionales), o también que facilitan el "enriquecimiento", de diversas formas, del contenido de las páginas corporativas o bien del producto.

A nivel profesional, lo más básico que se puede hacer en Facebook para promoverse es desarrollar una página, la cual también sirve para crear y expandir una red de contactos, comunicarse con ellos, y mucho más. Pero para llegar aún más lejos están las aplicaciones (apps). Estos programas funcionan como accesorios que se incorporan a una página para disfrute de sus admiradores o para ser utilizadas por los propios administradores de la página.

***Figura 14.1.** Aspecto del directorio de aplicaciones de Facebook.*

¿Qué son las aplicaciones Facebook?

Las aplicaciones para Facebook son pequeños programas que se ejecutan en la propia plataforma de esta red social.

Su funcionamiento dentro de la plataforma es muy similar al de un *plug-in* para un navegador.

Un *plug-in* o complemento es una aplicación que se relaciona con otra para aportarle una función nueva y generalmente muy específica. Esta aplicación adicional es ejecutada por la aplicación principal, y ambas interactúan por medio de una interfaz de comunicación.

Podemos decir que con las aplicaciones de Facebook ocurre lo mismo, y además, como en el caso de los *plug-in*, son fáciles de instalar.

En el fondo, cualquiera que haya subido un vídeo o una foto a Facebook, ya está familiarizado con las aplicaciones, ya que para realizar dichas acciones se parte de las aplicaciones que por defecto integra Facebook.

Tras abrir el código de Facebook, los desarrolladores o programadores externos se dedicaron a crear, sobre todo, aplicaciones relacionadas con el ocio y el entretenimiento.

Sin embargo, una vez advertido el vuelco "profesional" dado por esta red social, numerosas empresas y profesionales han visto en el desarrollo de aplicaciones una buena forma de promocionarse y de crear elementos con un mayor carácter profesional, y que, por otro lado, sirven de ayuda a otros colegas que utilizan Facebook para realizar páginas corporativas o de producto.

Figura 14.2. *Tras abrir el código de Facebook, los programadores externos se dedicaron a crear, sobre todo, aplicaciones relacionadas con el ocio y el entretenimiento, pero actualmente eso ha cambiado, y ya son muchas las aplicaciones dedicadas al mundo de los negocios.*

Como veremos, las aplicaciones son fáciles de encontrar, instalar y usar. El único inconveniente es que muchas de ellas, al ser de desarrolladores externos, para utilizarlas es necesario permitir a dichos creadores el acceso al perfil personal, fotos, información de amigos y otro contenido que se necesite para que el componente funcione.

Figura 14.3. *Para que muchas aplicaciones funcionen es necesario permitirles el acceso al perfil personal o a la información de los contactos que se posean.*

Aplicaciones verificadas

Las aplicaciones desarrolladas por terceros, es decir, no realizadas por los propios desarrolladores de Facebook, pueden llevar consigo la categoría de verificadas. Esto quiere decir que han sido aprobadas mediante una revisión exhaustiva por parte de la gente de Facebook para confirmar que el servicio ofrecido al usuario es compatible con las políticas de esta red social.

> **Nota:** *La categoría verificadas significa que las aplicaciones han sido diseñadas de forma transparente y funcional, respetando la privacidad del usuario y la de sus amigos cuando envían información e invitaciones.*

Este tipo de aplicaciones que han aprobado la revisión de Facebook, son prioritarias en el servicio que ofrecen al buscarlas en el directorio de aplicaciones y, además de estar marcadas por un *ticket* verde, disponen de una placa de "Verified Apps" que aparece en la página de perfil de la aplicación. Cuando se encuentra una aplicación con esta distinción, se puede confiar plenamente en instalarla. Véase la figura 14.4.

El directorio de aplicaciones

Para familiarizarse con el potencial de las aplicaciones, lo aconsejable es consultar el directorio de aplicaciones (`http://www.facebook.com/apps/directory.php`). Desde ahí se pueden buscar aquellas que estén disponibles, leer la opinión de otros usuarios y saber cuáles están verificadas o se han añadido recientemente. En este directorio se están agregando constantemente nuevas aplicaciones para mejorar la experiencia de Facebook para todos los usuarios.

Figura 14.4. *La categoría Verificadas significa que las aplicaciones han sido diseñadas de forma transparente y funcional, respetando la privacidad del usuario.*

Buscar aplicaciones

El directorio de aplicaciones permite realizar la búsqueda empleando una casilla de texto. Por otro lado, en lo que a su organización se refiere, encontraríamos ciertas divisiones: por Categorías, por Aplicaciones presentadas por Facebook o por Aplicaciones que pueden gustarte.

- **Buscar aplicaciones.** Mediante la introducción de palabras clave en el cuadro de texto **Buscar aplicaciones**.

- **Todas las...** Integra todas las categorías en las que está divido el directorio de aplicaciones de Facebook. Dichas categorías, a su vez, están divididas en subcategorías.

- **Aplicaciones presentadas por Facebook.** Aplicaciones que son periódicamente destacadas por el equipo de Facebook por estar bien diseñadas, ser especialmente útiles y, además, estar verificadas.

- **Aplicaciones que pueden gustarte.** Conjunto de aplicaciones desarrolladas por Facebook o terceros que a los usuarios les pueden parecer interesantes. Estas sugerencias no se seleccionan manualmente, sino que se generan a partir de un algoritmo en función de muchos factores, tales como qué aplicaciones usan otros usuarios o qué aplicaciones hacen participar a otros usuarios con intereses similares.

Nota: Siempre que se pulse sobre una aplicación se accede a su página, donde se puede obtener más información sobre ella y sus desarrolladores.

Para acceder al Directorio de aplicaciones de Facebook desde una página corporativa o de producto, se deben realizar unos pasos muy sencillos:

1. En primer lugar, hay que pulsar sobre el botón **Añadir una nueva pestaña** (definido por un signo más +, y situado en último lugar en la zona de las pestañas).

2. A continuación, hacer clic sobre la opción Explorar más aplicaciones para agregar.

Figura 14.5. La opción Explorar más aplicaciones para agregar permite acceder al Directorio de aplicaciones de Facebook.

Instalar aplicaciones

Para poder integrar y usar una aplicación en una página, lógicamente, el primer paso que hay que dar es instalarla.

Pues bien, hacerlo es realmente sencillo:

1. Tras haber encontrado la aplicación deseada en el directorio de Facebook, hay que pulsar sobre su nombre o foto para poder acceder a su página.

2. A continuación, hacer clic sobre el botón **Añadir a mi página**.

3. En el cuadro que aparece, una vez que se haya pulsado sobre el botón **Añadir a la página** de la página donde se desea instalar la aplicación, hay que hacer clic sobre el botón **Cerrar**.

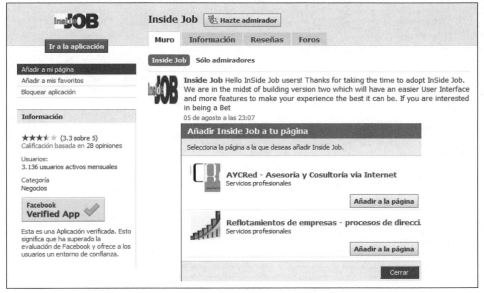

Figura 14.6. *Antes de utilizar una aplicación es necesario indicar a que página va a estar adscrita.*

4. De vuelta a la página se deberá pulsar sobre la opción Modificar página y, después, sobre el botón **Opciones de administración** de la aplicación instalada. Posteriormente sobre la opción Editar. Véase la figura 14.7.

5. En el cuadro confirmación, para permitir el acceso a la información personal, hay que pulsar sobre el botón **Permitir**.

6. Con estos pasos se habrá instalado la aplicación y se mostrará para poder comenzar a utilizarla.

Una vez instalada la aplicación, siempre que desee utilizar se podrá hacer desde la pestaña **Casillas**, desde el botón **Añadir una nueva pestaña** (definido por un signo más +) de la página o a través de la barra **Aplicaciones**.

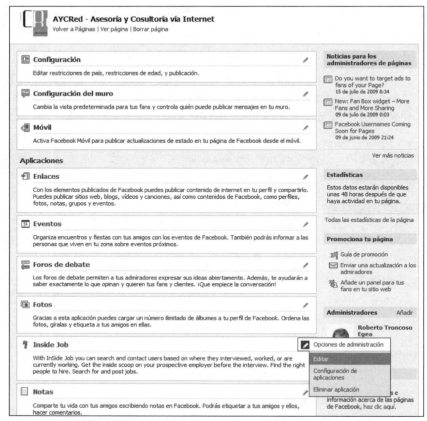

Figura 14.7. *La función Editar de la aplicación permite acceder al cuadro de confirmación sobre el acceso a la información del propio perfil o del de la empresa.*

Nota: *Algunas aplicaciones no dispondrán del botón* **Añadir a la página**, *por lo que primero habrá que pulsar sobre el botón* **Ir a la aplicación** *y, posteriormente, acceder a ella desde la barra* **Aplicaciones** *de la propia página.*

Algunos ejemplos de aplicaciones indicadas para profesionales

En Facebook existen gran cantidad de herramientas de ayuda para aquellos profesionales en cuyo entorno laboral existe gran dispersión geográfica con respecto a sus contactos. Algunos ejemplos de aplicaciones profesionales son:

- **Define me**. Presenta una nube de *tags* en el perfil, que incluye los términos que representan al negocio, los valores de la empresa o los servicios que se ofrecen.

- **GLPrint Business Cards**. Aplicación que permite crear tarjetas profesionales personalizadas en formato flash.

- **Iendorse**. Permite que los contactos que se tengan en Facebook dejen testimonios positivos acerca del negocio al que uno se dedica en la página personal.

- **Introductions**. Servicio que ayuda a realizar presentaciones personalizadas para empresas que después quieran enviarlas a sus contactos o a grupos de discusión.

- **My BusinessBlinkWeb**. Esta aplicación se puede usar para crear una especie de *banner* para promocionar un negocio. Los usuarios de Facebook podrán entonces agregar este *widget* a sus perfiles.

- **My Office**. Oficina virtual que permite compartir documentos, tareas y foros de discusión con cada uno de los contactos/clientes.

- **PodCast Player**. Permite compartir archivos de audio, ya sean entrevistas, información sobre la empresa o promociones, etc.

- **Professional Profile**. Permite consolidar la propia información profesional, y las relaciones comerciales en un único lugar. Además, facilita el control de la identidad profesional separándola de la del perfil de Facebook.

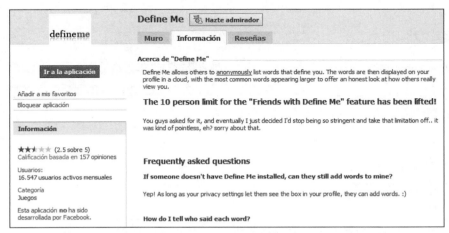

Figura 14.8. *Página de la aplicación "Define me" que permite definir el negocio al que uno se dedica.*

- **Slideshare.** La Web de Slideshare sirve para almacenar todo tipo de presentaciones y documentos, y compartirlas con todo el mundo o sólo con quien se quiera. Esta aplicación permite tenerlas a mano desde el propio Facebook, así como distribuirlas entre los contactos. También es bastante útil para buscar otras presentaciones de temas similares.

- **Socialfly.** Aplicación que permite añadir notas para identificar a los contactos o las conversaciones que se han tenido con ellos, así como programar tareas y planear recordatorios de acciones o llamadas.

Nota: Para encontrar estas aplicaciones se puede utilizar tanto el Directorio de aplicaciones de Facebook como el buscador Google.

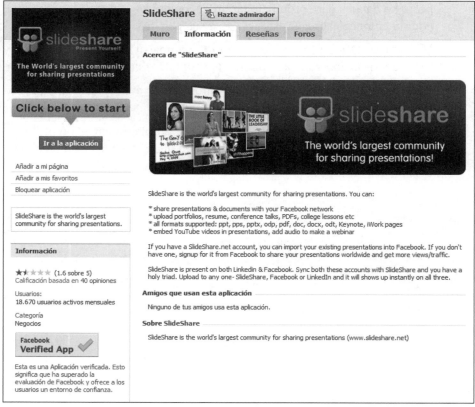

Figura 14.9. *Presencia en Facebook de la aplicación 2.0 Slideshare, la cual permite compartir todo tipo de documentos y presentaciones.*

15. Organizar eventos

Marketing promocional, marketing directo, intranets, Webs corporativas, etc. Las formas que existen para comunicar un producto, un servicio o para relacionarse con compañeros de la empresa o colegas del mismo ramo profesional, son prácticamente infinitas. Sin embargo, desde hace unos años los eventos están comenzando a tener una importancia relevante tanto para las empresas como para los profesionales autónomos.

Según el estudio EventView 2009 elaborado por MPI (*Meeting Professional Incentive*), en la actividad real o tangible, no en la digital, los eventos son la herramienta de marketing que genera mayor retorno de la inversión. ¿Sería posible esto en Facebook?

En realidad, hoy día Facebook se está convirtiendo en una forma cada vez más común para organizar eventos, y por ello, esta red social ha hecho un poco más fácil invitar a admiradores y amigos a muchos acontecimientos.

Nota: *La organización de eventos puede ser una importante herramienta de marketing para relacionarse directamente con el público objetivo o con otros colegas del mismo ámbito profesional, para transmitir un mensaje o presentar un producto, servicio o marca.*

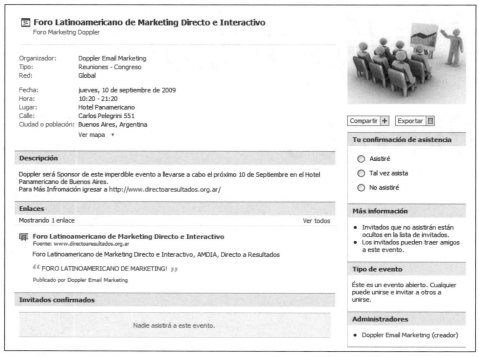

Figura 15.1. En los eventos abiertos cualquiera puede unirse e invitar a otros.

La razón de organizar un evento

El mundo empresarial en el que nos movemos es tan dinámico y cambiante, que surgen nuevas soluciones creativas para poder llegar a las masas críticas. Y, sin duda, la organización de eventos, junto con el marketing *on-line*, se ha convertido en una de las disciplinas que más resultados generan.

En muchas ocasiones, la necesidad de aumentar el rendimiento frente a la fuerte competencia está empujando a los responsables de marketing a valerse de diferentes tipos de eventos para captar la atención de su público objetivo y, así, poder elevar los resultados del negocio.

Pero no nos tenemos que volver locos, poner en marcha un evento únicamente porque así está especificado en un plan de marketing, y dejar demasiados aspectos al azar, no es la solución, de hecho, puede que sea un gran problema: se está totalmente expuesto, puesto que todo, en un "acto público", comunica (hay que cuidar la imagen que se trasmite, ser meticuloso en los detalles, pensar en la reputación...).

Nota: *No cabe duda de que existe una gran fragmentación en lo que a canales de difusión se refiere. De ahí que este tipo de experiencias, de mayor "contacto tú a tú", hayan surgido como respuesta, convirtiéndose en una excelente forma de conectar directamente con clientes, accionistas y otros grupos claves. Podríamos decir que el marketing de eventos es una manera muy efectiva de acercar la marca a los consumidores, ya que tienen más peso en el proceso de comunicación de marca.*

Claves para el éxito, o fracaso

Congresos, presentaciones publicitarias, comidas de trabajo, lanzamientos de productos, reuniones de trabajo, formación, encuentros para empleados... En fin, multitud de eventos que, de una forma u otra, hay que planificar y organizar. Para organizar un evento, y que éste tenga éxito, hay que pensar en estas cuestiones:

- **¿Por qué se realiza el evento?** Es importante tener en cuenta, que un evento sólo tiene sentido si está justificado, es decir, si va a tener un interés real. En caso contrario, el enorme esfuerzo de trabajo que conlleva su planificación/organización, con el consiguiente desembolso, no tendrá recompensa. Por ello, hay que medir muy bien la relación costo-beneficio. Si se trata de un evento de alto impacto, ha de estar siempre orientado a lograr resultados... positivos.

- **Objetivos**. Hay que establecer cuáles son los objetivos del evento (qué se quiere lograr); así como el contenido del proyecto en sí (qué se quiere trasmitir).

- **Concepto**. Dependiendo de dichos objetivos, habrá que determinar el tipo de evento que va a tener lugar, hay que satisfacer las necesidades del asistente. Al fin y al cabo ¡se trata de la tarjeta de presentación de la empresa o producto! Así, no es lo mismo un "evento motivacional", cuya intención es dar a conocer a nuevos integrantes del equipo de trabajo, y quizás se pretenda darle un ambiente informal; que la presentación de un producto a futuros e importantes clientes, que requerirá de un ambiente más formal y serio. Por lo tanto, estudiar el perfil de los participantes es algo a tener muy en cuenta.

Nota: *No todos los eventos que se organizan con fines empresariales son iguales. En realidad, se pueden distinguir categorías: como por ejemplo,* *encontraríamos los motivacionales, que irían dirigidos al personal de una misma empresa; y los promocionales, que son los que una organización celebra "hacia fuera", es decir, hacia sus clientes o posibles clientes.*

- **El anfitrión o anfitriones**. No es suficiente con invitar. Todo el evento va a depender del anfitrión, ya que comunica tanto como el propio acto. Debe orientar su trabajo y recursos a cubrir las expectativas de los asistentes, compatibilizándolo con los objetivos empresariales.

- **Los invitados**. Se trata del público. Como es lógico, hay que analizar el número de asistentes al evento, e incluso, el modo como les será comunicada dicha invitación. Conocer el perfil de cada uno de ellos, no sólo permitirá un trato más personalizado en el propio evento, sino que ayudará a acercarse a ellos con mayor garantía de éxito en cuanto a su asistencia se refiere (aunque todos los invitados son importantes, siempre hay "alguno" que interesa más).

- **Lugar y duración**. La planificación del evento conlleva establecer aspectos como son la duración del mismo, el lugar donde tendrá lugar, e, incluso, el modo como les será comunicada dicha invitación.

- **Evaluación**. Nunca hay que olvidarse de evaluar los resultados: qué paso, se cumplieron los objetivos, qué se ha aprendido o qué errores no se volverán a cometer. Si se consigue que los invitados salgan satisfechos, con buenas sensaciones, y que la empresa se haya comunicado de forma positiva, haya mostrado su trabajo y fortalecido su imagen, habrá sido un éxito.

En definitiva, cuando una empresa o un emprendedor decide la organización de un evento, está asumiendo muchos riesgos, pero, mirándolo positivamente, se le está presentando una oportunidad difícil de desaprovechar: la de reunir a su personal o a sus clientes en un solo lugar y, al mismo tiempo, transmitirles un mensaje corporativo o promocional.

Canales para la organización de eventos

Hoy en día existen métodos y maneras muy sencillas y económicas que facilitan la organización de eventos (lógicamente, depende del evento en cuestión).

Tenemos al alcance de la mano distintos modos de comunicación (tradicionales o no) que proporcionan las herramientas indicadas para realizar dicho trabajo y que le permiten a uno encargarse de la organización del mismo. Por supuesto, otra opción es hacerse con los servicios de organizadores profesionales, que no sólo pueden orientar en la planificación del evento, sino llevarlo a cabo o gestionarlo en su totalidad.

En cualquier caso, las nuevas tecnologías y el mundo virtual han llegado a nosotros "para quedarse", lo cual amplía en gran medida las posibilidades en lo que a este tema, basado en la comunicación al fin y al cabo, se refiere.

Las opciones son infinitas, y un ejemplo claro lo tenemos en la red social Facebook, que, como ya hemos comentado, se está convirtiendo en una forma cada vez más común para organizar todo tipo de actos. A la vista de ello, la propia red está facilitando al usuario la organización de eventos y mejorando, poco a poco, las herramientas que se emplean para ello.

Cómo crear un evento en Facebook

En Facebook, un evento puede ser generado tanto desde un perfil de usuario, como desde una página o un grupo. En las páginas corporativas o de producto, para crear un evento, únicamente hay que pulsar sobre el botón **Evento** que hay bajo el cuadro ¿Qué estás pensando?, situado en la parte superior de la página, como muestra la figura 15.2.

Figura 15.2. *En Facebook un evento puede ser generado tanto desde un perfil de usuario, como desde una página o un grupo.*

Crear un evento desde un grupo

En cuanto a los grupos, para crear un evento se deberán realizar los siguientes pasos:

1. Con la página del grupo activa, hay que fijarse en la columna de la derecha. Como se puede ver, en la zona inferior aparece la opción **Crear eventos**, sobre la cual hay que pulsar.

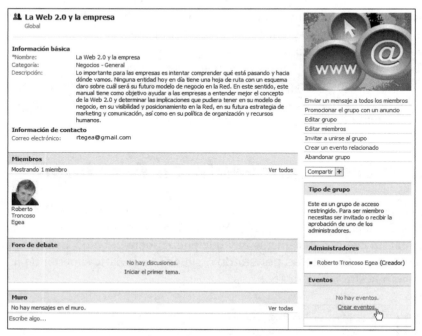

Figura 15.3. *Los grupos de Facebook son los perfiles ideales para generar eventos, pues sus usuarios suelen unirse para discutir sobre una temática común.*

2. A continuación, en la página **Crear un evento**, tras completar los campos de texto del **Paso 1: Información del evento**, habrá que pulsar sobre el botón **Crear evento** para continuar con el **Paso 2: Personalización**.

Como es normal, algunos campos son obligatorios y otros no, aunque lo aconsejable es rellenar todos los campos que se pueda para ofrecer más información y otorgar al evento un mayor grado de seriedad y profesionalidad. En el Paso 1 encontramos los siguientes campos:

- **Nombre del evento (obligatorio)**. Debería tratarse de un título impactante que defina en muy pocas palabras la temática del evento.

- **Subtítulo**. Frase que completa el nombre del evento.

- **Organizador(a)**. Este dato lo incluye de forma predeterminada Facebook, y sería el nombre del Grupo que promueve el evento.

- **Tipo de evento** (obligatorio). Permite clasificar el evento según su temática.

- **Descripción**. Se trata de un pequeña reseña sobre los temas que se van a tratar en el evento.

- **Inicio**. Fecha y hora de apertura.

- **Finalización**. Fecha y hora de clausura.

- **Lugar** (obligatorio). Puede ser un lugar físico o un foro o, incluso, el propio Facebook.

- **Calle y Ciudad/población**. Señas del lugar donde se va a celebrar el evento, si éste fuera presencial.

- **Teléfono**. Número de teléfono al que pueden dirigirse los interesados.

- **Correo electrónico**. Dirección de correo electrónico al que pueden escribir interesados en el evento. Este campo no es obligatorio, pero la inclusión de ese dato fomenta la veracidad del acontecimiento.

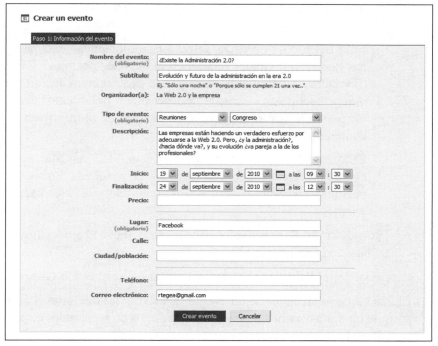

Figura 15.4. *El Paso 1 de la creación de un evento permite incluir los datos, sobre ese evento, que los usuarios de Facebook podrán ver.*

> **Nota:** *Una vez que el evento tenga invitados confirmados, el nombre que se le ha asignado no se podrá modificar.*

3. El Paso 2 de la creación de un evento es la personalización (véase la figura 15.5). Para ello, Facebook dispone de cuatro secciones:

   - Cargar foto. Permite ilustrar el evento con un archivo gráfico.

   - Opciones. Esta categoría facilita, mediante casillas de selección, la inclusión o no de preferencias como: informar a los invitados de que pueden traer amigos, mostrar lista de invitados y/u ocultar a los invitados que no asistan, habilitar el **Muro**, habilitar fotos, vídeos y permitir enlaces a todos los miembros del grupo o bien únicamente a los administradores.

   - Acceso. Permite escoger el nivel de seguridad y accesibilidad del evento. Existen tres opciones:

     - Este evento es abierto: hace que cualquiera pueda añadirse a la lista de invitados o invitar a otros al evento. Todos tienen acceso visual a la información y al contenido del evento.

     - Este evento es cerrado: seleccionándolo, únicamente las personas que sean invitadas estarán en la lista de "posibles" asistentes (invitados). Cualquier persona puede pedir una invitación y cualquiera puede ver la hora y la descripción del evento, pero sólo las personas que se inviten verán el resto de la información y el contenido.

     - Este evento es secreto: Nivel de seguridad más alto, donde el evento no aparecerá en los resultados de búsqueda. Solamente las personas invitadas podrán ver el contenido y la información del mismo.

   - Promocionar. Si se activa permite mostrar el evento en los resultados de búsqueda de Facebook.

   Para finalizar el Paso 2 será necesario pulsar sobre el botón **Guardar**.

4. El Paso 3 de la creación de un evento es **Enviar invitaciones**. Facebook permite invitar a usuarios de Facebook y amigos no registrados en esta red social mediante correo electrónico; es posible importar automáticamente los contactos de Outlook o bien cargar un archivo de contactos de los gestores:

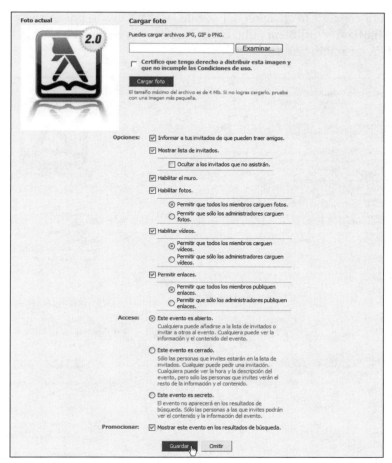

Figura 15.5. *La personalización se realiza en el paso 2 de la creación de un evento y, entre otras cosas, permite especificar quién tendrá permitido el acceso al evento.*

Libreta de direcciones de Windows, Mozilla Thunderbird, Palm Desktop, (vCard) de Palm Desktop, Entourage, Mac OS X Address Book, LinkedIn, Windows Mail y otros (numerosos clientes de correo electrónico y programas de Gestión de la información personal permiten exportar los contactos a un archivo. Facebook acepta los tipos de archivos de contactos que mostramos a continuación: Valores separados por comas (.csv), vCards (.vcf), Texto delimitado por tabulaciones (.txt) y LDAP Formato de intercambio de datos (.ldif)).

Al ser un evento originado a partir de un grupo, también es posible invitar a todos los miembros del grupo.

5. Para concluir la creación del evento, será necesario pulsar sobre el botón **Finalizar y publicar**, que está situado en la parte superior de la página Enviar invitaciones.

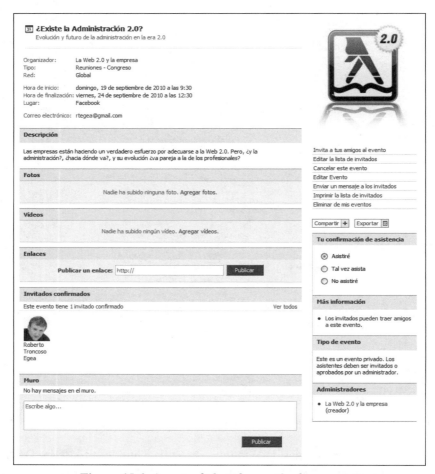

Figura 15.6. *Aspecto de la información de un evento nada más ser publicado en Facebook.*

Nota: *En el caso de que el evento fuera presencial, y en la información del mismo se rellenaran los campos de Calle y Ciudad/Pueblo, en el perfil del evento, Facebook mostraría un enlace (denominado Ver mapa) desde donde se podría acceder a un práctico mapa que serviría de gran ayuda a la hora de localizar las señas del lugar.*

16. Realizar encuestas

Por lo general, una encuesta está conformada por un grupo de preguntas que se dirigen a un segmento de personas específicas, con el fin de conocer sus opiniones, inquietudes, gustos y preferencias, entre otras cosas.

Las encuestas *on-line* en una página corporativa o de producto se pueden utilizar para que los admiradores valoren un producto o simplemente califiquen nuevas ideas en la evolución de ese servicio o de los futuros. También es posible utilizarlas para observar el interés de los "fans" por algo en particular, de esta manera se dispone de una idea acerca de los productos o servicios que más se requieren.

Nota: *Si se tiene la intención de recopilar información acerca del tipo de usuarios que visitan tu página, no hay que olvidar después contarles cuáles fueron los resultados y proporcionarles un análisis de ello.*

Por qué se realizan encuestas

El objetivo de una encuesta es descubrir las necesidades de los usuarios o bien su opinión acerca de ciertos temas, y crear productos u ofrecer servicios en esa dirección.

> **Nota:** *Actualmente, la mayoría de los estudios de mercado que se realizan utilizan la encuesta como principal técnica de investigación, empleando otras diferentes para obtener información complementaria.*

Características de una encuesta

Una encuesta, por lo general, está conformada de preguntas cerradas que permitirán contabilizar los resultados obtenidos de la manera más oportuna. Eso sí, antes de crearla, es aconsejable pensar bien en las preguntas que se van a realizar y también en el tipo de respuestas que se espera recibir. Por decirlo de algún modo, no hay que comenzar una encuesta si no se tienen claros los objetivos.

Igual de importante es decidir a quién va dirigida la encuesta (en muchas ocasiones se debe realizar un muestreo estadístico para seleccionar una "muestra" representativa de la población). Puede que a un sector específico de la población, o puede que a todos aquellos que, habiendo entrado, por ejemplo, en una página de Facebook, estén interesados en ofrecer su opinión acerca del tema propuesto.

> **Nota:** *Las encuestas pueden ser personales, telefónicas, postales... Aunque las nuevas tecnologías ofrecen nuevos métodos, muy cómodos, como son el e-mail o a través de una página Web. Lógicamente, la elección del tipo de encuesta vendrá determinada por tres factores: el tema de la investigación, el sector de la población que se va a estudiar y el presupuesto del que se dispone.*

Otras de sus características a destacar son:

- **Información específica**. Permite obtener información primaria actual, concisa y especializada en el tema en cuestión, así como de la población.

- **Comunicación**. Usa métodos de comunicación para obtener información.

- **Cuestionario**. El instrumento básico de obtención de información que emplea es un cuestionario estructurado en una serie de preguntas. No debe ser muy largo, las preguntas han de ser fáciles de comprender, hay que evitar incluir palabras poco usuales...

- **Técnica cuantitativa**. Los resultados obtenidos de la muestra de individuos entrevistada pueden extrapolarse estadísticamente a la población, previo análisis, por supuesto.

Ventajas de las encuestas

La utilización de la encuesta como medio de recogida de información reporta ventajas como las siguientes:

- **Costo**. Bajo o ninguno.

- **Estandarización**. Se harán las mismas preguntas a todos los elementos de la muestra, apoyándose en el cuestionario.

- **Rapidez en la obtención de resultados**. En poco tiempo se puede reunir gran cantidad de información.

- **Flexibilidad**. Es posible aplicarlo a cualquier persona sean cuales sean sus características.

- **Gran capacidad para estandarizar datos**. Permite su tratamiento informático y el análisis estadístico.

Pero, sin duda, la mayor ventaja es que si esta herramienta ha sido correctamente aplicada, los datos obtenidos servirán para la toma de decisiones y permitirán una mayor probabilidad de éxito.

Figura 16.1. Las encuestas también pueden servir para "conseguir" los datos personales de un usuario, pero esta opción debe llevar consigo una recompensa como, por ejemplo, un regalo.

El cuestionario

Se trata del elemento fundamental de una encuesta. De hecho, de su correcta elaboración dependerán los resultados de la investigación que se esté llevando a cabo.

Por eso, en primer lugar, como ya hemos comentado anteriormente, hay que definir el tipo de información que se necesita obtener, para lo cual es fundamental establecer los objetivos de la investigación, conocer, si se puede, la experiencia de otros estudios similares e, incluso, hacer pruebas con versiones preliminares del cuestionario.

Por otro lado, es importante determinar el tema que se tratará, el orden que llevará el cuestionario, los tipos de preguntas, el lenguaje que se va a emplear (que dependerá del publico al que se dirija), material auxiliar (si se necesita), un estudio de los posibles efectos que se pueden tener...

Una vez que se tiene claro lo comentado hasta ahora, expondremos otro tipo de consideraciones que no hay que dejar de lado:

- **Preguntas**. El lenguaje utilizado debe ser popular y entendible, que lo pueda comprender todo el mundo. Además, las preguntas, dentro de lo que cabe, tienen que ser cortas, o el público se cansará. No está de más incluir alguna palabra de control, para comprobar que las respuestas que se están dando tienen consistencia. En ciertos casos también se incluyen preguntas filtro, para seleccionar a personas con unas características concretas dentro de la muestra.

> **Nota:** En un cuestionario se puede distinguir entre preguntas abiertas y cerradas. En las primeras, no existe respuesta predeterminada, mientras en las segundas, el encuestado se limita a elegir una de las respuestas predefinidas. La ventaja de las abiertas se basaría en la posibilidad de descubrir nuevas respuestas, así como en la mayor libertad de respuesta, aunque por el lado negativo encontraríamos que este tipo de cuestionarios poseen una mayor dificultad en cuanto a su codificación y difusión.

- **Temas**. Las preguntas no deben tratar temas demasiado difíciles de contestar, o el encuestado abandonará. Por otro lado, es importante evitar palabras cargadas de connotaciones.

- **Redacción**. Las preguntas deben invitar a la colaboración, luego hay que cuidar su redacción y evitar que sea "enrevesada".

- **Orden**. La primera pregunta es fundamental, hay que tener presente que es ésta la que introduce al público en el cuestionario. De hecho, si hay muchas preguntas, conviene incluir al principio del cuestionario aquellas que sean más sencillas, para luego ir complicándolas gradualmente. También es importante que el orden se realice de forma que unas preguntas no se vean afectadas por otras.

En cualquier caso, nunca hay que olvidar que la encuesta no siempre es válida para recoger información de cualquier tema o colectivo. Sus características metodológicas no siempre son las apropiadas para según que temas, y tampoco siempre se obtiene la confianza total del público al que se le está realizando dicha encuesta.

Cómo realizar un encuesta en Facebook

A la hora de realizar una encuesta en Facebook ocurre lo mismo que cuando se va a organizar un evento, es decir, se tiene que utilizar una aplicación. Como hemos comentado en más de una ocasión, esta red social cuenta tanto con aplicaciones propias como externas.

Paso a paso

Nada mejor para comenzar a trabajar que visualizar la **Barra de Aplicaciones**, que es la que emplearemos. Así, si se quiere instalar en la página una encuesta, hay que hacer lo siguiente:

1. Con la página corporativa o de producto activa, hay que pulsar sobre la opción Aplicaciones de la barra con ese mismo nombre y, a continuación, sobre Ver más aplicaciones. Otra opción es pulsar sobre la pestaña identificada con el signo + y, en el menú que aparece, hacer clic en Explorar más aplicaciones para agregar. Véase la figura 16.2.

2. En la página Todas las aplicaciones, más concretamente en la caja de texto Buscar aplicaciones, hay que escribir la palabra "encuesta". Una vez que se pulse la tecla **Intro**, comenzará entonces la búsqueda. Véase la figura 16.3.

3. En la página Aplicaciones que coinciden con "encuesta", más concretamente, en su apartado Resultados de la búsqueda, hay que pulsar sobre la opción Encuesta. Véase la figura 16.4.

Figura 16.2. *Para realizar una encuesta en Facebook se tiene que utilizar una aplicación. Ésta puede ser interna, creada por Facebook, o externa, desarrollada por otros usuarios.*

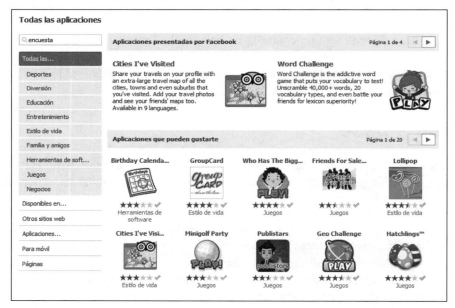

Figura 16.3. *La página Todas las aplicaciones permite buscar entre numerosos elementos que se pueden agregar a una página de Facebook.*

4. Tras esta acción, se accederá a su página en Facebook. Es imprescindible pulsar sobre la opción Añadir a mi página. A continuación, en el cuadro de diálogo que aparece, tras seleccionar la página a la que se desea añadir la aplicación Encuesta, habrá que hacer clic sobre el botón Cerrar del cuadro de diálogo. Véase la figura 16.5.

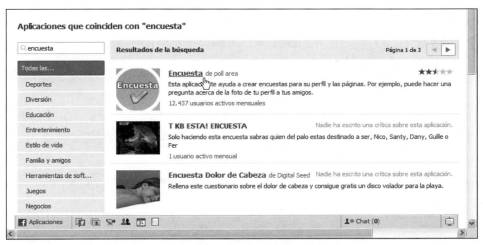

Figura 16.4. Aspecto de los resultados de una búsqueda con la palabra clave: encuesta.

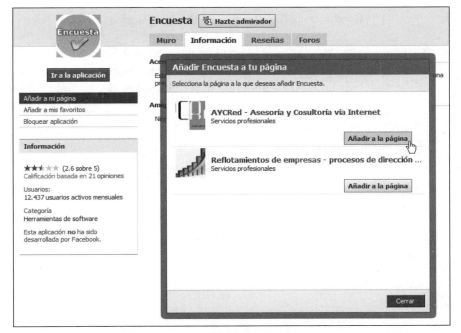

Figura 16.5. Todas las aplicaciones de Facebook se pueden añadir de forma rápida y sencilla a una página, ya sea corporativa o de producto.

5. De vuelta a la página corporativa o de producto, para configurar la aplicación es necesario pulsar sobre la opción Modificar página.

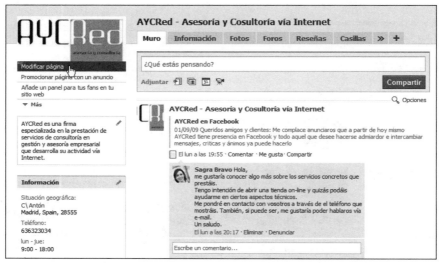

Figura 16.6. *La opción Modificar página permite acceder a la configuración de todas las aplicaciones o elementos de la misma.*

6. En la siguiente página, en el apartado Aplicaciones, una vez que se pulsa sobre el botón **Opciones de administración** de la aplicación Encuesta (representado por un lápiz), habrá que hacer clic sobre el comando Editar.

Figura 16.7. *Para empezar a configurar la aplicación Encuesta hay que pulsar sobre la opción Editar del menú Opciones de administración.*

7. En la página ¿Permitir acceso? hay que pulsar sobre el botón **Permitir**. Y, a continuación, sobre la opción Pinche aquí para crear la primera encuesta de la página Encuesta.

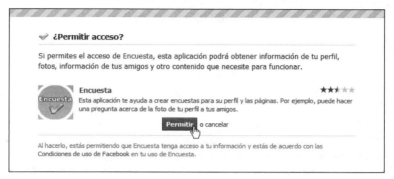

Figura 16.8. Cuadro de diálogo típico para permitir a la aplicación utilizar los datos necesarios sobre una cuenta de Facebook.

8. En la siguiente pantalla, en el cuadro de texto Número de opciones, habrá que especificar el numero de opciones de respuestas que tendrá la encuesta (por ejemplo, si la encuesta tiene como respuestas Sí y No se escribirá 2), y pulsar sobre el botón **Continuar**.

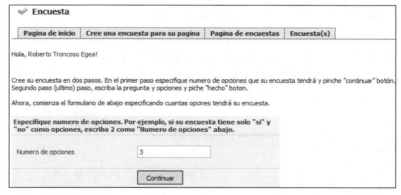

Figura 16.9. Primer paso necesario para crear una encuesta, indicar cuántas respuestas puede tener la consulta realizada.

9. A continuación, se escribe el título de la encuesta (que en este caso también sirve como la pregunta de la consulta) y las opciones de respuesta que se desee. Una vez hecho, hay que pulsar sobre el botón Hecho y, después, sobre la opción Publicar encuesta. Véase la figura 16.10.

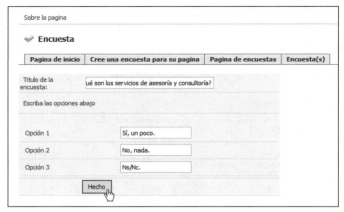

Figura 16.10. *Página de la aplicación Encuesta donde hay que introducir la consulta (Título de la encuesta) y sus respuestas (opciones).*

Configurando la visualización de la encuesta

Una vez finalizada, la encuesta, por defecto, se integrará en la pestaña Casillas. Si se desea que dicha pestaña sea la primera que vea alguien que acceda a esa página corporativa, se tendrán que realizar los siguientes pasos:

1. En primer lugar, pulsar sobre la opción Modificar página, situada en la parte inferior de la imagen que ilustra la página.

2. En la página que se carga, una vez encontrado el apartado Configuración del muro, hay que pulsar sobre las Opciones de administración y, a continuación, sobre Editar. Esto provocará que esta sección se despliegue.

Figura 16.11. *Editando el Muro es posible controlar quién puede publicar mensajes en el Muro que corresponde a la página.*

3. En el apartado **Pestaña predeterminada para los usuarios que no son fans,** hay que desplegar la casilla de selección y pulsar sobre **Casillas.**

Figura 16.12. *La pestaña Casillas es donde se suelen alojar todas las aplicaciones que se acoplen a la página.*

4. Para poder volver a la página, es necesario pulsar sobre la opción **Ver página** situada en la parte superior del apartado **Configuración.**

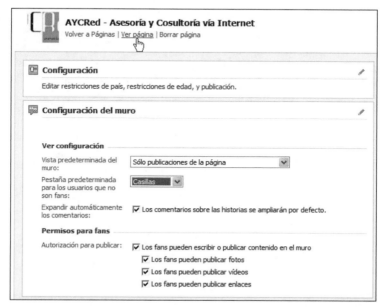

Figura 16.13. *La Configuración del Muro permite habilitar la pestaña que debe estar activa cuando un usuario que no es fan accede a la página.*

17. Wordpress, SlideShare, Twitter, Delicius, Digg, Flickr, YouTube

Para los usuarios, las herramientas de la Web 2.0 han evolucionado hacia dos caminos algo diferentes:

- Por un lado están las aplicaciones Web, que permiten crear documentos de texto u hojas de cálculo en una página Web.

- Por otro lado, los sitios denominados UGC (*User-Generated Content* o Contenido Generado por el Usuario, en castellano), donde, por ejemplo, los usuarios pueden almacenar sus fotos, vídeos, enlaces preferidos o cualquier otro tipo de documentación.

La realidad de esta Web 2.0 es que siempre se usan otras Webs para cosas más especializadas, aunque se intente emplear una red social como es Facebook, "para todo". Esto no significa que los "movimientos" realizados en esas otras Webs 2.0 no puedan quedar reflejados en Facebook o que esos sitios no logren actualizarse a través de esta red social. Todo lo contrario, ya que mediante aplicaciones externas de Facebook, es posible conectar el contenido integrado en otras Webs 2.0 con la página que se tenga creada en la red social, y a su vez, desde esta página de Facebook, actualizar todas esas otras cuentas.

> **Nota:** *En la actualidad, muchas de las Webs 2.0 más efectivas y preferidas por el usuario se conectan con Facebook a través de aplicaciones externas, creadas bien por la propia herramienta 2.0, bien por desarrolladores independientes. Pero, sin duda, esto está cambiando, y ya muchas de ellas, como, por ejemplo, YouTube y Digg, están empezando a utilizar Facebook Connect, el gestor de identidades y de conexiones desarrollado por esta red social, que facilita la integración y comunicación entre Facebook y otras Webs 2.0.*

A muchos, las herramientas 2.0 que vamos a describir a continuación les sonarán bastante, e incluso, lo más probable, es que tengan su propia cuenta en muchas de ellas. A otros, quizás les suenen de algo, más o menos; pero, sin duda, habrá otro gran número de usuarios que seguro no conocerán algunas de ellas hasta que no lean este capítulo. En cualquier caso, es importante tener en cuenta que las aplicaciones de estas Webs 2.0 para Facebook son muy fáciles de instalar y utilizar en una página de la red social. Eso sí, casi todas emplearán como idioma el inglés, pero su uso es bastante sencillo, y con muy pocos pasos se conseguirá utilizar la cuenta Facebook para mantener actualizadas otras herramientas 2.0 de carácter profesional.

Figura 17.1. *Las nuevas herramientas de la Web 2.0 han evolucionado hacia sitios denominados UGC (User-Generated Content o Contenido Generado por el Usuario, en castellano), donde quien quiera puede almacenar fotos, vídeos, enlaces preferidos o cualquier otro tipo de documentación.*

Nota: *Para encontrar las aplicaciones externas de herramientas 2.0 lo mejor es utilizar el Directorio de aplicaciones de Facebook.*

WordPress

WordPress (`http://es.wordpress.com/`) es un sistema de gestión de contenido enfocado a la creación de *blogs* o bitácoras (sitios Web que se actualizan periódicamente). Este sistema de publicación Web está basado en entradas ordenadas por fecha. Para la estructura y el diseño visual de las bitácoras se depende de un sistema de plantillas, denominado temas o *themes*.

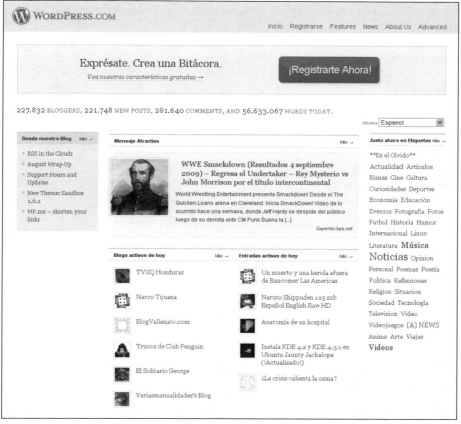

Figura 17.2. *WordPress es un sistema de gestión de contenido estático enfocado a la creación de blogs.*

En cuanto al método de edición, está basada en una herramienta de carácter WYSIWYG; *What You See Is What You Get*, o dicho en castellano: lo que ves es lo que obtienes.

Wordpress es un sistema dinámico, lo que quiere decir que genera las páginas sobre la marcha.

Este modo de hacer las cosas resulta muy conveniente a la hora de publicar largos artículos (puesto que se parten automáticamente en páginas) o disponer la información a la manera de una revista, con páginas numeradas tanto para la portada como para los archivos de categorías y meses.

Aplicación WordPress para Facebook

WordPress.com Facebook App es una aplicación externa de Facebook que permite mezclar la comunicación estática de los *blogs* de WordPress con la comunicación dinámica de una red social como Facebook.

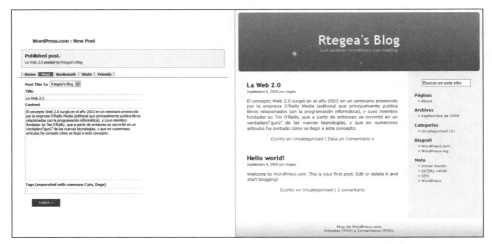

***Figura 17.3.** WordPress.com Facebook App es una aplicación externa que permite mezclar la comunicación estática del contenido de WordPress con la comunicación dinámica de Facebook.*

Para comenzar a utilizar esta aplicación, hay que realizar los pasos que se describen a continuación:

1. Al instalar la aplicación en la página e intentar acceder a ella siempre se va a solicitar la autentificación de usuarios de WordPress, es decir, será necesario introducir el nombre de usuario, así como la contraseña.

2. En la *Home* de la aplicación se podrá indicar qué número de actualizaciones y comentarios se van a publicar en el perfil y de qué bitácora, pues se puede tener más de una en WordPress.

3. La página *Post* de la aplicación es la clave de esta herramienta. En ella es donde se podrá indicar en qué *blog* se publicará. Se deberá introducir, mediante casillas de texto, el título y el contenido del escrito, e indicar las etiquetas que catalogan esa anotación.

SlideShare

SlideShare (`http://www.slideshare.net/`) es una aplicación Web donde se pueden almacenar y compartir presentaciones y documentos. Estas presentaciones o documentos se generarían en el equipo propio, usando programas como Microsoft Office u OpenOffice. Una vez que los archivos creados con estos programas se suben a la Web de SlideShare, un sistema de la propia herramienta los convierte en un documento Adobe Flash y los integra en la Web para uso y disfrute de los contactos o de todo el mundo. Hay que tener en cuenta que el tamaño máximo del archivo no debe superar los 100 MB, y que a la hora de publicar esta obra, la aplicación 2.0 soporta los siguientes formatos:

- **Presentaciones**:
  - PowerPoint: ppt, pps, pot, pptx, potx y ppsx.
  - OpenOffice: odp.
  - Otros: pdf.
- **Documentos**:
  - Microsoft Office: doc, docx, rtf y xls (hoja de cálculo).
  - OpenOffice: odt y ods.
  - Otros: pdf.

Recomendaciones a la hora de utilizar Slideshare

La función más profesional de esta herramienta es compartir documentos de trabajo con otros colegas. Pero ahí no se queda todo, otra de sus posibilidades es utilizarla para "cargar" presentaciones que se vayan a emplear en conferencias o reuniones de trabajo. Esto se llevaría a cabo de una manera muy simple: accediendo a ella a través de un navegador y sirviéndose de una conexión a Internet cualquiera.

Figura 17.4. *SlideShare es una aplicación Web donde se pueden almacenar y compartir presentaciones y documentos.*

En cuanto a su manejo, conviene conocer qué acciones son las más adecuadas a la hora de compartir ciertos documentos:

- **Título**. Todos los documentos deben llevar un título. Como es lógico, hay que evitar nombrar dos o más presentaciones con el mismo, o se podrían producir confusiones. Si, por ejemplo, se dispone de informes mensuales o semanales que se titulan básicamente igual, no estaría de más agregar un distintivo al título, como podría ser la fecha o la versión del documento; es decir, algo que identifique de forma plena al contenido y que lo diferencie de otro archivo.

- **Etiquetas**. Es recomendable añadir etiquetas al documento con aquellas palabras con las que se prefiere que la presentación (o el documento) esté relacionada. También es aconsejable utilizar las etiquetas para incluir el nombre de la empresa o el profesional que la ha desarrollado, y así dejar constancia del autor.

- **Descripción**. Siempre hay que emplear un pequeño párrafo que acompañe al documento y sirva de breve reseña sobre el contenido del mismo, de forma que los usuarios que lo consulten o se lo descarguen tengan una ligera idea de lo que se van a encontrar.

- **Categoría**. Las presentaciones o documentos se pueden integrar en distintas categorías, para así poder clasificarlas por temáticas.

- **Privacidad**. SlideShare dispone de distintos niveles a la hora de compartir el documento; es posible compartirlo con todos los usuarios de esta aplicación, crear una lista de contactos exclusivo con quienes compartirlo, compartirlo con todos los contactos o no compartirlo.

Aplicación SlideShare para Facebook

Esta aplicación va a permitir al usuario poder integrar en Facebook todas las posibilidades de SlideShare, incluyendo en la red social la interfaz de dicha herramienta. Esto va a facilitar la "subida" de todo tipo de documentos, pudiendo ser consultados desde Facebook tal y como si se estuviera en la propia página de SlideShare.

Al subir los documentos desde Facebook, se les podrá incluir su información detallada mediante un título y una descripción.

Además, al publicarla desde Facebook, será posible enviar a todos los contactos de la red social una invitación a modo de notificación de la nueva aportación a la cuenta de SlideShare.

Nota: Otra de las características de la aplicación SlideShare para Facebook consiste en la posibilidad de realizar una consulta sobre los nuevos documentos que han subido los contactos Facebook que se tengan, a dicha herramienta 2.0.

Figura 17.5. *La aplicación SlideShare para Facebook permite integrar en Facebook todas las posibilidades de esta herramienta 2.0, incluyendo en la red social la interfaz de la misma.*

El rey del microbloging: Twitter

El microblogging es un servicio 2.0 que permite a sus usuarios enviar y publicar mensajes breves, generalmente de sólo texto. Estos mensajes o actualizaciones se muestran en la página de perfil del usuario, y son también enviados de forma inmediata a otros usuarios que han elegido la opción de recibirlas o suscribirse a ellas.

Como es normal, el usuario origen puede restringir el envío de estos mensajes sólo a miembros de su círculo de contactos, o bien permitir su acceso a todos los usuarios, que suele ser la opción por defecto.

Twitter (`http://twitter.com/home`) es la herramienta preferida por millones de usuarios de todo el mundo para crear "microbloging".

Su utilidad es muy básica: sirve para enviar mensajes cortos (micro-entradas, que son denominadas "*tweets*"), las cuales no deben superar los 140 caracteres, a un grupo de "seguidores". Estos mensajes son almacenados en una página (`http://twitter.com/nombredeusuario`) donde pueden ser leídos por todo el mundo que la visite.

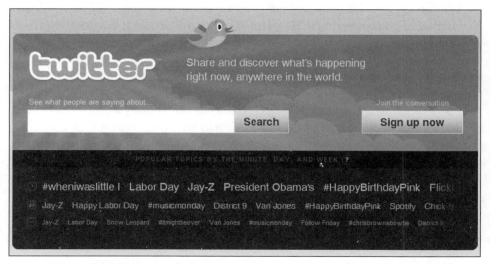

Figura 17.6. *Twitter es la herramienta preferida por millones de usuarios para crear "microbloging", es decir, mensajes cortos de texto conocidos como micro-entradas o tweets.*

El envío de estos mensajes es posible llevarlo a cabo tanto por el sitio Web de Twitter, como vía SMS (*Short Message Service*, servicio de mensajes cortos) desde un teléfono móvil, desde programas de mensajería instantánea, o incluso desde otra aplicación de terceros, como puede ser Facebook.

Aunque en un principio se dudaba tanto de su finalidad como de su utilidad, su creciente número de seguidores ha provocado que en la actualidad sus usos sean de lo más variado: seguimiento de eventos en directo, retransmisión de charlas y ponencias a las que poca gente tiene acceso, intercambio de opiniones durante un evento en el que la gente asiste como público, comentarios sobre debates, e incluso para la realización de entrevistas.

> **Nota:** *Hay que tener en cuenta que aunque un profesional se puede acercar a Twitter con la intención de emplearlo como un lugar para difundir información sobre una compañía, un producto o su actividad laboral, ocurre como en el caso de Facebook, que se trata, sobre todo, de un lugar donde "construir" y "recuperar" relaciones.*

Twitter en el Facebook

Uno de los grandes beneficios de Twitter, es que es posible conectarse, prácticamente, con la mayoría de las redes sociales que existen, por lo que cabe la opción de mantener a todos los fans o admiradores de una página corporativa al tanto de lo último que se "cuece" en una compañía, o acerca de cuál va ser el proceso evolutivo de cierto servicio que se está comenzando a promover a través de una página de producto.

Las aplicaciones Facebook que sirven para actualizar una cuenta Twitter suelen ser muy sencillas y constar básicamente de tres secciones bien diferenciadas:

1. Una caja de texto donde escribir el mensaje (que, como ya hemos comentado, no debe superar los 140 caracteres).

2. Un botón para subir o publicar la micro-entrada.

3. Un área donde se muestran las últimas entradas originadas desde Facebook y que se han cargado en Twitter.

Figura 17.7. *Las aplicaciones Facebook que sirven para actualizar una cuenta Twitter suelen ser muy sencillas.*

Marcadores sociales

Los marcadores sociales son una forma sencilla y popular de almacenar, clasificar y compartir enlaces en Internet. Además de los marcadores de enlaces generales, existen servicios especializados en diferentes áreas como libros, vídeos, música, compras, mapas e incluso noticias (como es el caso de Digg).

En un sistema de marcadores sociales son los usuarios los que guardan una lista de recursos de Internet que consideran útiles.

Las listas pueden ser accesibles de forma pública o de forma privada, así otras personas con intereses similares serán capaces de ver los enlaces por categorías o etiquetas. Las etiquetas (*tags*) son palabras asignadas por los usuarios, relacionadas con el recurso almacenado.

Figura 17.8. *Los marcadores sociales son una forma sencilla y popular de almacenar, clasificar y compartir enlaces en Internet.*

Delicious

Delicious (`http://delicious.com/`) es un gestor *on-line* de favoritos donde cada usuario almacena, clasifica y comparte los enlaces de su interés. Permite agregar los marcadores que clásicamente se guardaban en los navegadores, y categorizarlos con un sistema de etiquetado denominado folcsonomías.

> **Nota:** *La folcsonomía es una indexación social, es decir, la clasificación colaborativa por medio de etiquetas simples. Se trata de una práctica que se produce en entornos de herramientas sociales cuyos mejores exponentes son los sitios para compartir.*

Esta herramienta se puede aplicar perfectamente para el uso cotidiano de la navegación por Internet. Por ello, es aconsejable descargarse los botones o barras de herramientas de esta aplicación compatibles con los navegadores, y así, cada vez que se encuentre un sitio de interés, se tendrá la opción de guardarlo directamente en los favoritos de Delicious.

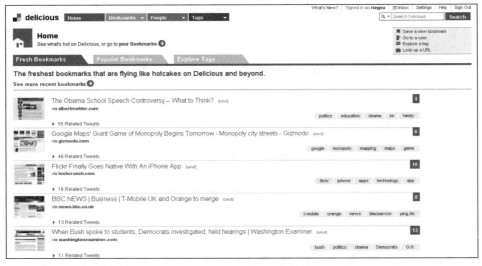

Figura 17.9. *Delicious es un gestor on-line de favoritos donde cada usuario almacena, clasifica y comparte los enlaces de su interés.*

Para comunicar Facebook con este gestor *on-line* de favoritos se puede utilizar la aplicación externa denominada "My del.icio.us", cuyo uso es muy sencillo. Hay que hacer lo siguiente:

1. Indicar primero el nombre de usuario que se tiene asignado a la cuenta de Delicious.

2. Apuntar, mediante su etiqueta, la carpeta de favoritos de donde se van a compartir (si se deja en blanco se utilizarán todos los *bookmarks*).

3. Escribir el número de enlaces que se desean compartir (el máximo es 25).

4. Indicar ahora si se desea que se muestren las notas y las etiquetas de las direcciones.

5. Pulsar sobre el botón **Submit** para que se muestren los enlaces en la página que se posee en Facebook.

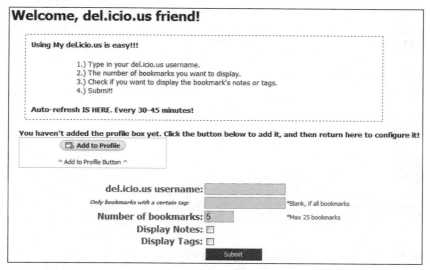

Figura 17.10. *Para comunicar Facebook con Delicius se puede utilizar la aplicación externa denominada "My del.icio.us", cuyo uso es muy sencillo.*

Digg

Digg (http://digg.com/) es una herramienta 2.0 que recopila noticias. Su mecánica es la de una comunidad: unos usuarios recomiendan una noticia y otros la califican.

En cuanto a su método de funcionamiento, éste es a través de rangos, es decir, todas las noticias se muestran jerárquicamente, y aquellas que reciben más votos se muestran primero.

En lo que se refiere a la "colaboración" entre Digg y Facebook, ésta no se hace a través de una aplicación externa, sino mediante Facebook Connect, el gestor de identidades y de conexiones de Facebook. Esto quiere decir, que se trata de un sistema que permite a los usuarios no registrados en Digg conectarse con sus datos de Facebook, y a los usuarios de Digg conectar su cuenta con Facebook. Puesto que Facebook Connect está ligado con ambas redes, los usuarios pueden mandar contenido de Digg directamente a Facebook. Pongamos un ejemplo:

Figura 17.11. *Mediante la herramienta 2.0 Digg es posible recopilar noticias, para que otros miembros de la comunidad las recomienden y las califiquen.*

Justo en el momento en el que alguien se registre en Digg e intente acceder a su cuenta, aparecerá un cuadro donde se ofrece la posibilidad, mediante dos botones, de entrar a ella, bien por Digg, bien por Facebook. En el caso de que se elija la segunda opción, y se haga clic sobre el botón de Facebook, aparecerá un nuevo botón, denominado **Connect with Facebook**. Una vez pulsado, se solicitará autorización para obtener los datos del usuario y, posteriormente, abrirá su cuenta Digg lista para publicar diggs, comentarios y demás datos en Facebook, además de poder invitar a los contactos de la red social que se quiera a Digg.

Figura 17.12. *La colaboración entre Digg y Facebook no se lleva a cabo mediante una aplicación externa, sino mediante Facebook Connect.*

Flickr

Flickr (`http://www.flickr.com/`) es un sistema de gestión de fotografías y vídeos *on-line* que combina las funciones tradicionales de un archivo digital (es decir, clasifica los archivos por categorías, permite escribir perfiles del autor y también enviar las imágenes o vídeos por correo electrónico con comentarios añadidos) con algunas herramientas más propias de los programas de tratamiento digital de imágenes (como pueden ser los mosaicos temáticos o la selección de zonas sensibles en las fotos).

Figura 17.13. Flickr es un sistema de gestión de fotografías y vídeos on-line que combina las funciones tradicionales de un archivo digital con algunas herramientas más propias de los programas de tratamiento digital de imágenes.

Mi Flickr en Facebook

Cuando uno posee una cuenta en Flickr y se dispone a entrar a ella a través de Facebook, lo primero que va a tener que hacer es autentificar dicha cuenta. Posteriormente, ya podrá realizar una búsqueda sencilla de las fotos que desea integrar en Facebook, usando las palabras clave de su descripción y título o mediante las etiquetas que posea.

Esta aplicación (myFlickr) también cuenta con un tipo de búsqueda más avanzada donde es posible limitar la exploración mediante restricciones tipo: identificación del usuario que ha subido la foto, indicando los grupos donde puede estar, por rango de fechas o por nivel de seguridad de la misma; si es pública, privada, visible únicamente para amigos o familiares, o para ambos.

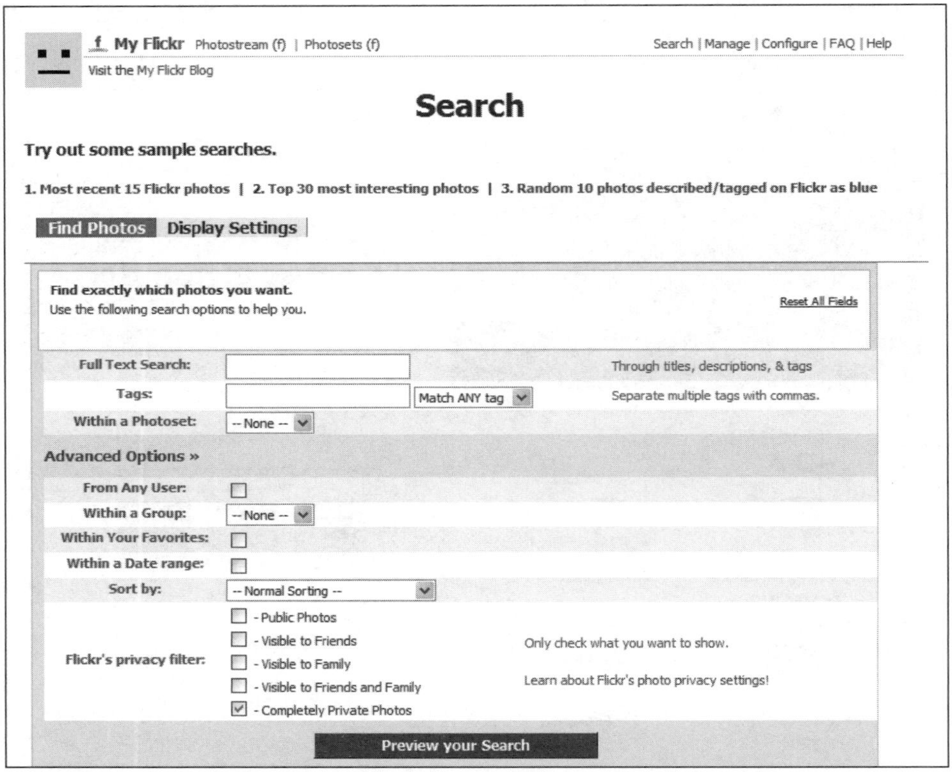

Figura 17.14. *La aplicación externa myFlickr dispone de una búsqueda más avanzada donde es posible restringir la exploración mediante una serie de condiciones.*

YouTube

YouTube (`http://www.youtube.com/`) es la Web 2.0 líder de vídeo *on-line*. Cuenta con un valor añadido, y es que permite cargar y compartir de forma muy sencilla vídeo clips, además de facilitar la creación de "canales" temáticos específicos. Esto quiere decir, que se puede emplear dicha herramienta para generar una comunicación visual con clientes/consumidores, medios de comunicación y otras audiencias claves.

Figura 17.15. *YouTube es la Web 2.0 líder de vídeo on-line. Se trata de una herramienta que permite cargar y compartir, de forma muy sencilla, vídeo clips, además de crear canales temáticos de contenido específico.*

Este canal de comunicación, además de poder exhibir vídeos corporativos y de producto (o ejemplos de trabajos realizados...), va a permitir interactuar al usuario con el producto, ya que le facilita la introducción de comentarios sobre el contenido de los vídeos, y también le ofrece la opción de compartir el canal con otros usuarios interesados en la misma temática.

YouTube mantiene una logística que permite localizar cualquier vídeo por medio de las etiquetas de metadato, títulos y descripciones que los usuarios asignan a sus vídeos.

> **Nota:** *El impacto que YouTube ha tenido en la sociedad ha sido de tal magnitud, que en noviembre del 2006 obtuvo el premio al "Invento del año" otorgado por la revista Time. Esto ha provocado que dicha herramienta 2.0 se convierta en un medio de difusión de todo tipo de fenómenos, incluyendo presentaciones de lanzamientos mundiales de un gran número de productos o campañas de publicidad de grandes marcas.*

Recomendaciones a la hora de utilizar YouTube

Si se tiene pensado utilizar YouTube de una forma profesional, recomendamos que se consulten estas cuatro sugerencias:

- **Crear una canal**. A través de un canal propio se puede mostrar y describir todo lo que realiza una gran compañía, una mediana o pequeña empresa e incluso un profesional libre. Además, cabe la opción de incluir un enlace a un sitio Web y de permitir que los usuarios dejen sus oportunas observaciones, para ser consultadas por otros.

- **Información**. Cualquier vídeo subido debe llevar su título y ser etiquetado con términos claros y descriptivos. Esto hará que los usuarios lo encuentren de una forma más fácil y que lo cataloguen dentro de una temática específica.

- **Promoción**. Es importante promover el canal o vídeos específicos desde el sitio Web propio, desde el correo electrónico o desde Facebook. La información debe llegar a cuanta más gente mejor, es decir, hay que generar audiencia.

- **Actualización**. Sin duda, esta acción es fundamental para generar tráfico.

> **Nota:** *Flickr, YouTube y SlideShare son aplicaciones 2.0 idóneas como canales de comunicación. Su metodología es la ideal para interactuar con los medios tradicionales y generar influencia en la Red. Generar, clasificar, compartir y mostrar contenido en estas herramientas es mucho más*

rápido y barato que publicarlo en una Web propia o bien enviarlo median-
te correo electrónico.

YouTube & Facebook

La conexión entre estas dos herramientas 2.0 no se realiza mediante una aplicación externa, sino, como ya hemos visto en el caso de Digg, tiene lugar mediante Facebook Connect.

1. Cuando intenta subir un vídeo desde la cuenta que uno posee en YouTube,
    se accede a una página en la que se puede observar la opción **Opciones
    de función "Compartir automáticamente"**. Dicha opción permite com-
    partir, de forma automática, la actividad en YouTube (es decir, subidas,
    favoritos, puntuaciones, etc.) con perfiles de otras redes como pueden ser:
    Facebook, Twitter y Google Reader.

2. Al pulsar por primera vez en la opción Facebook, aparecerá un cuadro de-
    nominado **Conectar con Facebook**, el cual permite compartir el conteni-
    do a través del **Muro**. Eso sí, habrá que pulsar sobre el botón **Connect**.

3. A continuación, en ese mismo cuadro, aparecerá una pregunta referente a
    si se permite o no que YouTube publique comentarios o mensajes sin pe-
    dirlo en la cuenta Facebook que se posee. Tras permitírselo, al lado de la
    opción **Facebook** aparecerá la frase "Conectado como nombre de usua-
    rio", indicando que la conexión entre las dos plataformas se ha realizado
    con éxito.

Figura 17.16. *La conexión entre YouTube y Facebook no se realiza mediante*
una aplicación externa, sino a través de la herramienta Facebook Connect.

Hay que tener en cuenta que los vídeos que se suban se publicarán una vez que hayan terminado de procesarse, y que los vídeos configurados como privados no se publicarán. Todas las demás acciones (favoritos, puntaciones, comentarios, etc.) se publicarán en breve en Facebook, una vez que se haya realizado la acción en YouTube.

Nota: *En el momento que se desee, se pueden desconectar las cuentas de Facebook y YouTube. Para ello, cuando se intente subir un vídeo, aparecerá la opción de* Desconectar cuentas.

18. Conectar con la realidad: Blog externos y RSS

Los medios sociales tales como Facebook, además de retroalimentarse mediante el contenido generado por sus usuarios, siempre están pendientes de la posible externalización de parte de ese contenido, así como de la integración de nuevo realizado a través de otra herramienta 2.0 (como hemos visto en el capítulo anterior). Por eso, dentro de su filosofía se encuentra la posibilidad de utilización de fuentes externas, como las entradas a los *blogs* o bien el sistema de suscripción y sindicación RSS.

Blog: Qué lo distingue de cualquier otro tipo de sitio Web

Un *blog* es una publicación *on-line* con mensajes, artículos o reseñas mostradas con una cierta periodicidad, y que son presentadas en orden cronológico inverso, es decir, lo último que se ha añadido es lo primero que aparece en la pantalla.

Es muy habitual que dispongan de una lista de enlaces a otros *blogs* (en algunos sitios denominada *blogroll*) y suelen contar con un sistema de comentarios que permiten a los lectores establecer una conversación con el autor y entre ellos acerca de lo publicado.

Es propio de los *blogs* hacer un uso intensivo de los enlaces a otros *blogs* y páginas para ampliar información, citar fuentes o hacer notar que se continúa con un tema que empezó otro espacio.

Las características más comunes de un *blog* sencillo son:

- Nada complicado de configurar.

- No se requiere un gran conocimiento técnico.

- De fácil publicación.

- Interfaz de uso sencillo.

- Entradas mostradas nada más ser realizadas.

- Capacidad de suscripción y sindicación vía RSS.

Nota: *A nivel empresarial o profesional se debe tener en cuenta que si el contenido de un* blog *es bueno, se tiene una gran oportunidad para ganar prestigio dentro de la Red.*

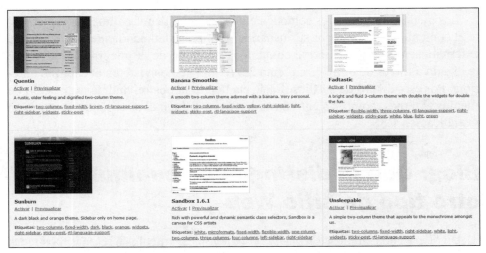

Figura 18.1. *Aplicaciones 2.0 como WordPress permiten disponer de un blog en cuestión de segundos.*

Importar notas desde un blog externo

Si se dispone de una bitácora y se desea que sus entradas queden reflejadas en la cuenta Facebook de que se dispone, no va a ser necesario utilizar los típicos atajos de teclado **Control-C** y **Control-V** (**Copiar** y **Pegar**). Facebook dispone de las herramientas necesarias para importar de forma rápida y sencilla las entradas de cualquier *blog* externo.

Figura 18.2. *Aspecto de un blog realizado con WordPress con dos entradas.*

Para importar entradas de un *blog* externo a la cuenta Facebook, hay que realizar los siguientes pasos:

1. En la página Notas, se debe seleccionar el enlace Importar un blog (se encuentra en la parte derecha de la página, dentro del cuadro Configuración de las notas.

Figura 18.3. *La opción Importar un blog permite introducir la dirección Web del blog que se va a importar.*

2. En la página que aparece a continuación, denominada Importar un blog, hay que utilizar el cuadro de texto Dirección de la página:, para escribir o pegar la dirección Web del *blog*.

3. Ahora, es necesario activar la casilla de selección que indica que introduciendo la URL se demuestra que se tiene derecho a permitir a Facebook reproducir dicho contenido en el sitio de Facebook, y que el contenido no es obsceno o ilegal.

4. Para finalizar el proceso, tan sólo hay que pulsar sobre el botón **Empezar a Importar**.

Cuando Facebook haya importado las entradas, éstas se mostrarán en una vista previa, y si se confirma dicha importación, Facebook comprobará cada dos horas si se han realizado nuevas publicaciones. En el caso de ser así, se añadirán a la pestaña Notas. Se debe tener en cuenta que las entradas importadas del *blog* no se pueden editar en Facebook, pero sí eliminarlas o compartirlas. Por otro lado, en la parte inferior de cada nota importada desde un *blog* aparecerá, junto a las opciones Comentar y Me gusta, el enlace Ver la publicación original, el cual permite, a quien lo pulse, acceder al *blog* del que procede la entrada.

Figura 18.4. *Tras pulsar el botón Empezar a Importar, Facebook comenzará a integrar las entadas en la página.*

Una vez se haya realizado la primera importación, el enlace anteriormente llamado Importar gun blog, pasará a denominarse Editar la configuración de importación, y permitirá detener dicha acción.

Figura 18.5. *Aspecto de las dos entradas del blog integradas en las Notas de una página de Facebook.*

> **Nota:** *Si se importan demasiadas entradas de un* blog *en un día, puede que Facebook impida escribir o importar nuevas notas, o incluso podría ocasionar que la cuenta fuese deshabilitada.*

RSS

La suscripción o bien la sindicación a notas de otros usuarios o de páginas de Facebook se realiza a través del sistema RSS.

RSS (*Rich Site Summary* y *Really Simple Syndication*) es una familia de formatos de fuentes Web codificados en XML. Se utiliza para suministrar a suscriptores la información que se actualiza con frecuencia. El formato permite distribuir contenido sin necesidad de un navegador, utilizando un *software* diseñado para leer estos contenidos RSS (agregador). A pesar de eso, es posible usar el mismo navegador para ver los contenidos RSS.

Figura 18.6. *El sistema RSS se utiliza para suministrar a suscriptores la información que se actualiza con frecuencia.*

Nota: *Las últimas versiones de los principales navegadores permiten leer los RSS sin necesidad de* software *adicional.*

Esta fuente Web es un formato de texto, estándar y público, que sirve para distribuir titulares y contenidos por Internet de una forma totalmente automatizada. Su función es la de mostrar un sumario o índice con los contenidos y reseñas que se han publicado en un sitio Web, sin necesidad siquiera de entrar a él.

Suscribirse a notas de Facebook

Tener una suscripción a las notas de una página de Facebook no significa que se vaya a disponer de una mayor información, sólo se va a facilitar el acceso a dicha información, ya que va a estar clasificada y organizada en una única página, con su correspondiente titular y descripción. Además, no sería necesario acceder a ellas a través de la cuenta de Facebook, bastaría con acceder al administrador de fuentes Web del navegador que se esté utilizando.

Para suscribirse, hay que llevar a cabo los siguientes pasos:

1. Una vez consultada la pestaña **Notas** de la página de Facebook a la que uno se desea suscribir, tan sólo hay que buscar la opción Suscríbete a estas notas y hacer clic sobre el enlace situado justo debajo.

Figura 18.7. *La pestaña de notas de una página de Facebook dispone de la posibilidad de suscribirse a ellas mediante el sistema RSS.*

2. Si el navegador empleado es Internet Explorer, aparecerá el cuadro de diálogo Suscribirse a esta fuente donde se informa de que la suscripción

se agregará de forma automática al Centro de favoritos y se actualizará de forma periódica. En este mismo cuadro se podrá variar el nombre de la fuente Web, indicar la carpeta donde se prefiere que queden almacenadas y, por último, pulsar sobre el botón **Suscribirse** para finalizar con la operación.

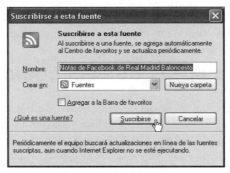

Figura 18.8. *Dependiendo del navegador que se use, el aspecto del cuadro de diálogo de suscripciones variará. Éste es el aspecto del cuadro de Internet Explorer.*

Una vez suscrito correctamente a la fuente Web, cada vez que se desee acceder a ella, mediante el navegador Internet Explorer, deberá usar la pestaña Fuentes de la barra del Explorador. Con la página de la fuente Web cargada en el navegador, si se desea configurar sus propiedades habrá que pulsar sobre Ver propiedades de la fuente. En el cuadro de diálogo que aparecerá será posible cambiar el nombre a la fuente, especificar la frecuencia de actualización y establecer el número máximo de actualizaciones que se desean guardar de la fuente Web.

Nota: *En el navegador Internet Explorer, la suscripción a una fuente Web también se puede agregar a la barra de Favoritos.*

Figura 18.9. *Una vez suscrito a la fuente Web, cada vez que se desee acceder a ella mediante el navegador Internet Explorer, se utilizará la pestaña Fuentes de la barra del Explorador.*

19. Aprovechar todas las oportunidades

Según vas conociendo la red social Facebook, te das cuenta del partido que se le puede sacar. No cabe duda de que hay que "bucear" para conseguir exprimir al máximo todas sus posibilidades.

Así, por ejemplo, vemos cómo la creación de páginas corporativas, la posibilidad de asistir a eventos, generarlos uno mismo e invitar a otros a asistir a ellos, la incorporación a unos grupos específicos... se convierten en grandes armas de marketing.

Sin olvidar, que no sólo se trata de crear un grupo o una página, sino que detrás de todo esto debe ir una estrategia bien pensada y estructurada.

Por esta razón, hay que estudiar cada posibilidad y elegir el "espacio" adecuado donde uno debe hacer acto de presencia.

Nota: Tanto unirse a un grupo, como participar en eventos, son una buena manera de acercarse a otros usuarios dentro de Facebook con intereses en común. Esto facilita "reuniones" frente a un objetivo, ideal, opinión o actividades compartidas.

Figura 19.1. *Los grupos pueden organizar eventos relacionados con su actividad o temática e invitar a sus miembros.*

Cómo buscar un grupo interesante

En un capítulo anterior ya vimos cómo crear un grupo, pero aprovechar todas las oportunidades significa perder algo de tiempo, navegar, y buscar otros grupos que puedan ser interesantes, y que ya estén creados. Una de las ventajas de Facebook, a la hora de buscar grupos de interés, es que los organiza por categorías y subcategorías temáticas. Esto permite que todos los usuarios puedan acceder a una lista con todos los grupos asociados a un criterio común.

Para buscar grupos específicos se deben realizar los siguientes pasos:

1. En primer lugar, en el menú Aplicaciones, hay que pulsar sobre el botón **Grupos**.

2. Se accederá así a la página Grupos, la cual está dividida en estos dos apartados:

   • Grupos a los que tus amigos se han unido recientemente. Si se utiliza Facebook para fines profesionales, y todos los contactos que se tienen son del ámbito laboral, ver los grupos a los que pertenecen dichos usuarios puede ser de gran ayuda para decidir a qué grupos unirse y a cuáles no.

- Grupos actualizados recientemente. Muestra los grupos a los que uno se ha unido. En este apartado, podemos destacar una opción que tiene gran interés. Nos referimos a Explorar grupos, sobre la cual habrá pulsar.

Figura 19.2. *Para buscar grupos específicos, Facebook dispone de la opción Explorar grupos.*

3. A continuación, en el cuadro desplegable Mostrar se pueden ver todas las categorías. Así, una vez desplegado, y seleccionada aquella que se desee, tan sólo resta pulsar sobre el botón **Filtrar resultados**.

4. Esta primera acción provoca que ya se muestren los primeros resultados de la búsqueda, pero también que aparezca la casilla de selección Todos los subtipos, donde es posible, mediante sus categorías, reducir todavía más los criterios de búsqueda.

5. Una vez realizada esta nueva delimitación será necesario pulsar de nuevo sobre el botón **Filtrar resultados**, para ver los resultados finales.

Figura 19.3. *Facebook organiza por categorías y subcategorías temáticas todos los grupos de su red social.*

Búsqueda simple

En ocasiones no se desea buscar los grupos enclavados por categorías, sino realizar un sondeo simple. Ya sea porque se conoce el nombre exacto del grupo o se está interesado en grupos cuyos nombres tienen una palabra en concreto, lo aconsejable es utilizar la herramienta de búsqueda de la barra Facebook (nos estamos refiriendo a la barra azul, la que está situada en la parte superior de la página).

Pero ojo, no vale con escribir una palabra y pulsar sobre la tecla **Intro**. Hay que especificar los criterios de búsqueda. Para la búsqueda de grupos, por ejemplo, sobre negocios, lo mejor es escribir: grupo negocios o grupo: negocios. Si, por el contrario, se quiere acotar más la búsqueda, cabe la posibilidad de añadir otra palabra que la delimite aún más. Utilizando un ejemplo inmobiliario sería: grupo negocios inmobiliarios.

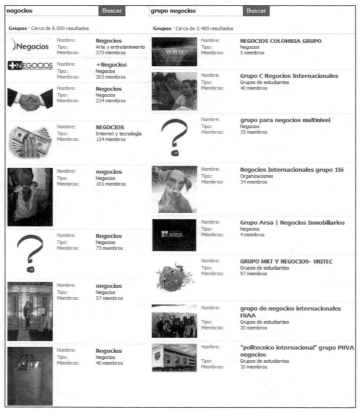

Figura 19.4. *Imagen comparativa con dos criterios de búsqueda;*
uno general y otro más específico.

Realizando las cuatro búsquedas simples que mostramos a continuación, se verá la diferencia claramente. ¿Por qué no hacer la prueba?

- negocios.

- grupo negocios.

- grupo negocios inmobiliarios.

- "grupo de negocios".

Figura 19.5. Muestra de una búsqueda más acotada y otra de palabras exactas.

Nota: *Otra opción consiste en usar el directorio para grupos de Facebook:* `http://www.facebook.com/directory/groups/`*. Éste se puede emplear para buscar grupos por orden alfabético.*

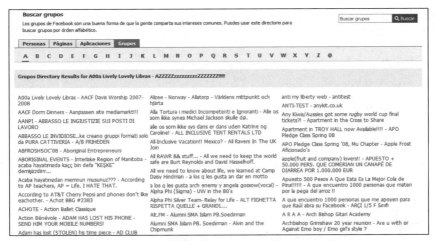

Figura 19.6. *Aspecto del directorio de Grupos de Facebook, donde están ordenados alfabéticamente.*

Unirse a un grupo

Una vez encontrado el grupo al que uno se desea unir, con la opción búsqueda, si pulsa en su nombre puede visualizar la información del mismo. Ésta será la básica y la de contacto, pero en la columna de la derecha, justo debajo de la imagen del grupo, dispondrá de otro tipo de información. Como, por ejemplo, el tipo de grupo que es y quién puede unirse a él, además del nombre del administrador y la posibilidad de ver su perfil, y si tuviera grupos relacionados, una lista con todos ellos y la posibilidad de acceder y unirse también a alguno de ellos. Véase la figura 19.7. Si el grupo es abierto para todo el mundo y se desea unirse a él, habrá que pulsar sobre la opción Unirse a este grupo, la cual está situada en la parte inferior de la imagen del grupo. Una vez realizado este paso, aparecerá un cuadro de diálogo que preguntará si se quiere Añadir afiliación al grupo; si la respuesta es afirmativa, hay que pulsar sobre el botón **Unirse**.

Tras esto, en el **Muro** del perfil aparecerá como actividad reciente un mensaje donde se indica que se está unido a ese grupo. Véase la figura 19.7.

> **Nota:** *Si el grupo encontrado es privado, no habrá posibilidades de unirse a él. En ese caso se necesitaría una invitación, y la admisión tendría que ser confirmada por el administrador. Cuando se accede a la información de un grupo privado, en vez de la opción Unirse a este grupo, aparece la opción Solicitar unirse a este grupo.*

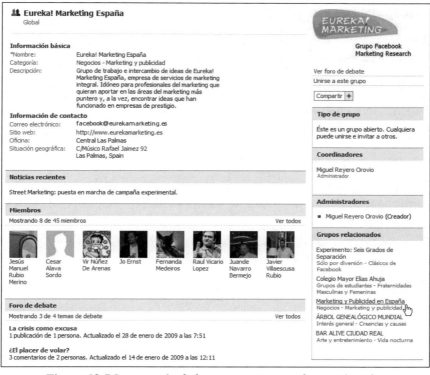

Figura 19.7 *La mayoría de los grupos tienen información sobre otros grupos relacionados con su perfil. Esto puede servir de gran ayuda para dar con el grupo idóneo.*

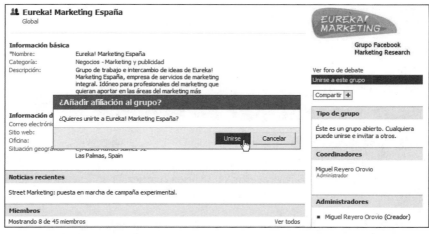

Figura 19.8. *La afiliación a un grupo abierto es realmente sencilla.*

Participar en un grupo

Si se es miembro de un grupo, dependiendo de la configuración dispuesta por los administradores, se podrán hacer ciertas actividades:

* Añadir fotos, vídeos y enlaces a la página de perfil del grupo.

* Participar en el foro de debate abierto en ese grupo.

* Escribir en el **Muro**.

* Invitar a alguien a ser parte del grupo.

En muchas ocasiones, los grupos se usan más para causas comunes, como son compartir conocimientos alrededor de un tema o hacer campañas específicas.

Figura 19.9. *Los grupos suelen integrar foros de debate donde es posible discutir sobre numerosos temas de interés.*

Buscar y participar en eventos profesionales

Al igual que ocurre con la creación de grupos o páginas en Facebook, también se organizan miles de eventos al día. Existen de tres tipos:

* **Públicos**. Cualquier usuario de la red social puede ver la información del evento y agregarse a la lista de invitados.

- **Privados**. Cualquier miembro de Facebook puede consultar la información del evento, pero no puede agregarse a no ser que haya sido invitado o solicite una invitación cuya respuesta sea favorable.

- **Secretos**. Sólo los usuarios que reciban una invitación podrán acceder a este tipo de eventos.

No debe sorprender encontrar un evento promovido por un grupo. En este caso, el administrador del grupo también lo es del evento. De todas formas, para que un evento aparezca en la sección **Eventos** de un grupo, éste último deberá haber sido establecido como anfitrión.

> *Nota: ¡Ojo! En el caso de que el grupo al que se ha decidido pertenecer cuente con más de 1000 miembros, la posibilidad de invitarlos a un evento promovido por el propio grupo desaparecerá. La opción de **Invitar a miembros** no estará disponible.*

Encontrar un evento

La primera acción requerida para encontrar un evento en el que se pueda estar interesado es pulsar sobre el botón **Eventos** de la **Barra de Aplicaciones** y, a continuación:

1. En el cuadro de búsqueda de la página **Eventos** (Buscar eventos), escribir el nombre del evento o las palabras relacionas con el evento que se desea encontrar.

2. Una vez hecho esto, pulsar sobre la tecla **Intro**.

Figura 19.10. *Al igual que ocurre con los grupos, los usuarios y las páginas, los eventos también se pueden buscar.*

3. En la lista de resultados de la búsqueda aparecerán los eventos que contengan la palabra o palabras que se introdujeron en el cuadro de texto. Lo cierto es que se podría confirmar la asistencia desde esa misma lista, ya que cada "resultado" cuenta con un botón **Confirmar asistencia**. Al pulsar sobre él aparecería un cuadro de diálogo que invita a seleccionar una de estas tres opciones: Asistirá, Quizás asista o No asistirá. En el caso de que se prefiera conocer algo más sobre el evento, es mejor pulsar en **Cancelar**, y volver así a la anterior pantalla.

4. Para ver información detallada de uno de ellos, hay que pulsar sobre su nombre. Aparecerá la página del evento con datos de interés.

5. Si el evento es lo que uno esperaba, se puede confirmar la asistencia en el apartado Tu confirmación de asistencia, y si no se está seguro, siempre se puede optar por la opción Tal vez asista.

La información que ofrece la página del evento varía de uno a otro, pero, en general, suele incluir el tipo de acto de que se trata, administradores, organizadores, fecha, hora y lugar, datos de contacto, invitados confirmados (los que tal vez asistan o de los que se espera respuesta), mensajes del **Muro**, etc.

Figura 19.11. *Cuando el evento encontrado es de interés, se puede confirmar la asistencia con un simple clic de ratón.*

20. Crear una red de contactos influyentes

La red de contactos más importante del mundo es Facebook, pero eso no significa que la presencia de un profesional o una empresa con prestigio atraiga a un número de contactos cercanos y beneficiosos para sus intereses. Es sabido que conocer a la persona indicada en el momento adecuado es la clave para aprovechar muchas oportunidades profesionales.

El funcionamiento de Facebook es básico: se introducen unos cuantos datos para registrarse, y ya se puede invitar a todos los conocidos que se tenga a formar parte de la comunidad; a continuación, éstos nuevos "amigos", a su vez, invitarán a los suyos, etc.

Así se va creando una red de personas relacionadas entre sí cada vez más amplia y compleja, que podría llegar a convertirse en algo farragoso y meramente social, no profesional.

Hay que saber distinguir entre el uso profesional y social, aunque para el mundo de los negocios tiene la misma ventaja que para el ocio y la diversión: siempre permite ver cómo se está conectado a otras personas a través de los contactos propios.

No obstante, lo habitual es que cada usuario establezca cuáles son los límites para contactarse con los demás:

- Por un dado, podría parecer más lógico funcionar de forma cerrada, es decir, sólo permitir las relaciones con los contactos propios, y no con los "amigos" de esos contactos. Pues un gran número de enlaces posibles (conocidos de conocidos de conocidos...) proporcionan una red amplia, pero su funcionalidad puede perder cierta eficacia.

- Otro método sería trabajar de forma abierta, es decir, permitiendo contactar con todos los usuarios de la red. Esta forma se vería como un instrumento muy eficaz a la hora de ampliar la propia agenda de contactos.

De cualquier forma o método, generar contactos mediante Facebook tiene dos ventajas:

1. La rapidez para comunicarse con los contactos.

2. La posibilidad de segmentar dichos contactos en función de los intereses profesionales de cada uno de ellos.

> **Nota:** *La desconfianza hacia esta forma de hacer contactos es, todavía, una barrera a la hora de sacar todo el provecho posible a una red social. Por eso, algunos grupos organizan eventos y encuentros profesionales cara a cara entre sus miembros.*

Las buenas relaciones, clave del éxito

A la hora de cambiar de trabajo, encontrar un socio o buscar un asesor financiero, coger el móvil o abrir el gestor de correo electrónico, para usar su agenda de contactos y encontrar un conocido que sea un profesional de esas áreas o que conozca a la persona indicada, no será nada útil. La mayoría de personas no dispone de una red de contactos muy amplia y, por supuesto, menos con contactos que abarquen todos los sectores que en un momento u otro de la vida se necesitan. Esto significa que seguramente convenga ampliar y mejorar la red de contactos, algo fundamental para tener acceso a muchas oportunidades profesionales, y donde Facebook puede echar una mano.

Si nos fijamos, por ejemplo, en cómo se consiguen los puestos de trabajo, nos daremos cuenta de que quienes recurren a sus conocidos están accediendo a un volumen de puestos mucho mayor, puesto que sólo el 20% de los empleos disponibles se anuncian. La mayoría de las empresas ofertan un puesto de trabajo cuando en su entorno inmediato se ha agotado la vía de poder contratar a alguien de forma directa. Y la misma regla se aplica para la mayoría de las necesidades profesionales; en las relaciones comerciales, está demostrado que las posibilidades de éxito de una venta son inferiores si se va a "puerta fría" que si te introduce alguien de confianza.

Figura 20.1. *Muchas empresas ofertan un puesto de trabajo cuando en su entorno inmediato se ha agotado la vía de contratar a alguien directamente. Es en este caso, cuando entran en juego las entrevistas de trabajo, los métodos de selección de personal, etc.*

Así vemos, que en muchos casos, los contactos profesionales determinan más el éxito que las propias capacidades. Por eso, hoy por hoy es fundamental aprender a hacer *networking*, que no es otra cosa que saber utilizar los contactos para acceder a personas que no forman parte del círculo más inmediato. Aunque no se haga de una forma sistematizada, todo el mundo utiliza sus contactos cuando necesita que le abran alguna puerta.

Si se quiere estar bien relacionado, hay que recordar que la eficacia de una red de contactos no depende de su número, sino de las puertas que puedan abrir. Es decir, no se trata tanto de conocer al mayor número de personas, como de poder acceder a las más adecuadas en un momento dado.

Algunas personas sienten cierto pudor ante la idea de crear relaciones de interés. Piensan, con razón, que es bastante evidente cuándo alguien se acerca a los demás por interés. Pero los expertos en el tema distinguen entre buscar relaciones por interés y generar relaciones de interés mutuo. Y en ese caso el *networking* tiene como base un principio de reciprocidad: se debe estar dispuesto a brindar ayuda a los demás, de la misma forma que a pedir.

Si se entienden los contactos desde este punto de vista, el miedo a acercarse a personas que puedan ayudar desaparece, ya que la relación se establece en términos de igualdad. No hay nadie que esté bien relacionado, que se esté beneficiando de los demás.

> *Nota: Hay que tener en cuenta que utilizar los contactos no es sinónimo de tener carta blanca para pedir favores a diestro y siniestro. Esto genera malas sensaciones y seguramente provocaría una perdida considerable de "amigos".*

Ideas fundamentales para crear una buena red de contactos

Crear una buena red de contactos requiere tiempo y diligencia. Al principio, puede parecer que esa perdida de tiempo no va a aportar nada, pero con la práctica, ampliarla pasará a ser un hábito y no exigirá apenas esfuerzo estar en contacto con los miembros de esa red. A continuación mostramos algunos consejos para crear una buena red de contactos:

- **Descubrir la esfera de influencia**. Hay que intentar determinar el círculo de personas sobre las que se puede ejercer un control o una influencia amigable con más o menos facilidad. Para ello, es importante realizar una lista de todas las personas que se conocen: familia, amigos, antiguos compañeros de colegio, universidad, de trabajo, etc.

- **Clasificar los contactos y los posibles por grupos**. La primera clasificación vendría marcada por la confianza. Por ejemplo, se podría hablar de dos grupos:

  1. En un primer grupo habría que incluir a aquellas personas que con toda seguridad le recomendarían a uno en un momento dado; seguramente sean los conocidos más cercanos.

  2. En un segundo grupo aparecerían aquellos que podrían hacerlo si se diera el caso, siempre y cuando se les demostrase que se es digno de dicha confianza. La idea consiste en que a las personas de este grupo hay

que "trabajárselas" más, es decir, se debe intentar conocer más cosas sobre ellas y aumentar su confianza, para que pasen a formar parte del grupo más cercano.

- **Generar trascendencia**. Una vez que se es consciente de cuántos contactos se dispone, hay que buscar la forma de ayudarles o de ofrecerles algo. El objetivo es que sean conscientes del valor que uno tiene y demostrarles que pueden depositar toda su confianza.

- **Intentar mantener el contacto con todos**. El objetivo de diseñar una red de contactos no es otro que mantener de forma continua la relación con todos ellos.

Nota: Una buena red de contactos no se puede limitar únicamente a las personas conocidas, es necesario incluir también a los conocidos de los conocidos.

¿Quién interesa como contacto?

La mayoría de los expertos recomiendan no ser excesivamente selectivo con las personas con las que se va contactando, ya que nunca se puede saber a quién se va a necesitar y cuándo. No obstante, se pueden seguir ciertas pautas para construir un grupo de "amigos" más valioso:

- **Aprender a detectar a las personas con conexiones**. Estas personas son claves para poder contar con una amplia red de contactos. Su "apariencia" es la de una persona que se mueve por muchos ambientes y muy distintos, que conserva los contactos de aquellos que conoce, que contacta con la gente para aconsejarles algo que ha visto o una información que podría ser útil, o que insiste para que varias personas se conozcan entre sí, para prestarse ayuda mutuamente.

- **Los contactos que basan sus relaciones en ofrecer continuamente algo a los demás**. Esto genera una gran confianza entre sus conocidos, por lo que nunca se les debe negar un favor.

- **Contactos que se mueven en grupos muy cerrados**. Las personas que se mueven en círculos muy cerrados también pueden convertirse en contactos muy valiosos. En algunos círculos especializados o bastante limitados, ellos serán los únicos que proporcionen un acceso, que de otra forma jamás se conseguiría.

Nota: *Hasta uno mismo puede interesar como contacto, si aprende a reali-zar conexiones y pone en contacto a dos personas con intereses en común, ya que así pasaría a convertirse en un nexo con un valor importante para ellos y, posiblemente, para todos aquellos contactos que puedan participar indirectamente en dicha conexión.*

La importancia de las recomendaciones

Todo el mundo sabe que un cliente satisfecho, más tarde o más temprano, co-mentará a toda su red de conocidos la forma de trabajar de la empresa o profe-sional que le ha dejado así.

Este comentario altruista puede servir para facilitar que personas de su círcu-lo se pongan en contacto con dicha empresa o profesional, con el fin de solicitar sus productos o servicios.

Pero para conseguir recomendaciones de forma más directa, hay dos posibles caminos:

- El más rápido es pedir directamente a otros que nos recomienden: no hay que dudar en utilizar esta estrategia con las personas con las que se tenga más confianza. En la mayoría de las relaciones profesionales, conseguir la recomendación de las personas con las que se tiene un trato directo es clave para conseguir un contrato u un acuerdo comercial.

- La forma más sutil de conseguir recomendaciones es sembrar relaciones de confianza con quienes puedan hacer de puente. No hay que olvidar que comunicarse con los contactos, es decir, estar ahí, significa que se acuer-den de uno cuando surja cualquier oportunidad en el futuro.

Consejos para crear y mejorar una red de contactos

Recurrir a contactos profesionales es una práctica muy utilizada en algunos sectores del mundo de los negocios.

Pero el problema es que muchos profesionales no se pueden permitir confiar en su propia red de contactos, por lo que la perspectiva de utilizarla en su propio beneficio puede resultar algo inconcebible.

Por esta razón, si se desea mejorar esa red de contactos, para así tener una ma-yor seguridad, se pueden seguir estos consejos:

- **Fijar objetivos**. Lo primero que se debe hacer es establecer las razones por las que se quiere crear una red de contactos. No es lo mismo buscar socios, que inversión, que colaboradores externos. Realizar un análisis detallado es muy importante, porque como ocurre en muchas decisiones, saber hacia dónde se va y qué se quiere conseguir, es vital.

- **Estudiar quiénes pueden formar parte de la red**. Una vez que se han definido los objetivos, hay que establecer con quién se desea entrar en contacto. Los primeros nombres deben ser gente conocida y cercana. Luego, habrá que profundizar agregando los datos de contactos que, por su posición social o corporativa, deberían estar en la red.

- **Aprender a presentarse**. Hay que intentar reflejar la presentación mediante un guión para darse a conocer, tanto verbalmente como por escrito, pues es muy posible que muchos contactos le recuerden a uno por cómo se presentó.

- **El "influjo" de la primera impresión**. Los "teóricos" piensan que se tiene entre 20 y 30 segundos para causar una buena primera impresión en una persona. Este dato puede ser útil cuando uno se presenta a una entrevista de trabajo, visita a un cliente o asiste a un encuentro social. Por supuesto, ni que decir tiene que hay que cuidar el vestuario y la forma de saludar. En Internet esto se traduce en escribir de forma correcta, sin mayúsculas ni faltas de ortografía, y de forma precisa: se debe decir quién se es y qué se quiere en pocas palabras.

- **Meditar sobre lo que se va a hablar**. Hay que estar muy preparado para participar en conversaciones en la que, quizás, no se es experto. Se trata de algo necesario puesto que es imposible que uno marque el tema en cada grupo.

- **Hay que "escuchar" más de lo que se "habla"**. Hay que vencer las ganas que se tienen de aprovechar cada momento para decir quién se es, qué se hace, con quién..., o se corre el riesgo de parecer pretencioso. Se debe "escuchar" con atención las opiniones y comentarios de los contactos, es la mejor manera de conservarlos. Si no se conoce a qué se dedica cada contacto o qué temas le interesan, es difícil que uno pueda acercarse con veracidad y seguridad.

Errores a evitar

Aunque la necesidad de crear, ampliar o utilizar una red de contactos sea imperiosa, hay diversos aspectos que se deben evitar:

- **Poner a los demás en un compromiso**. Cuando se van a utilizar los contactos para pedir favores, no se debe hacer con exigencias. Una petición siempre es mejor recibida "si al pedir el favor", se deja siempre una salida al interlocutor. Si se obliga a otro a hacer algo que no quiere hacer, se perderá su confianza.

- **Demostrar desesperación**. Nunca hay que dejar ver a los demás que se está desesperado por conseguir un puesto de trabajo, un acuerdo comercial o bien un socio inversor. Esto siempre le coloca a uno en una posición de desventaja a la hora de intercambiar favores.

- **Prometer algo que no se pueda cumplir**. Hay que tener en cuenta que las relaciones se basan en la confianza mutua. Si uno se gana la fama de una persona que no cumple su palabra, perderá la credibilidad y la capacidad para hacer nuevos contactos.

- **Olvidar a los contactos de los que se ha recibido ayuda**. Uno nunca debe olvidar agradecer con un comentario, mensaje o bien regalo cualquier favor o recomendación. Tampoco tiene que dejar de lado a esas personas una vez transcurrido un tiempo. Para conservar los contactos hay que estar dispuesto a responder, en la medida que sea posible, cuando los demás necesiten algo.

- **Hacer que alguien se sienta menospreciado**. De la misma manera que un contacto puede proporcionar nuevos contactos, y ser de gran ayuda, tratarlo mal puede cerrar muchas puertas. No importa de quién se trate. Cuando algún contacto pida algo, uno se debe esforzar para que éste no se sienta ni menospreciado, ni poco importante.

Las redes de Facebook

Facebook está compuesto por muchas redes, cada una de ellas basada en sectores laborales, geográficos, docentes o simplemente en grupos de personas que tienen algo en común.

Cuando uno se une a una red determinada, se conecta con otros usuarios con iguales o similares inquietudes o necesidades.

A nivel profesional hay miles de ejemplos: desde compañeros de trabajo que necesitan una comunicación fluida (al no encontrarse en el mismo ámbito geográfico), hasta un profesional que busca socios o colaboradores mediante antiguos compañeros de facultad.

Cómo unirse a una red

Para encontrar una red de Facebook, y posteriormente unirse a ella, hay que realizar los siguientes pasos:

1. Una vez registrado y con Facebook activo, hay que colocar el cursor en la opción Configuración y, a continuación, pulsar sobre Configuración de la cuenta. Véase la figura 20.2.

2. En la página Mi cuenta, hay que hacer clic sobre la pestaña Redes, para activarla y poder ver sus opciones.

3. En esta pestaña aparece información sobre las redes a las que se está adscrito. Hay que fijarse en la zona Unirse a una red, que dispone de un cuadro de texto llamado Nombre de la red. Pues bien, dicho campo se usará para escribir la palabra que defina a la red que se está buscando para unirse. Por ejemplo, si se es trabajador de una empresa, hay que empezar escribiendo el nombre de la compañía; eso sí, en caso de que la red ya exista, antes de poder unirse, Facebook notificará que para formar parte de ella, es necesario introducir la dirección de correo electrónico del trabajo. Si con quien se desea contactar es con antiguos compañeros de Universidad se deberá escribir el nombre de dicho centro. Véase la figura 20.3.

4. Una vez encontrada la red de la que se quiere formar parte, habrá que pulsar sobre el botón **Unirse a la Red**.

Al unirse a una red, en la pestaña Redes aparecerá la información de la misma indicando el número de miembros que posee, así como la posibilidad de darse de baja (**Abandonar esta red**). Al dejar una red se eliminará de todos los grupos y eventos a los que uno se haya podido unir o los que se haya creado.

Figura 20.2. *Mediante la opción Configuración de la cuenta*
se podrá acceder a la pestaña Redes.

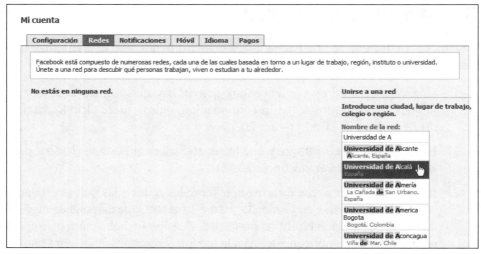

Figura 20.3. *El campo de texto Nombre de la red permite*
escribir la palabra o palabras que definen la red.

Nota: *Las redes pueden ser un buen comienzo para consolidar una red de contactos. Partiendo de "viejos amigos" se puede llegar a aquellos contactos a los que realmente se quería conocer. Además de las redes, que en definitiva son comunidades muy genéricas, con Facebook existe otra forma de intentar comunicarse de forma más profesional, estamos hablando de Grupos temáticos. Este elemento, ya comentado en los capítulos 8, 11 y 19, puede servir mejor para cuestiones más específicas que las redes, como, por ejemplo, reunir a profesionales de un sector específico, a proveedores de una misma compañía o a futuros consumidores de un producto.*

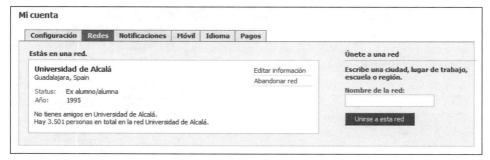

Figura 20.4. *En la pestaña Redes se puede ver la información*
de la red o redes a las que uno se ha unido.

21. Aprovechar las posibilidades de colaboración y gestionar equipos de trabajo

La utilización de todas las herramientas que ofrece Internet ha pasado de ser una acción meramente realizada para recibir información cerrada, producida por personas autorizadas y con una mínima capacidad de retorno o discusión, a la interacción entre usuarios o grupos de personas que producen información abierta usando la Web como plataforma, es decir, se ha llegado, sin siquiera saberlo, a la Web 2.0.

Por esta razón, la utilización de la Red de redes como plataforma para crear, clasificar, reutilizar y compartir contenidos está obligando a repensar, a muchas empresas y profesionales, los modelos basados en la interacción entre miembros de un mismo grupo o equipo de trabajo. Dándose cuenta de que la cooperación, como estructura de acción, representa una oportunidad para aprovechar el valor de la interacción en redes sociales en el trabajo en equipo.

Las herramientas o aplicaciones necesarias para la gestión del trabajo en equipo o la posibilidad de colaboración entre compañeros de trabajo siempre han estado presentes en la Web. Pero las numerosas facultades que aglutina Facebook, en una sola aplicación, no se habían visto hasta ahora. Creación de mensajes y mensajería instantánea, publicación de eventos, creación de grupos y foros de discusión, posibilidad de escribir notas, de compartir archivos multimedia, promoción a través de páginas independientes del perfil o anuncios sociales..., todas estas, y otras opciones más, es posible utilizarlas en Facebook para colaborar y gestionar equipos de trabajo.

Figura 21.1. *Facebook es una herramienta compuesta por numerosas aplicaciones que facilitan la gestión del trabajo en equipo.*

La redes sociales y la interacción entre miembros de un equipo de trabajo

Hay ciertos criterios para identificar y promover la cooperación en contextos virtuales. Pueden ser los siguientes:

- **Interdependencia positiva**. Esto sucede al enfocar, como propósito inequívoco de la relación, la conciencia de que el éxito personal depende del éxito del equipo. Es el factor de cohesión en torno a la meta conjunta.

- **Responsabilidad individual y de equipo**. Cada miembro del equipo asume su responsabilidad, pero a su vez hace responsables a los demás del trabajo que deben cumplir para alcanzar los objetivos comunes a todos. Es el factor que contribuye a no descuidar la parte y el todo.

- **Interacción estimuladora**. Los miembros del equipo promueven y apoyan el rendimiento óptimo de todos los integrantes a través de un conjunto de actitudes que incentivan la motivación personal, como la del conjunto. Es el factor que contribuye a crear el clima de confraternidad en torno al objetivo común.

- **Gestión interna de equipo**. Los miembros del equipo coordinan y planifican sus actividades de manera organizada y concertada a través de planes y rutinas, así como, también, a través de la división de funciones, para alcanzar la meta común de equipo. Éste es el factor necesario para un funcionamiento efectivo del equipo.

- **Evaluación interna del equipo**. El equipo valora constantemente el funcionamiento interno del propio grupo en base al logro de la meta conjunta, así como el nivel de efectividad de la participación personal en la dinámica cooperativa. Éste es el factor de calidad del desempeño.

Los grupos y el trabajo en equipo

Un grupo incluye a dos o más personas dentro de un entorno, en el cual colaboran para alcanzar un fin común. También puede orientar y resolver problemas, explotar posibilidades o alternativas de forma creativa o ejecutar planes bien elaborados.

Por otro lado, un equipo de trabajo es un grupo pequeño de personas cuyas capacidades individuales se complementan, y que se comprometen conjuntamente para una misma causa, logran metas altas, operan con una metodología común, comparten responsabilidades y gozan con todo aquello.

Esta tendencia a la reunión se fundamenta en el supuesto de que las personas participan en los grupos puesto que en ellos y mediante ellos satisfacen necesidades, en este caso laborales. La relación del individuo con el grupo no es pasiva, ya que con su participación va modificando tanto sus características como las del propio grupo.

Tipos de grupos de trabajo

Los distintos grupos o equipos de trabajo que se pueden crear son:

1. **Formales.** Se dan cuando tienen una estructura determinada, normas y estatus, y han sido organizados por una autoridad administrativa con el propósito de que cumplan con las metas de la organización.

2. **Informales.** No tienen una estructura muy definida, no cuentan con un estatus específico. Surgen de manea espontánea en alguna organización o grupo formal. Éstos se pueden formar a partir de la amistad de los integrantes o de intereses similares.

3. **De Mando.** Grupos en los cuales los integrantes comparten la responsabilidad de administrar el grupo u organización, para lograr con mayor eficacia las metas propuestas.

4. **De Tarea.** Son cuerpos o conjuntos de individuos que se forman en grupo, para plazos relativamente breves, y con tiempos especificados con anterioridad, a fin de realizar una singular serie de tareas o proyectos.

5. **De Interés.** Son grupos enfocados a la búsqueda de una meta común. Los integrantes de este tipo de grupo se ocupan de una o varias tareas conjuntamente y logran intereses particulares para cada uno.

Nota: Los grupos de discusión no son estrictamente equipos de trabajo, pero pueden realizar esta función a la hora de discutir una idea o proyecto inicial. Estos grupos suelen estudiar minuciosamente un tema que constituye su tarea u objetivo. Al iniciar la reunión de trabajo, los miembros del grupo de discusión eligen quién ocupará los roles o las funciones necesarias para la técnica de trabajo, también se da a conocer el tema y el objetivo de la discusión, así como el tiempo que se llevará trabajarlo. Traspasado a Facebook puede ser un foro de debate incluido en un Grupo (véase el apartado "Notas y foros" del capítulo 12, Añadir elementos a una página). Véase la figura 21.2.

En contacto permanente

El secreto de Facebook para la relaciones laborales o de trabajo puede ser que las mismas herramientas que permiten comunicarse a dos amigos, sirven para mantener todo tipo de contactos con compañeros de trabajo o clientes.

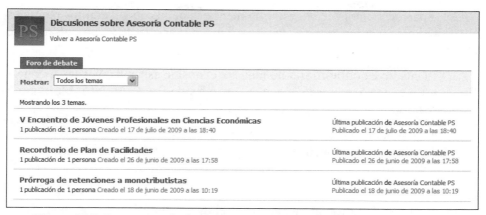

Figura 21.2. *Los grupos de discusión no son estrictamente equipos de trabajo, pero pueden realizar esta función a la hora de discutir una idea o proyecto inicial. Traspasado a Facebook puede ser un foro de debate incluido en un Grupo.*

Los mensajes

Hoy todo el mundo dispone de una dirección de correo electrónico y de un gestor que la administra. Entonces, ¿por qué utilizar Facebook?

Primero, porque esta red social, no sólo es un gestor de correo, su potencial radica en la utilización de todas sus aplicaciones y herramientas diseñadas para la comunicación, y la actualización permanente. Segundo, porque permite comunicarse con usuarios de esta plataforma y, a su vez, con personas no registradas en esta red social. Si se desea gestionar los mensajes hay que llevar a cabo los siguientes pasos:

1. Para comenzar, se debe pulsar sobre la opción Mensajes. Se encuentra situada en la parte superior de cualquier ventana de Facebook.

Figura 21.3. *Para administrar los mensajes con Facebook hay que acceder a su gestor mediante el botón Mensajes.*

2. Aparecerá entonces el gestor de mensajes de Facebook con los mensajes recibidos, si los hubiera. Para escribir un mensaje, hay que pulsar sobre Redactar.

3. El cuadro Escribir mensaje muestra el mismo aspecto que cualquier gestor de correo, con las conocidas opciones de Para, Asunto, Mensaje y Adjuntar.

   • En el cuadro de texto Para, se puede escribir el nombre de un usuario de Facebook, una dirección de correo electrónico (si el receptor no dispone de una cuenta en la red social), o seleccionar el contacto de la lista.

   • En el Asunto habría que poner el título identificativo del mensaje.

   • En el cuadro Mensaje se redactaría la comunicación en cuestión.

   • La opción Adjuntar permite completar el mensaje con archivos anexos, como pueden ser fotos (almacenadas en el propio equipo o realizadas en el momento en que se escriba el mensaje con una Webcam), vídeos (archivo grabado con la Webcam expresamente para ese mensaje) o una dirección Web en forma de enlace.

Nota: Para redactar un nuevo mensaje también se puede utilizar este camino: en la parte superior de cualquier ventana de Facebook, poner el cursor sobre la opción Mensajes y, a continuación, pulsar sobre Redactar un nuevo mensaje.

Figura 21.4. *Ventana que permite configurar un mensaje desde el gestor de correo de Facebook para su envío.*

Utilización de la Bandeja de entrada

La bandeja de entrada es el lugar donde se reciben todos los mensajes y desde donde se puede responder a ellos.

Para acceder a esta bandeja, en la parte superior de cualquier ventana de Facebook, hay que situar el cursor sobre la opción Ver bandeja de entrada. En ella se pueden visualizar todos los mensajes que haya o únicamente los no leídos. Para consultar el mensaje recibido se debe pulsar sobre su Asunto.

Responder de forma inmediata al mensaje entrante es sumamente sencillo, tan sólo hay que escribir el mensaje de vuelta en el cuadro de texto Responder y, a continuación, pulsar sobre el botón Responder.

Figura 21.5. *Responder de forma inmediata al mensaje entrante es sumamente sencillo, tan solo hay que escribir el texto y, a continuación, pulsar sobre el botón* **Responder***.*

Facebook también enviará el mensaje recibido a la cuenta de correo principal del perfil. Dicha cuenta es la que se utilizó para el registro en la red social. Esta duplicidad en los mensajes puede ser algo tedioso, por esa razón, si se desea recibir los mensajes únicamente en el gestor de correo de Facebook, hay que hacer lo siguiente: en la parte superior de cualquier ventana de Facebook, pulsar sobre Configuración. A continuación, acceder a la pestaña Notificaciones y, por último, desactivar la casilla de selección Me envíe un mensaje.

> **Nota:** *Desde el apartado Notificaciones del menú Configuración se pueden activar o desactivar todos los avisos que Facebook manda cuando se realizan acciones que tienen que ver con el perfil de cada uno.*

El chat

El Chat Facebook es la aplicación de mensajería instantánea de esta red social. La mensajería instantánea (conocida también en inglés como IM) es una forma de comunicación en tiempo real entre dos o más personas basada en texto. Es decir, es una "charla", entre dos o más usuarios, no presencial pero sí realizada en el mismo momento, ideal para una comunicación rápida y fluida, y que no necesite de otros elementos que no sean las palabras.

La interfaz del chat aparece en la parte inferior de la página, junto a la **barra de Aplicaciones**, y no requiere de ninguna descarga por parte del usuario, permitiendo las conversaciones con los contactos en el servicio y avisando de nuevos eventos provocados por aquellos contactos con los que se está conversando.

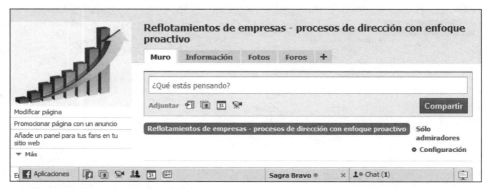

Figura 21.6. *La interfaz del chat aparece en la parte inferior de la página, junto a la barra de Aplicaciones, y no requiere de ninguna descarga por parte del usuario.*

Para iniciar una conversación con alguien a través del chat de Facebook, lo primero que hay que comprobar es si se dispone de contactos que estén activos en ese momento. Si así fuera, para enviar un mensaje de chat, tan sólo es necesario activar la ventana de Chat, escribir el mensaje y, a continuación, pulsar la tecla **Intro** del teclado.

Nota: *Se debe tener en cuenta que únicamente se pueden enviar mensajes a través del chat de Facebook a los contactos confirmados.*

Como todas las aplicaciones de Facebook, el chat también dispone de una serie de opciones configurables. Para acceder a ellas, hay que pulsar sobre el botón del menú del chat y, seguidamente, sobre Opciones:

- **Desconectar.** Permite minimizar la función y dejar de recibir mensajes de chat. No se aparecerá en la lista del chat de los contactos activos.

- **Abrir chat en otra ventana.** Cuando se dispone de muchas conversaciones de chat activas al mismo tiempo, es preferible abrir una ventana, un poco más grande, y dedicada exclusivamente al chat. Las conversaciones volverán a la ventana principal cuando se cierre la ventana dedicada especialmente a esta mensajería instantánea.

- **Reproducir sonidos para nuevos mensajes.** Cuando está activada, provoca que se emita un sonido de notificación cada vez que se reciba un nuevo mensaje.

- **Mantener abierta la ventana de amigos conectados al chat.**

- **Mostrar sólo los nombres de los amigos conectados.**

Algunas veces aparecen en el lado derecho del Chat de la red ciertas notificaciones en rojo. Esto significa que los contactos que se tienen han realizado, en Facebook, algún tipo de acción relacionada con uno.

Como, por ejemplo, comentar una foto, publicar en el **Muro** o confirmar la asistencia a un evento.

*Nota: La notificaciones en rojo aparecen aunque se esté desconectado. Si se pulsa sobre el botón **Notificaciones**, se podrán consultar historias relacionadas con estas acciones y acceder rápidamente a su contenido con sólo pulsar sobre ellas.*

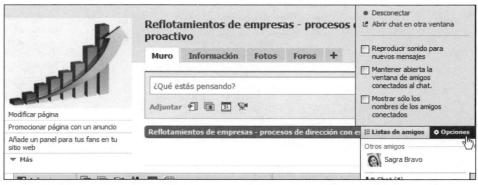

***Figura 21.7.** El chat de Facebook dispone de una serie de opciones configurables que, por ejemplo, permiten abrir una ventana dedicada exclusivamente a este servicio de mensajería instantánea.*

Encuentros

La organización de encuentros de trabajo es otro de los elementos indispensables en el trabajo en equipo. Alguna vez habrá que reunirse para que cada miembro comente su evolución en el proyecto y se compruebe cómo va el asunto de forma global. Para preparar este tipo actos en Facebook, se dispone de los **Eventos** (ya comentados en un capítulo con ese mismo nombre).

A la hora de organizar un evento participativo con los miembros de un equipo de trabajo se debe tener presente el grado de acceso que se va a conceder a los contactos de Facebook. Por eso, tras crear el evento, a la hora de personalizarlo se deben tener en cuenta estos aspectos:

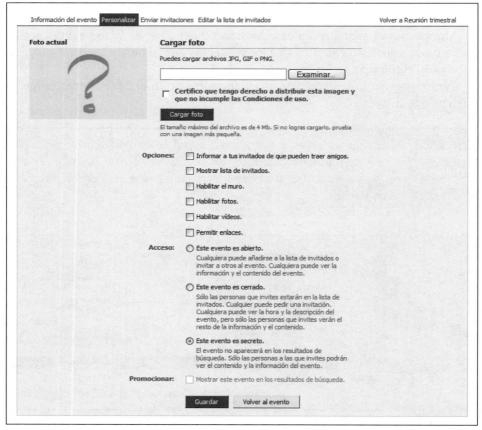

Figura 21.8. *Al organizar un evento participativo hay que tener presente el grado de acceso que se va a conceder a los asistentes.*

1. No permitir a los asistentes que puedan traer a otros compañeros. Para ello, hay que desactivar la casilla Informar a tus invitados de que pueden traer amigos.

2. El evento debería ser secreto para mantenerlo fuera de las búsquedas y de los canales de noticias de Facebook.

3. Dependiendo de cómo deben fluir los materiales que se necesiten de forma previa al encuentro, así será el nivel de acceso de los asistentes. Es decir, si el administrador de la reunión es el único que va a compartir algún tipo de documentación con los asistentes, no debería habilitar a éstos la posibilidad de subir fotos, vídeos o enlaces.

4. La confidencialidad es otro de los aspectos a tener en cuenta. En algunas reuniones es preferible que no se sepa quiénes son los asistentes, ya sea por tratar temas delicados o bien de suma importancia, por eso Facebook ofrece la posibilidad de no mostrar la lista de los asistentes confirmados al encuentro.

---

*Nota: El habilitar o no el **Muro** del evento, es una opción que el administrador deberá meditar. Si no se desea que los asistentes aporten comentarios, es aconsejable que el **Muro** no se encuentre activo.*

Mercadeo de ideas

En la mayoría de las ocasiones, la colaboración laboral no se queda únicamente en los típicos encuentros para analizar cómo evoluciona el trabajo en equipo. Muchas veces se necesita intercambiar información o ideas para que un proyecto, ya iniciado, fructifique o bien se genere uno nuevo. Para la retroalimentación de ideas, Facebook puede ayudar mediante los Grupos (véase el capítulo 8, La primera elección ¿una página o un grupo? y el 11, Crear un grupo).

Un grupo ofrece las siguientes posibilidades colaborativas:

• **Intercambio de información**. Al igual que ocurre con los eventos, es el administrador o coordinador del grupo el responsable de decidir si los miembros pueden o no aportar elementos como fotos, vídeos o enlaces.

• **Charla en equipo**. Mediante la creación de foros de debate se pueden realizar distintos coloquios con todos los miembros del grupo con el fin de aportar ideas y consejos.

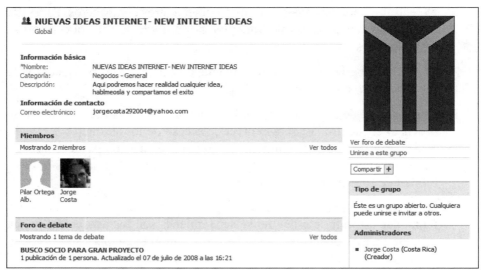

Figura 21.9. *Para la retroalimentación de ideas, Facebook puede ayudar mediante los Grupos. Esta aplicación permite intercambiar información o ideas para que un proyecto fructifique o para generar uno nuevo.*

22. Comprar y vender en Facebook

Vender o saber "venderse" no siempre resulta sencillo, pero en las ventas (o incluso a la hora de buscar trabajo) hay un aspecto clave: cuanto mayor sea la exposición, mejores resultados se pueden obtener al final.

Siendo Facebook como es, una comunidad social, de contactos, es fácil entender cómo puede ayudar ésta a la hora de hacer una venta, a evolucionar en el mercado laboral o a encontrar a la persona que se necesita para un puesto específico: por supuesto, a través de la promoción.

Pongamos un ejemplo. Si se pertenece al departamento de Recursos Humanos de una empresa, y se necesita el perfil de un *freelance/full-time*, una opción sería acudir al **Muro** en Facebook y darlo a conocer a todos los contactos. Seguramente, habrá algún interesado, o, también puede ser que en ese momento no haya nadie interesado.

Pues bien, es para los casos como éste cuando hay que utilizar la aplicación MarketPlace de Facebook. Un lugar ideal para el reclutamiento, para buscar trabajo y para promocionar productos y servicios, con un enfoque eminentemente geográfico.

A través de MarketPlace se puede ofrecer una exposición bastante buena de los productos o servicios a promocionar.

El mercado o Marketplace de Facebook

MarketPlace es una aplicación propia de Facebook, pero desarrollada por "oodle", que es algo así como su sección de anuncios clasificados.

Para quien no lo sepa, diremos que los anuncios clasificados son avisos, mensajes o publicidad que se publica en sitios específicos creados para la publicación de ese tipo de reseñas. Cada mensaje suele formar parte de una sección donde las empresas o personas particulares pueden publicar avisos promocionando bienes o servicios, los cuales van clasificados por categorías: inmuebles, automotores, empleos, tecnología, etc. Con Internet, los anuncios clasificados han tomado una nueva perspectiva, las personas que anteriormente estaban forzadas a pagar por publicar sus clasificados en la prensa escrita, ahora optan por esta nueva alternativa, que en la mayoría de los casos es gratuita. Así, podríamos decir, que estas páginas han nacido como una solución, como un punto de venta entre particulares y empresas, haciendo de cada una de ellas un "mercadillo virtual".

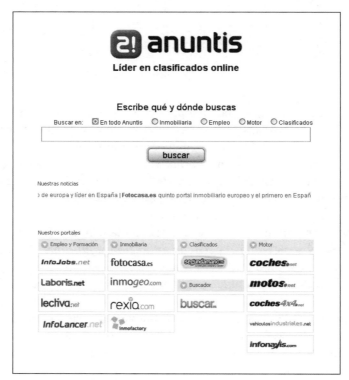

Figura 22.1. *Las Webs de anuncios clasificados hace tiempo que tienen una exitosa presencia en la Red.*

Cómo acceder al Mercado

Esta aplicación de Facebook permite tanto publicar anuncios como responderlos. Para acceder a ella, hay que hacer lo siguiente: escribir, en el cuadro de texto Búsquedas (se encuentra situado en la parte superior derecha de la página, justo al lado de la opción Salir) la palabra "MarketPlace". Según se escribe ésta, aparecerá debajo del cuadro de texto el enlace a esta aplicación, sobre el cual se podrá pulsar (se accedería directamente a ella).

En el caso de que no aparezca este enlace que acabamos de mencionar, no habría problema, ya que una vez escrita la palabra, pulsando la tecla **Intro** o el botón **Buscar en Facebook** (identificado con el icono de una lupa), se accedería a la zona de búsquedas con los resultados obtenidos, donde la aplicación Marketplace estaría situada en primer lugar.

En este caso, tras pulsar Ver aplicación, en la página que se carga, habría que hacer clic sobre el botón **Ir a la aplicación**.

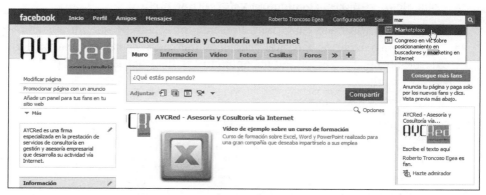

Figura 22.2. *Marketplace es una aplicación que se puede buscar en el directorio de Aplicaciones de Facebook.*

Empleando un camino o el otro, el caso es que al pulsar sobre el enlace correspondiente se cargará la aplicación, y en la barra de Aplicaciones (que está situada en la parte inferior de la página) aparecerá la opción Añadir a favoritos Marketplace. Pues bien, haciendo clic sobre ella, en la barra de Aplicaciones se añadirá entonces el botón que enlaza con este "mercadillo virtual". Véase la figura 22.3.

En cuando al aspecto de esta aplicación en pantalla, podríamos describirlo de la siguiente manera: se trata de dos columnas horizontales; el *Marketplace Categories* (Categorías del Mercado) y *Latest listings near All Spain* (Últimos listados en España):

Figura 22.3. *Disponer de un enlace directo al "mercadillo virtual" de Facebook es realmente sencillo.*

- **Marketplace Categories.** Esta sección, a su vez, se encuentra dividida en cuatro categorías: Items for sale (objetos para vender), Housing (inmuebles), Vehicles (Vehículos) y Jobs (trabajos).

- **Latest listings near All Spain.** Presenta un listado de los últimos anuncios que los usuarios han publicado en el mercado español (si se accediera desde otro país, aparecerían los anuncios de los usuarios de ese país).

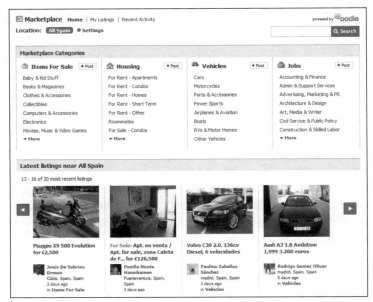

Figura 22.4. *Aspecto de la Home de Marketplace, con dos zonas bien diferencias, sus categorías, en la parte superior, y los últimos anuncios publicados en la parte inferior.*

Cómo publicar un anuncio clasificado

De momento, publicar anuncios en Marketplace es gratuito. No hay que pagar ni para publicar ni para responder, aunque cabe la opción de pagar para que los anuncios destaquen más, y su diseño o formato sea más atractivo.

Para publicar un anuncio, lo primero que hay que hacer es hacer clic sobre la categoría donde se desea añadir la reseña. Al pulsar, además de cargarse la lista de anuncios, en la parte superior se encontrará el recuadro Post, que dependiendo de la categoría será:

- Post in Items For Sale. Permite crear un anuncio clasificado sobre objetos para vender (**Sell It**), deshacerse de ellos (**Give It Away**) o realizar peticiones (**Ask for It**).

- Post in Housing. Ofrece la posibilidad de crear un anuncio para alquilar (**Rent It**), vender (**Sell It**), encontrar un compañero de habitación (**Find a Roommate**) o bien para encontrar una casa para vivir (**Find a Place to Live**).

- Post in Vehicles. Se trata del mismo método que el apartado **Post in Items For Sale**.

- Post in Jobs. Ofrece la posibilidad de integrar un anuncio para buscar empleo (**Find a Job**) o para ofertarlo (**Post a Job**).

Figura 22.5. *El cuadro Post es el centro básico para publicar anuncios clasificados en Marketplace.*

En todos los casos, y antes de pulsar sobre el botón **Post** para crear el anuncio, es necesario escribir el titulo que va a llevar. Habría que hacerlo en el cuadro de texto situado a la izquierda del botón **Post**.

Una vez escrito el título, y después de pulsar sobre el botón **Post**, aparecerá un cuadro de diálogo donde se podrá definir la información propia de anuncio (las secciones de este cuadro de diálogo podrían variar dependiendo de la categoría y tipo de anuncio seleccionado).

Esta información estará configurada por:

- Un título.

- La subcategoría donde se integrará el anuncio.

- El país y ciudad donde se reside.

- Una pequeña descripción (no obligatoria).

- Y la posibilidad de añadir al anuncio el nombre y la fotografía del perfil de usuario, si fuera una oferta de empleo, o subir una foto si fuera un inmueble, vehículo u objeto.

Una vez que se haya completado todo el proceso, se pulsará sobre el botón **Submit**.

> *Nota:* Para modificar o borrar un anuncio anteriormente publicado, y llevar un control sobre todos los anuncios que se han añadido a Marketplace, es necesario pulsar sobre la opción My Listings, de la Home del mercado de Facebook. Esta posibilidad permite desde editar la información del o de los anuncios creados (Edit Details) hasta borrarlos de la lista (Close).

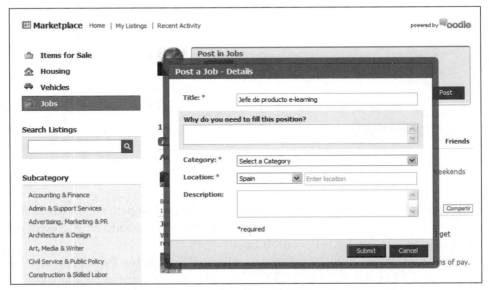

Figura 22.6. *Aspecto del cuadro de diálogo donde se debe definir la información del anuncio clasificado.*

Cómo encontrar un anuncio

Facebook ofrece diversas formas a la hora de buscar y encontrar el artículo sobre el cual se desea realizar una consulta:

* Desde la Home del MarketPlace es posible utilizar la búsqueda por palabras clave, a través del cuadro de texto Search.

* Mediante las cuatro categorías anteriormente descritas. Pulsando sobre su nombre se accede a otra página donde se mostrarán cada una de sus subcategorías, y haciendo clic sobre la categoría se accederá al listado definitivo, el cual se encuentra ordenado por fecha de entrada, siendo el anuncio más reciente el colocado primero.

Tras localizar el objeto, inmueble, vehículo u oferta de empleo, si se pulsa sobre el mensaje, se accede a su información.

Figura 22.7. *Al pulsar sobre un anuncio, se desplegará en pantalla su información.*

Cómo responder a un anuncio

Una vez encontrado el artículo o el trabajo que se está buscando, lo lógico es ponerse en contacto con la persona que lo vende u oferta la demanda de empleo. Como se puede imaginar uno, por razones de seguridad Facebook no suele permitir incluir en el anuncio información del usuario (nos referimos, por ejemplo, a un número de teléfono).

En su lugar, si se quiere responder al anuncio, habrá que enviar un mensaje de Facebook.

Para ello, hay que realizar los siguientes pasos:

1. En primer lugar, se debe acceder a la información del artículo u oferta de trabajo deseado pulsando sobre el enlace que corresponda.

2. A continuación, habrá que pulsar sobre el botón **Contact** +*"nombre de usuario"*.

3. En la página que se mostrará, habrá que escribir entonces la respuesta al anuncio en el cuadro de texto Mensaje y, seguidamente, pulsar sobre el botón **Enviar**. El cuadro de texto Asunto se puede modificar, pero de forma predeterminada Facebook muestra en él, el código y el titular del anuncio, para que el receptor enseguida sepa cuál es el propósito del mensaje.

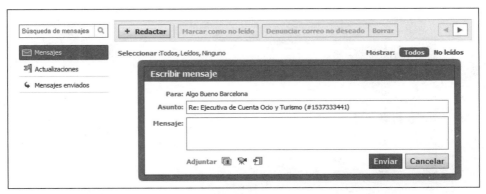

Figura 22.8. *La forma de contactar con el usuario responsable del anuncio es a través de mensajes Facebook.*

Tiendas virtuales en Facebook

Otra de las posibilidades que ofrece esta red social a la hora de promocionar o vender un servicio, es realizar una página de producto tipo Tienda Virtual. No se trataría de una tienda virtual al uso, pero sí de una opción muy válida para realizar promociones, generar interactuaciones con eventos o foros de debate, mostrar productos o realizar descuentos a usuarios de Facebook que se pasen por la "verdadera" tienda virtual.

Figura 22.9. *Ejemplo de una tienda virtual en Facebook que promociona, con un enlace, su Web, genera interactuaciones con otros usuarios creando un foro y muestra sus productos por medio de imágenes, todo ello en el Muro.*

Cómo crear una página de producto tipo tienda virtual

Partiendo de una tienda virtual original donde poder comprar artículos ofertados, Facebook puede servir para disponer de distintas promociones sobre esos productos. Por ejemplo, se puede crear una página sólo con un tipo de productos especializados (si lo que se venden son vehículos, se puede hacer una página promocional sólo con todoterrenos o descapotables), o con artículos de otra temporada (sería una página promocional Outlet).

Para crear una página de producto tipo tienda virtual, hay que llevar a cabo los pasos que mostramos:

1. Lo primero que hay que hacer es pulsar sobre el botón **Anuncios y páginas** de la **barra de Aplicaciones** situada en la zona inferior de la página de Facebook.

2. En la página informativa destinada al administrador, la cual incluye datos estadísticos e información sobre cómo promocionar cierta actividad con los anuncios de Facebook, se debe pulsar sobre la opción Páginas.

3. Esto permite acceder a una página que cuenta con un botón denominado **Crear una página**, el cual habrá que pulsar.

4. En esos momentos se cargará en el navegador la página que incluye el formulario de registro: Creación de una página de Facebook. En él, habrá que seleccionar la opción Marca, producto u organización y, a continuación, Tienda virtual.

5. Hay que escribir el nombre de la tienda en el cuadro de texto Nombre de Tienda virtual. Es aconsejable que dicho nombre lleve incluidas las palabras "Tienda Virtual", con el fin de facilitar al usuario su búsqueda.

6. Tras marcar la casilla Estoy autorizado a crear una página, hay que escribir el nombre completo en la casilla de texto Firma electrónica. Se trata de una forma de certificar que se es el representante oficial de dicho servicio.

7. Por último, se debe hacer clic sobre el botón **Crear página**, para poder acceder a la ella y configurarla con las necesidades de promoción.

Configurando la página tipo "Tienda Virtual"

Para rematar de forma inicial la tienda virtual, es necesario incluir toda la información que sea necesaria en su perfil, para que así los usuarios que accedan a la página puedan saber desde un primer momento cuáles son sus prestaciones y, sobre todo, a qué se dedica.

Para comenzar se deberán realizar los siguientes pasos:

1. Primero, se debe pulsar sobre la opción Editar información, situada en la pestaña **Información**.

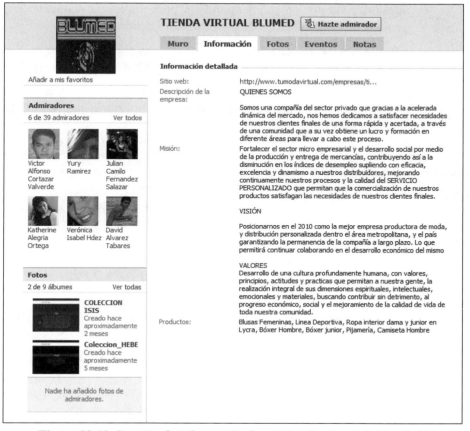

Figura 22.10. *Pestaña de información de una tienda virtual de Facebook con la información detallada muy completa.*

2. Se accederá entonces a estas dos opciones: la Información básica, que se puede dejar sin rellenar, e Información detallada: ésta es la más importante, después del **Muro**, puesto que facilita la promoción de la tienda a través de:

- Sitio Web. Cuadro de texto que permite introducir numerosas direcciones de páginas Web. Por ejemplo, la Web de la tienda virtual real, una dirección sólo para promociones u otra para productos rebajados por ser de otra temporada.

- Descripción de la empresa. Permite introducir una pequeña reseña sobre la tienda. Desde qué año lleva abierta, por qué se ha querido abrir, etc.

- **Misión.** Esta opción se puede utilizar para introducir pequeñas referencias de las cualidades de los productos a promocionar.

- **Productos.** Sirve para catalogar con una mayor precisión los productos promovidos. Se puede hacer una lista de todo lo que se ofrece.

3. Una vez incluida la información, para acabar con el proceso será necesario pulsar sobre el botón **Guardar cambios** y, posteriormente, sobre **Modificación finalizada**.

Nota: Como ocurre con otras páginas de producto, la tienda virtual debe ilustrarse con una fotografía, para completar así su perfil.

23. Enlazar con otras redes profesionales

La Web 2.0 ha dado lugar a distintos tipos de redes y comunidades orientadas a fines diversos (amistad, ocio, trabajo, etc.). En este contexto, existen redes enfocadas al mundo laboral que pueden resultar muy útiles a profesionales, empresarios, emprendedores y PYMES, ya que permiten encontrar oportunidades de negocio, hacer contactos profesionales, realizar acciones de marketing y comunicación, etc.

El *networking* profesional no está relegado únicamente a profesionales que buscan nuevas oportunidades de trabajo.

Redes sociales profesionales ofrecen interesantes posibilidades para que empresas de todos los tamaños conecten con futuros socios o colaboradores y distribuidores, lleguen a nuevos clientes, promocionen su imagen de marca o recluten profesionales.

Nota: *Las redes profesionales también se conocen como plataformas de* networking, *algo que todo el mundo realiza en el ámbito laboral. A medida que se conocen personas que pueden ayudar a progresar profesionalmente, ya pasan a formar parte de los contactos.*

Pero estas aplicaciones 2.0 han revolucionado el mundo profesional porque permiten establecer contactos muy interesantes en todo el mundo, con una facilidad que no tiene precedentes. Entre las principales ventajas de las redes profesionales podemos destacar tres:

1. Es más fácil encontrar contactos profesionales, ya se trate de un antiguo compañero, un candidato para una vacante o bien un posible colaborador o cliente.

2. En Internet se pueden cerrar negocios con comodidad y con bastante velocidad.

3. Funcionan como una agenda que se actualiza sola, puesto que cada contacto se ocupa de actualizar sus datos cuando éstos cambian.

Figura 23.1. *La Web 2.0 dispone de distintos tipos de redes y comunidades orientadas a fines diversos como, por ejemplo, aquellas que están enfocadas al mundo profesional o laboral.*

Las redes profesionales

Las redes profesionales relacionan a personas que tienen intereses comunes, con el fin de compartir conocimientos e intentar conocer a otros individuos influyentes o relevantes.

Actividades como, por ejemplo, comunicarse, colaborar, sumar esfuerzos, buscar aliados o bien trabajar en equipo, pueden aportar una buena red de contactos profesionales. Por otro lado, aunque estas redes se centran en amigos y conocidos de un mismo área de interés, sin duda, luego se abren a las experiencias profesionales más diversas.

Las relaciones profesionales son la clave del éxito profesional. Una buena red de contactos facilita la realización de un trabajo más satisfactorio y más productivo.

Este tipo de redes utilizan los recursos de Internet para mejorar las relaciones profesionales. Se basan en conocer a unas personas a través de otras que ya merecen su total confianza. Por otro lado, permiten que un grupo de individuos con intereses profesionales parecidos compartan experiencias y multipliquen sustancialmente su número de contactos en un área de actividad profesional.

Figura 23.2. *Las redes profesionales permiten que un grupo de personas con intereses profesionales parecidos compartan experiencias y necesidades.*

Presentan la doble ventaja de la rapidez en el establecimiento de nuevos contactos y la posibilidad de realizar distintos grupos entre los contactos ya establecidos, de acuerdo con criterios muy variados: la confianza, el área laboral, las aficiones o los intereses comunes.

No cabe ninguna duda, por tanto, de que una red de contactos profesionales va a facilitar en gran medida la conquista de ciertos logros, como, por ejemplo, prosperar en el trabajo, hallar socios y colaboradores, ampliar la cartera de clientes y proveedores, y conocer a expertos de confianza. Requieren, sin embargo, un requisito muy importante: la paciencia.

Nota: *Según las estadísticas, cuatro de cada cinco vacantes de empleo se cubren gracias a las relaciones sociales. De hecho, en muchas ocasiones, el éxito profesional viene determinado más por los contactos profesionales que por las propias capacidades individuales.*

A la hora de utilizar estas herramientas 2.0, los expertos distinguen de forma clara entre: buscar relaciones por interés y generar relaciones de interés mutuo. Sin duda, son un sistema de comunicación sumamente valioso y con buenos resultados a medio plazo. Ofrecen la posibilidad de ampliar la cartera de clientes y proveedores, establecer nuevos contactos comerciales, además de buscar socios y colaboradores.

Estas redes también facilitan la localización de expertos o asesores de confianza y con experiencia contrastada, e incluso resulta del todo factible presentarse uno mismo en un área profesional determinada. Son, igualmente, un medio muy rentable para incrementar conocimientos, prosperar en la carrera profesional e incluso para buscar empleo o cambiar de trabajo. Véase la figura 23.3.

Nota: *El acceso a este tipo de redes sociales suele ser libre y gratuito, y basta con registrarse para poder comenzar a crear una red de contactos profesionales.*

Beneficios de la redes profesionales

Las redes profesionales tienen tres usos prácticos que las convierten en una herramienta estratégica de gran calado entre las empresas y los profesionales:

- Se tratan de una gran plataforma para el marketing personal. Todo ello, por varias razones:

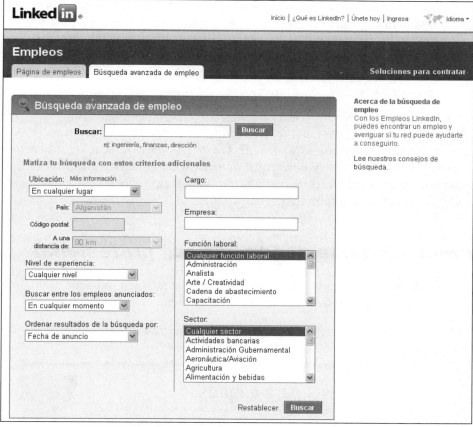

Figura 23.3. *A través de las redes profesionales también
es posible buscar empleo o cambiar de trabajo.*

1. Facilitan el propio posicionamiento en el mercado profesional.

2. Se incrementan los contactos, se gestionan conexiones y se construyen relaciones de valor estratégico.

3. Ser miembro activo de una red profesional es una forma eficaz de adquirir la notoriedad y presencia necesarias para gestionar la vida profesional y laboral a largo plazo, encontrar socios, clientes y proveedores, ya sea a nivel nacional o internacional.

• Representan un mapa del mercado. Cada vez son más las empresas que recurren a este tipo de redes para encontrar candidatos que se ajusten al perfil que desean.

- Son un medio dinámico para el intercambio de información de valor. Muy útil para el propio crecimiento y desarrollo de proyectos. Es fundamental que el profesional trabaje su red de contactos incorporando personas que aporten calidad a partir de una actitud profesional y emprendedora, con predisposición para participar e interactuar con otros usuarios compartiendo experiencias y conocimientos.

> **Nota:** *Un aspecto a destacar de las redes profesionales, es que no son meramente bases de datos estáticas. En la Era 2.0, estas aplicaciones permiten gestionar vínculos (y desarrollar la exposición personal) basados en la exclusividad, segmentación, cercanía de las partes, conocimiento, relevancia y utilidad de la información.*

Promocionarse desde una red profesional

Hay que tener en cuenta que una red profesional también se puede usar como un canal más para promover una marca o un servicio.

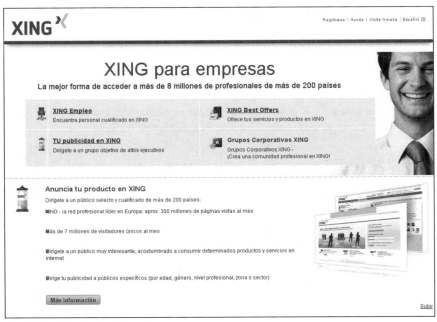

Figura 23.4. *Una red profesional puede utilizarse como un canal más para promover una marca o servicio.*

Esta acción se llevaría a cabo gracias a los usuarios, que en la práctica actúan como "mensajeros", o bien formando grupos en torno a esa marca o servicio.

A través de una red profesional es posible lograr ciertos objetivos:

- Aumentar el volumen de negocio captando nuevos clientes.

- Encontrar colaboradores y socios para poder llevar a cabo algún proyecto empresarial.

- Solucionar problemas de gestión consultando a expertos en los foros.

- Reclutar personal cualificado, de forma barata y sencilla.

- Realizar marketing personal.

- Llevar a cabo acciones de marketing y comunicación corporativa.

Marketing 2.0 y RR.HH 2.0

En cuanto al marketing, las redes sociales profesionales tienen un doble valor, desde el punto de vista del usuario (marketing personal) y de las empresas.

- En lo referente al usuario, sólo en una red profesional un perfil es capaz de convertirse en marca, en identidad digital, ya que se crea un directorio de personas que representan tanto a la empresa como a sí mismas.

- Para las empresas, la ventaja es que una red social contiene información sobre los intereses de sus usuarios, su educación, nivel de formación, etc., lo que permite a la publicidad ganar relevancia y convertirse en algo estratégico, con valor real. Se evita la pérdida del mensaje porque la segmentación que ofrece una red profesional es muy precisa.

A los departamentos de recursos humanos, utilizar este tipo de redes les puede ayudar a buscar y encontrar a la persona o personas claves para un puesto. Estas plataformas profesionales resultan muy eficientes, y en principio más baratas que cualquier otro servicio.

Las redes profesionales suelen disponer de secciones especialmente dedicadas al mercado de trabajo donde empresas y usuarios pueden publicar ofertas laborales. Sin duda, se trata de lugares muy atractivos para compañías que buscan candidatos, ya que pueden acceder a profesionales que no están buscando empleo activamente, pero a los cuales podría interesarles un nuevo reto profesional. El reclutador tiene la ventaja de que puede hacerse una idea más precisa del candidato viendo sus contactos, intereses, participación en grupos, etc. Incluso puede pedir referencias y recomendaciones sobre los candidatos a otros usuarios de la red.

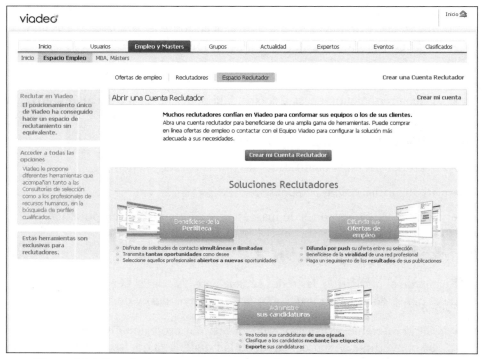

Figura 23.5. *Los departamentos de recursos humanos pueden utilizar este tipo de redes para buscar y encontrar a la persona clave para un puesto.*

Xing

Podríamos decir que Xing (https://www.xing.com/) es la principal red profesional de contactos en Europa. Mediante sus servicios y funciones, el usuario registrado podrá encontrar contactos profesionales de gran valor en todo el mundo.

Sus herramientas no están concebidas, únicamente, para el profesional que busca empleo, sino también para cubrir las necesidades del empresario, los directivos, los autónomos y los profesionales que todavía se estén formando. En definitiva, esta herramienta 2.0 ofrece a los usuarios una infraestructura social y las aplicaciones necesarias para practicar el denominado "*networking* profesional".

Un valor añadido de esta red profesional es la posibilidad de localizar a antiguos compañeros, ver qué usuarios han visualizado el perfil o localizar a otros usuarios por el nombre de la empresa. Registrarse en ella es gratuito, aunque cuenta con un servicio de suscripción *premium* con coste.

Figura 23.6. *Xing ofrece a los usuarios una infraestructura social y unas aplicaciones necesarias para practicar el denominado "networking profesional".*

Para registrarse, hay que completar un perfil con los datos tanto profesionales como personales (opcional). También puede acompañarse con información sobre campos y especializaciones de trabajo, formación, empresa actual y las anteriores.

La Interfaz gráfica de usuario es multilingüe y considera (opcionalmente) sólo usuarios en la funcionalidad de búsqueda que hablan la misma lengua.

Aparte de la gestión de contactos por su base de datos, Xing ofrece también otras posibilidades, como pueden ser: un calendario público de eventos, que se presentan al usuario por orden temático o bien geográfico. Además, se puede aprovechar la función de "eventos" para la gestión de la agenda personal. También se permite la interacción entre los usuarios a través de foros de discusión sobre muchos ámbitos, que pueden ser abiertos al público o cerrados al uso interno para organizaciones y empresas.

LinkedIn

LinkedIn (`http://www.linkedin.com/`) es una Web 2.0 orientada a los negocios, pensada para los contactos de carácter profesional y para comunicarse de forma sencilla con los conocidos a nivel profesional.

Figura 23.7. *Linkedin es una red orientada a los negocios, pensada*
para los contactos de carácter profesional y para comunicarse
de forma sencilla con los conocidos a nivel profesional.

Su metodología es que cada usuario disponga de un espacio propio en el que incluir su Currículum de una forma sencilla y guiada por la aplicación. Además de permitir comunicarse con otros usuarios, también es posible recomendarlos. Entre las cualidades de esta red profesional se encuentran:

- Permite incluir un enlace al perfil como parte de la firma de un correo electrónico, lo cual facilita a las personas de confianza a las que se les manda el mensaje, la visualización de todas las credenciales.

- Hace posible que la información del perfil esté disponible para indexarse en los motores de búsqueda.

- Facilita la promoción del perfil publicando su enlace en otras redes sociales como Facebook, o en los mensajes que se dejan en *blogs*.

- Dispone de una herramienta que permite realizar preguntas relacionadas con el sector laboral en el cual un usuario se mueve, y que son contestadas por otros usuarios de ese mismo ámbito.

- Cuenta con una inmensa red de profesionales interconectados en todo el mundo, representando 170 sectores y 200 países.

- Ofrece la oportunidad de conseguir nuevos conocimientos a través de debates con profesionales de ideas similares en grupos privados.

- Proporciona el espacio indicado para anunciarse y distribuir anuncios de empleo, con el fin de encontrar a los candidatos más cualificados.

Conexión Facebook/LinkedIn

Las aplicaciones externas que el directorio de Facebook ofrece sobre la herramienta 2.0 LinkedIn son numerosas y muy provechosas. Entre ellas encontramos las siguientes:

- **My LinkedIn Profile**. Permite promover el perfil de LinkedIn mediante una insignia Facebook. Para ello, únicamente es necesario introducir el nombre de usuario de la cuenta de Linked in y seleccionar el estilo de insignia que se desea.

- **LinkedIn Contacts**. Permite ver y compartir los contactos de LinkedIn en Facebook.

- **LinkedIn Answers**. Permite realizar y consultar preguntas y respuestas cumplimentadas por los usuarios de esta red profesional.

- **Share LinkedIn Profile**. Permite compartir el perfil LinkedIn con los contactos realizados en Facebook.

Figura 23.8. *Las aplicaciones externas que el directorio de Facebook ofrece sobre LinkedIn son numerosas y muy provechosas.*

24. Marketing personal a través de un perfil

Podemos definir perfil como el conjunto de características y hechos que hay sobre uno mismo: desde la edad, hasta la escuela en la que se cursaron estudios, qué pareja se tiene en la actualidad o la música que se escucha. Todos los "amigos" de Facebook, salvo aquellos a los que se excluya de forma específica, pueden ver los detalles de dicho perfil.

Pero, ¿qué impulsa a alguien a hacerse un perfil en Facebook?

Pues bien, las principales razones que suelen impulsar a los internautas a hacerse un perfil en una red social como ésta son:

- Por un lado, mantener el contacto con las amistades.

- Por otro, conocer gente nueva con la cual divertirse y compartir fotos, vídeos...

- También, atender a las recomendaciones e invitaciones de otros amigos (algo que suele evitar la desconfianza).

- Y, por último, pero no menos importante, por autopromocionarse.

> *Nota: Sea cual sea la razón por la que la gente se hace un perfil en Facebook, lo cierto es que la aceptación de las redes sociales ha ido creciendo desde su nacimiento hasta convertirse en una forma de comunicación muy importante entre los jóvenes.*

Como clave del éxito, también se puede destacar el hecho de que estas redes sociales han sido entendidas por los usuarios como paralelas a las relaciones tradicionales, y no sustitutorias.

Qué se pretende conseguir a través de un perfil

Facebook crea de forma automática un perfil que incluye información básica, que va en función de la que se introdujo en el proceso de registro. Introducir más datos o no depende de cada uno. En el capítulo 7 ya especificamos qué tipo de información admitía Faccebook.

> *Nota: Cuando uno se registra, la página que aparece ya se encuentra personalizada. En ella, se mostrarán vínculos a sitios interesantes, datos incluidos, así como el enlace Editar mi perfil, que permite modificar y añadir nueva información.*

Así, dependiendo de las razones que se tengan para estar presente en Facebook, conviene añadir más o menos datos. Si lo único que se pretende es "mirar" el perfil del vecino, no tiene sentido perder mucho tiempo en el desarrollo del propio. En cambio, si lo que uno busca es, por ejemplo, establecer relaciones y conseguir un trabajo, no está de más dedicar algo de tiempo y esfuerzo a generar un buen perfil. Hay que pensar que éste se puede convertir en un completo Currículum.

Crear un buen Currículum con la información aportada

La creación de un buen perfil puede implicar una gran cantidad de tiempo, sobre todo si se pretende que éste sea una correcta y completa "carta de presentación laboral".

Pensemos ahora, por ejemplo, que cuando se creó el perfil, únicamente se incluyeron "algunos" datos básicos. Pues bien, es el momento de editarlo, de forma que integre toda la información necesaria para "venderse" profesionalmente hablando.

Cambiar la imagen

En primer lugar, hay que echar un vistazo a la imagen elegida para el perfil. Si uno se va a presentar profesionalmente, es importante que ésta sea más bien formal, que informal o demasiado desenfadada.

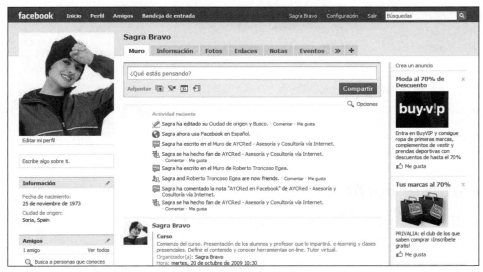

Figura 24.1. *Dependiendo del tipo de perfil que se desee mostrar al resto de usuarios, habrá que seleccionar una imagen más formal o más desenfadada. Pero, sin duda, si las pretensiones están encaminadas al mundo laboral, ésta debe ser seria y profesional.*

En el caso de que no sea la adecuada, pero el álbum incluye alguna que sí que lo es, es el momento de sustituirla.

1. Si se sitúa el cursor sobre la imagen del perfil, aparecerá un enlace denominado Cambiar foto. Pues bien, hay que hacer clic sobre él.

2. A continuación, en el menú que se despliega, hay que pulsar sobre la opción Elegir del álbum.

3. Tras hacer clic en aquella que más se adecua a los intereses de uno, se debe pulsar sobre la opción Seleccionar esta foto como foto de perfil.

4. Por último, en el cuadro de diálogo de confirmación que aparecerá, es necesario pulsar **Aceptar** para que los cambios se realicen correctamente.

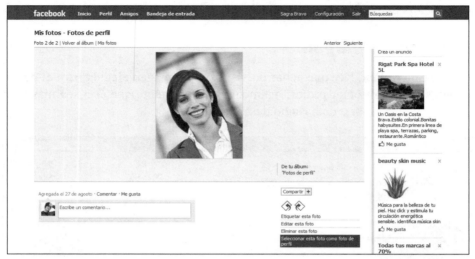

Figura 24.2. *En el álbum de fotos de Facebook se puede seleccionar otra imagen para el perfil, así como editarla, etiquetarla, compartirla o eliminarla.*

Editar el perfil

Ha llegado el momento de definir qué datos se quieren mostrar. Lo pasos para editar un perfil son los siguientes:

1. Bajo la foto seleccionada para el perfil, aparece el enlace Editar mi perfil, el cual habría que pulsar para comenzar la edición. Otra opción sería seleccionar la pestaña **Información** (en ella aparecen los datos que se incluyeron en un primer momento) y, a continuación, hacer clic en la opción Editar información. Se llegaría al mismo lugar.

2. Teniendo ya presente la pestaña Información, y desplegada la opción Información básica, se podría activar, por ejemplo, la casilla de selección Contactos profesionales. Y, una vez hecho, guardar los cambios pulsando en el botón **Guardar cambios** (situado en la parte inferior). Facebook actualizará de forma automática el perfil.

---

*Nota: Si se pulsa sobre **Cancelar**, se descartarán todos los cambios que se hayan realizado.*

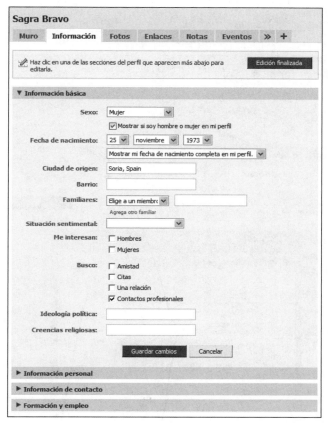

Figura 24.3. *En el caso de que se pretenda encaminar la elaboración del perfil hacia el mundo laboral, conviene activar la casilla de selección Contactos profesionales.*

3. La siguiente opción (Información personal) se desplegará de forma automática al guardar los cambios anteriores. En ella se puede incluir información relativa, por ejemplo, a ciertas actividades o intereses. Una vez se haya acabado, de nuevo hay que pulsar sobre **Guardar cambios**, desplegándose automáticamente la siguiente opción.

4. En el apartado Información de contacto, conviene incluir toda la información de contacto que se crea necesaria para poder estar localizado. Por lo tanto, además de la dirección de correo electrónico, se pueden completar los cuadros de texto: Teléfono móvil (o fijo, si se prefiere), Dirección, Ciudad/población, Código postal e incluso Sitio Web si se tiene y se quiere "publicitar". Una vez que se haya pulsado sobre el botón **Guardar cambios** se desplegará la siguiente opción.

Nota: A la derecha de los cuadros de texto mencionados hay un candado que permitirá determinar quién puede y quién no puede ver dicha información. Si se pulsa sobre él aparecerá un cuadro de diálogo con las opciones: Amigos de mis amigos, Sólo mis amigos, Nadie, Personalizar... Pulsando sobre ésta última opción se podrá decidir qué personas concretas podrán acceder a dicho dato y quiénes no.

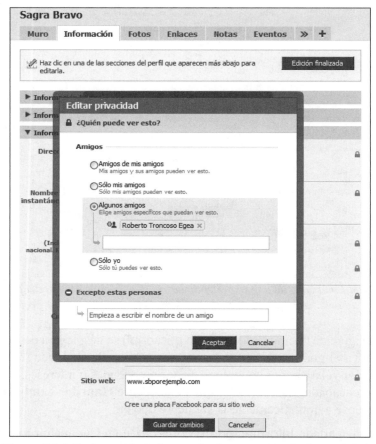

Figura 24.4. *En la opción Información de contacto cabe la posibilidad de editar la privacidad de los datos aportados.*

5. Esta nueva opción es Formación y empleo. Si se es estudiante, se trabaja en una empresa de ciertas dimensiones, o simplemente se está buscando trabajo, añadir al perfil determinados detalles relacionados con la

educación que se ha tenido o la carrera profesional hasta ese instante, merece la pena. En lo referente a estudios, se pueden rellenar estos campos:

- **Universidad.** Al comenzar a escribir, Facebook mostrará un listado de centros, entre los que se deberá elegir uno (aunque hay un enlace que permite agregar más centros, si es el caso). Justo debajo, aparece una lista desplegable donde habrá que elegir entre Estudios universitarios y Estudios de posgrado.

- **Promoción.** En éste habrá que elegir el año en el cual se finalizaron los estudios.

- **Carrera.** Aquí, en este cuadro de texto, se debe incluir el área de conocimiento principal de la titulación. También se pueden agregar más carreras.

- **Escuela secundaria.** Espacio para señalar el instituto o institutos en los que cursó educación secundaria.

Para añadir detalles sobre el trabajo profesional, habría que rellenar los campos que se indican a continuación:

- **Empresa.** Al comenzar a escribir, Facebook muestra un listado de empresas. Si la que uno busca aparece, hay que pulsar sobre ella. Si no es así, hay que escribirla directamente.

- **Puesto, Descripción.** Se trata de información referente al trabajo que se desarrolla.

- **Ciudad/población.** Se trata del lugar donde se desarrolla la actividad mencionada.

- **Período.** En el caso de que se siga trabajando en el lugar descrito con anterioridad, es necesario activar la casilla de selección Actualmente trabajo aquí. Si se hace, habrá que definir en las casillas inferiores la fecha en la que se comenzó a trabajar en dicha empresa. En el caso de que no se esté trabajando ya en ese lugar, al deseleccionar la casilla aparecerán otros campos donde habrá que incluir la fecha hasta la que se estuvo allí.

Si se desea, se pueden agregar más trabajos haciendo clic en la opción Agregar otro empleo. Una vez que ya se hayan rellenado todas las casillas importantes, hay que pulsar sobre el botón **Guardar cambios**.

6. Y, por último, hacer clic sobre **Edición finalizada**. Ya se pueden ver los cambios realizados.

> **Nota:** *Bajo la imagen del perfil, hay un enlace denominado Escribe algo so-bre ti, que permite crear una pequeña presentación con "algo" que interese que los demás conozcan, y que puedan visualizar a "primera vista".*

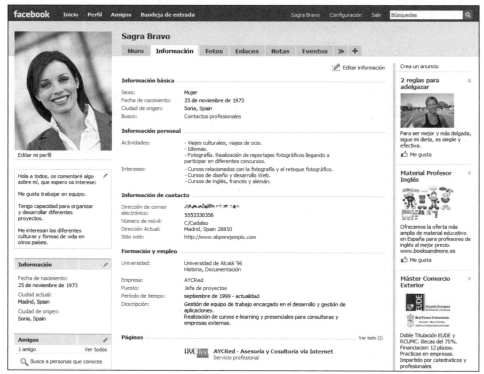

Figura 24.5. *El apartado Información, junto con los datos básicos e imagen que aparece a la izquierda de la pantalla, convierten el perfil de Facebook en un completo Currículum Vítae, con la ventaja añadida de que, además, facilita el contacto con otros perfiles, páginas, grupos, etc. con las mismas pretensiones laborales.*

Crear una insignia de un perfil de usuario

Facebook ofrece la posibilidad de crear algo así como una "tarjeta de presentación" que se podrá agregar a una página Web, *blog*, etc. Los elementos que incluiría son distintos tipos de información (por ejemplo, foto, nombre, cumpleaños, número de móvil, página Web, dirección de correo electrónico, etc.) de la cuenta de Facebook.

Se tiene la opción de agregar tantos (o tan pocos) elementos como se desee, y cada vez que se agrega uno, éste se coloca en la insignia.

Para crear una insignia, hay que hacer lo siguiente:

1. En la página principal del perfil, más concretamente, en la zona inferior de la columna de la izquierda, aparece el enlace Crear una insignia de perfil. Habría que pulsar sobre él. Otra opción sería, dentro de la Información de contacto (pestaña **Información**), debajo de Sitio Web, pulsar sobre Cree una placa Facebook para su sitio Web.

2. Una vez hecho esto, aparecerá la página Profile Badges donde se puede crear, editar y eliminar la insignia.

3. Haciendo clic sobre Editar esta insignia, se mostrará una página con distintas opciones de diseño, así como elementos a añadir. En este caso, se podría activar el botón de opción Horizontal, y las casillas Foto de perfil, Nombre, Fecha de nacimiento, Número de móvil y Sitios Web. Una vez completada la información, hay que pulsar **Guardar**.

4. En el apartado Escoge dónde añadir, habría que definir dónde publicar la insignia. De hecho, en la opción Other, es posible copiar un código con los datos, que será el necesario para que la insignia aparezca en el lugar escogido.

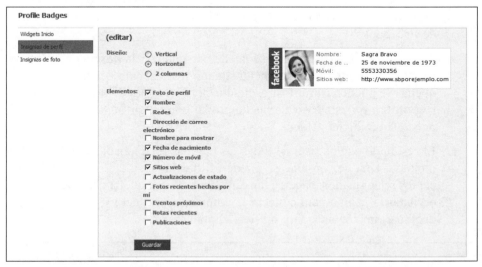

Figura 24.6. *La insignia de perfil puede contener aquellos elementos que más interese mostrar. El diseño también pude variar, dependiendo del lugar donde se tenga pensado incluir.*

> **Nota:** *Se pueden crear diferentes insignias para publicarlas en varios sitios. Para ello se emplea el botón* **Crear una nueva insignia.**

Contactar con personas o empresas afines

Una vez añadida toda la información deseada, es importante observar ciertas características de los datos que aparecen en la pestaña Información. Nos estamos refiriendo a la posibilidad que hay de hacer clic en ciertas frases. Pero ¿por qué? Muy sencillo, esas frases se han convertido en "palabras clave" que permiten realizar una búsqueda rápida de personas, grupos o páginas relacionadas.

Contactos profesionales

Repasemos la información que se incluyó en el apartado Información básica. Una de las opciones que se activó fue Contactos profesionales. Ahora, como se puede observar, cuenta con un enlace. Veamos qué partido se le puede sacar:

1. Lo primero que hay que hacer es pulsar sobre dicho enlace. Así, se accederá a la página de búsqueda.

2. Si se desea buscar por tema, habrá que indicar la palabra que lo defina en el cuadro de texto Búsquedas. Por ejemplo, se podría escribir "Diseño gráfico". Los resultados incluirán el contenido más relevante procedente de Facebook.

3. A continuación, si se quiere, se puede personalizar la búsqueda, seleccionando uno de los filtros del menú situado justo debajo del cuadro de búsqueda. Se pueden filtrar los resultados por Personas, Páginas, Grupos, Eventos... En este caso, se puede probar con Páginas, después hay que pulsar sobre dicha palabra.

4. El resultado es una lista de todas las páginas relacionadas con la palabra incluida. Una vez en ella, se pueden filtrar los resultados por otros conceptos relacionados, hacerse fan directamente de aquella que más interese, o visitar la página para conocer la empresa o producto y, a continuación, decidir si uno se hace fan, prefiere contactar, etc.

> **Nota:** *Si en vez de páginas de empresa o producto, lo que se está buscando son cursos, convenciones, exposiciones, charlas... en fin, eventos relacionados con un tema concreto, al incluir las palabras indicativas en el cuadro de*

búsqueda, habrá que pulsar sobre la opción Eventos para que aparezca el listado con todos ellos. En este caso, no hay que hacerse fan, sino enviar una contestación sobre si se acudirá o no. No es necesario hacerlo directamente, lo mejor es visitar primero la página en la que se encuentra la información sobre el acto y, a continuación, decidir. También aquí se puede filtrar más, y seleccionar la fecha o el tipo de evento.

¿Y si se tratara de un grupo? Pues bien, en este caso, el proceso de búsqueda será el mismo, aunque luego hay dos posibilidades, o bien Unirse al grupo si es de interés, o bien Enviar solicitud para unirse al grupo (si está restringido), en cuyo caso habrá que esperar una respuesta.

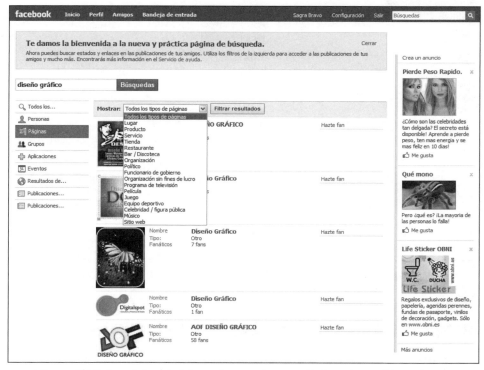

Figura 24.7. *La página de búsqueda permite, no sólo buscar perfiles, páginas, grupos... relacionados con un tema, sino filtrar aún más la información, de forma que los resultados se acerquen lo más posible a lo que uno desea encontrar.*

Cuando se pulsó sobre el enlace Contactos profesionales de la pestaña **Información**, en la página que apareció había otra opción de filtro. Se podía filtrar por Lugar, Institución educativa o Lugar de trabajo directamente. Rellenando las opciones que se desee, aparecerá un listado de personas relacionadas, con las que se podrá contactar.

Figura 24.8. La opción Filtrar por:, permite filtrar por Lugar, Institución educativa o Lugar de trabajo directamente.

Búsqueda de contactos por información ofrecida

Dentro de la Información personal, Información de contacto y sobre Formación y empleo, aparecen también multitud de "palabras claves" en forma de enlace, que si se pulsan realizarán una búsqueda rápida de todas aquellas personas, grupos, páginas, eventos, etc. que hay en Facebook relacionadas. Una vez que aparece el listado de todas ellas, únicamente habrá que realizar un filtro "personal" de lo que puede interesar o no.

25. Posibilidades virales

Contenido que se propaga como un virus... ¿Acaso es ésa la esencia del marketing viral? Podríamos decir, que el término marketing viral se emplea para referirse a las distintas técnicas que intentan, mediante redes sociales y otros medios electrónicos, producir incrementos exponenciales en cuanto al conocimiento de una imagen de marca, producto o negocio se refiere.

Suele estar basado en el boca a boca mediante medios electrónicos; usa el efecto de "red social" creado por Internet, así como los modernos servicios de telefonía móvil para llegar a una gran cantidad de personas rápidamente.

Este término también se usa para describir campañas de marketing encubierto (*blogs*, sitios que son aparentemente personales, etc.).

Nota: *En muchas ocasiones, las marcas "patrocinan" publicidad viral con el fin de generar conocimiento de un producto o del servicio que ofrecen. Esta publicidad está basada en la idea de que la gente se pasará y compartirá ciertos contenidos divertidos e interesantes. Además, se trata de "campañas" de fácil ejecución y coste bastante bajo, y a cambio se obtiene una tasa de respuesta relativamente alta.*

En este sentido, Facebook se ha convertido en el principal exponente del marketing viral. Se trata de un fenómeno que ha cambiado la forma de hacer marketing y publicidad, permitiendo que las empresas conozcan fácilmente los gustos de los clientes y se conecten directamente con ellos. Vemos, por tanto, que esta red social no sólo se ha hecho con el "favor" de jóvenes (y no tan jóvenes) de todo el mundo, las empresas no han querido desaprovechar esta oportunidad y han convertido a Facebook en el líder del Marketing Viral.

Marketing viral

No cabe duda de que este tipo de marketing goza de cada vez más importancia, sin embargo, existen grandes lagunas de conocimiento en las empresas y en la investigación sobre el comportamiento y actitud que conducen a la recomendación o el reenvío. De lo que desde luego no cabe duda, es que tanto empresas como consumidores lo tienen cada vez más en cuenta.

Posibles estrategias a seguir

Como ya hemos comentado, el marketing viral puede ser definido como una estrategia que hace que unos individuos transmitan rápidamente un mensaje comercial a otros de manera que se produzca un crecimiento exponencial en la exposición de dicho mensaje. Vamos, que se trata de publicidad que se propaga así misma, con ¿coste 0?

Pero, ¿cómo lograrlo?

Pues bien, una estrategia de estas características debe incluir ciertos elementos clave.

- **Ofrecer un producto o servicio de valor...**, pero gratis (software, correo electrónico, conexión gratuita, etc.). En algunos casos, la idea es comenzar ofreciendo algo gratis, para luego acabar cobrando por otro tipo de productos que se oferten; otros basan el negocio en la publicidad, etc. Véase la figura 25.1.

- **Contar con un medio de difusión**. Puede ser el *e-mail*, sitios Web, etc.

- **Si se ofrece un servicio, éste no debe fallar**. O los propios usuarios, en vez de difundir sus posibilidades, lo criticarán.

- **Motivación humana**. Utilizar la motivación humana es fundamental para cualquier plan de marketing viral. Si la transmisión de un servicio puede explotar sentimientos de pertenencia, popularidad, etc., se habrá logrado el objetivo.

Figura 25.1. *Ofrecer un producto o servicio de valor, como puede ser una cuenta de correo electrónico, de forma gratuita, es una buena estrategia de marketing.*

- **Redes de comunicación**. Los usuarios de Internet y, por ejemplo, de redes sociales como Facebook, se rodean de un círculo de amigos cuyo número puede llegar a ser muy importante. Pues bien, es fundamental aprender a transmitir el mensaje que se desee a través de dichas redes.

- **Recursos externos**. Publicar artículos gratis en boletines o revistas, por ejemplo, significa posicionarse aprovechando la audiencia de ciertos sitios, lo mismo pasa con las notas de prensa que se distribuyen por distintos medios, etc. Véase la figura 25.2.

Implementar un sistema viral

Una persona recomienda a otra que visite un *blog* determinado, ¿acaba de comenzar la expansión "vírica"?

Hay que tener en cuenta, que si realmente se pretende hacer un tipo de marketing viral "serio" se necesita algo más que un vídeo divertido para ser eficaz y llegar a muchas personas. Eso sí, como se dé con la tecla indicada, la campaña se difundirá sola.

Figura 25.2. *Hoy en día, páginas como YouTube ponen en circulación vídeos que el usuario puede ver, comentar y compartir, por ejemplo, en redes sociales como Facebook, que permite publicarlo en el perfil.*

Cuál es el secreto de la "viralidad"

Quizás la fórmula sea algo así:

"Ciertos elementos bien mezclados" + "Lugar indicado" + "Algunos potenciadores" + "Tiempo" + "Suerte"

Mostrémoslo de otro modo:

- **Público objetivo**. No se consigue llegar al público objetivo con *spam*, e-*mails* masivos o con "amigos" pasivos; es necesario dirigirse a los líderes de opinión: expertos, comunicadores, fans, etc. Es decir, si se focaliza el esfuerzo y se sustituye la "cantidad" por la "calidad" (o por lo menos se complementa), el éxito de la campaña, mensaje o vídeo crecerá exponencialmente.

- **Transmisión**. Si se puede transmitir un mensaje con un solo clic, en vez de con dos, mejor. Es muy sencillo, cuantas más facilidades se pongan, más posibilidades de éxito habrá. Se conseguirá una tasa de transmisión razonablemente elevada, si el mensaje es sencillo de comunicar (debe ser "reenviado" con la misma facilidad con la que se recibió").

- **Corta duración**. La duración del spot o del mensaje que se desee transmitir debe ser de corta duración. Cansar al "público" no es una opción aceptable.

- **Impacto**. Pongamos un ejemplo: un final inesperado hace que un mensaje pase de ser normal a convertirse en viral.

- **Elementos clave**. Es decir, el título que se le da a un vídeo, la imagen proporcionada (es recomendable que sea la mejor secuencia) o los comentarios que se pueden aportar (sería importante que se generara una discusión en el foro, *blog* o plataforma donde se encuentre), etc.

- **Variables que potencian la viralidad**. Nos estamos refiriendo, por ejemplo, a ofrecer incentivos (sorteos o vales, aunque esto pueda ser identificado con una promoción, y viraliza más un contenido no comercial), incluir melodías en el mensaje, aprovecharse de la moda, desarrollar series que el público quiera seguir, crear debate acerca de si lo visto es real o no, emplear lo cotidiano, el erotismo, el humor...

Nota: *No cabe duda del importante papel que juegan las emociones para que una campaña llegue a ser viral (miedo, ira, humor), pero hay que ser precavido, porque abusar de una estrategia de estas características puede desgastar dicha campaña muy rápido.*

Campañas virales

En una transmisión viral, el receptor se hace partícipe del mensaje, se implica, y pasa a convertirse en emisor, con todas las connotaciones que esto tiene en el marketing. Pero no nos equivoquemos, no todo es pura mercadotecnia, son muchas las ocasiones en la que se habla de viralidad sin que existan implicaciones comerciales, simplemente se trata de un juego colectivo.

Veamos algunos ejemplos de todas estas posibilidades:

- **Mensajes que animan a un usuario a pasarlo a otros**. Un ejemplo de ello lo encontramos en las cadenas de correo, donde se insta a la persona a reenviar el mensaje. También en aquellos correos con contenidos humorísticos (vídeos, por ejemplo) que la gente envía de forma espontánea.

- **Mensajes incentivados**. Se ofrecen recompensas por reenviar mensajes o aportar direcciones electrónicas de otro. Un ejemplo son los concursos *on-line*.

Nota: *Es importante calcular el beneficio que se brindará a los usuarios con una campaña viral, porque, sin duda, a mayor beneficio, más impacto. En cualquier caso, puesto que no todas estas las campañas de marketing convienen, es necesario analizar bien las posibilidades antes de "invertir" en ellas.*

- **Marketing encubierto**. Es ese tipo de mensaje que se presenta como una página o una noticia, sin que aparentemente se esté realizando una campaña de marketing.

- **Seguidores o fans**. Se trata de la aplicación del fenómeno "club de fans" de actores, deportistas..., a la empresa. En este caso, un usuario crea una página o un foro, por ejemplo, para comentar ciertas promociones de productos. De esta forma se pretende transmitir la idea de que la información no proviene de la empresa (aunque sí lo haga).

- **Rumores**. Anuncios o noticias que generan discusión y controversia y, por tanto, publicidad en forma de rumores y boca a boca.

Nota: *Hoy en día, un gran número de negocios aumentan el tráfico de sus Webs al ofrecer, de forma gratuita, postales virtuales en sus páginas, lo que les permite aprovechar las oportunidades de marketing viral. Éste podría ser un ejemplo de lo que implicaría añadir a un mensaje la palabra gratis: sin duda se trata de un término que incluye una serie de atributos que lo favorecen, ya que el receptor del mensaje interpreta dicha gratuidad como un gran beneficio obtenido y, por tanto, no duda en buscar otros conocidos a quien hacérselo llegar. Véase la figura 25.3.*

El "Boca a Boca", Word of Mouth o WOM

Hablemos un poco más de la que es, sin duda, una de las herramientas más influyentes del marketing digital, el llamado "Word of Mouth" o WOM, cuya traducción al castellano sería el ya mencionado "boca a boca", donde es el usuario el encargado de asignar cierta importancia al mensaje, y de difundirlo a quien cree que le interesará.

Figura 25.3. *Algunos negocios aumentan el tráfico de sus Webs al ofrecer, de forma gratuita, postales virtuales en sus páginas.*

Como hemos venido diciendo, se trataría de una forma efectiva, y de bajo coste, de promocionar un producto o servicio a través de Internet. Sin duda, permite sacar provecho de las recomendaciones de terceras personas.

Este tipo de técnicas se suelen emplear dentro de los sitios Web de muy diferentes formas.

De hecho, frases como "Recomiende esto a un amigo" son un ejemplo de ello, ya que permiten a los usuarios propagar fácil y rápidamente el mensaje sobre un sitio, producto o servicio.

> **Nota:** Invitar a otros usuarios de Facebook a visitar una página personal, a hacerse fan, a participar en un foro o un evento relacionado con la empresa (pudiendo llevar a otros "amigos"...), es una buena forma de realizar "marketing viral".

Una correcta estrategia del "boca a boca" permite al usuario compartir el contenido de un sitio Web con otros, haciendo un único clic de ratón. Como es lógico, el diseño y situación de ese botón es esencial para el buen funcionamiento de la campaña.

Así, para que este tipo de campañas sean eficaces, hay que dejar muy claro lo que se pretende que hagan los visitantes. Sin duda, es muy complicado que el usuario se tome la molestia de abrir su gestor de correo y enviarle a un amigo la recomendación, hay que facilitarle la tarea.

Figura 25.4. *Muchas páginas Web de periódicos ofrecen la posibilidad de enviar por e-mail, realizar comentarios o compartir sus artículos utilizando redes sociales u otros servicios Web externos. Todo ello de forma muy sencilla.*

Eficacia de una campaña WOM

Antes de continuar, habría que dejar claro que el marketing del "boca a boca" no es mágico, es decir, no se puede pensar que haciendo WOM se van a incrementar las ventas de forma automática. Es necesario trabajar para crear una buena planificación estratégica.

Crear una campaña que genere "boca a boca", de forma que un mensaje se transmita exponencialmente, significaría aplicar un modelo general de campaña publicitaria, prestando especial interés al "seguimiento", y teniendo en cuenta ciertas cuestiones.

- **Metas**. No está de más trabajar sobre ciertas metas y objetivos que se esperan lograr con una campaña viral. Los beneficios dependerán de dichas metas.

- **Estrategia**. El marketing "boca a boca" no es algo ilógico, que se deje al azar, sino que lleva una estrategia detrás (análisis y comprensión).

- **Contenido**. El contenido es fundamental, debe entretener y enganchar. El mensaje y su implementación, en muchos casos, dependerán del canal. En cualquier caso, este tipo de marketing sólo tendrá éxito si el contenido es lo suficientemente bueno como para ser difundido.

- **Canal a usar**. Canales pueden ser el *e-mail*, promos *on-line*, botones recomendar (no está mal, en algunos casos, incluir un botón o enlace que llame la atención y desde el cual se pueda enviar la publicidad o la noticia), vídeos, etc. En este caso, también depende del mensaje. Por ejemplo, aparecer en *blogs* afines al producto o servicio mejorará el posicionamiento en Internet, dará mayor credibilidad a la información, las opiniones adquirirán más valor...

- **Hay que ponerse al mismo nivel que el consumidor**. No es buena idea insertar mensajes sin más, lo importante es formar parte de la conversación. Al fin y al cabo, la marca es lo que el consumidor cree y dice que es.

- **Ser creativo**. Es un elemento clave en la estrategia. Hay que pensar para lograr un concepto bueno y, sobre todo, coherente.

- **Personalizar**. Hay que alejarse de los mensajes estándar, es mejor preocuparse por entablar una relación más personal.

- **Facilidad de transmisión**. Se debe crear un mensaje que sea transmitido de forma rápida, sin añadidos inútiles ni ornamentos extraños. Lo mejor es alejarse de la "supercreatividad" que todos creemos tener, porque no siempre es efectiva.

- **Controlar los resultados**. Es fundamental seguir la evolución de conversaciones, artículos, etc., para realizar correcciones si fuese necesario. Se deben evaluar los resultados, medirlos, pero no sólo cuantitativamente (es decir, el tráfico), sino también cualitativamente (temática de las conversaciones generadas, por ejemplo), desarrollar estadísticas...

- **Seguridad**. Incluir política de privacidad ofrece bastante seguridad.

Facebook, máximo exponente del marketing viral

Ni "personas" ni "empresas" han querido quedarse atrás y desaprovechar las oportunidades que les ha presentado este fenómeno que ha llegado a usuarios de todo el planeta, sobrepasando límites culturales y de lenguaje.

Todo para convertirse en uno de los sitios Web con más tráfico del mundo, en un paraíso para todas aquellas organizaciones que quieren sacarle provecho a las más modernas formas de marketing, cuyas ventajas son la expansión, rapidez, facilidad y dinero.

Viralidad en la red social

Que lo más importante del marketing viral es el contenido, creemos que ha quedado claro a lo largo del capítulo. Si una noticia gusta, si se encuentra algo gracioso o si se ve un vídeo interesante, su difusión en las redes sociales se extiende como la espuma. Y es precisamente de lo que el marketing viral trata, de aprovechar esa ola de información para darse uno a conocer. Para ello Facebook tiene algunas aplicaciones interesantes que debidamente usadas pueden ayudar, y mucho, a tener una presencia en la red muy perfilada.

- En primer lugar, hablemos del perfil de usuario en general, del que se crea nada más ingresar en Facebook. Se trata de la zona más controlada por el protagonista. En ella se puede incluir la información que se desee, vamos, desde mostrar la dirección de una página Web, a datos sobre un producto que se quiere promocionar. El perfil es una página que tiene mucho tráfico. Por esta razón hay usuarios que llevan a cabo una estrategia de unirse a muchos grupos o bien hacerse amigos de muchos usuarios (clientes, amigos, proveedores, conocidos y desconocidos). De este modo, consiguen redirigir muchas visitas a su perfil de usuario, que cada vez más gente acceda a su contenido y comiencen a hablar de su empresa, producto o evento, etc.

Nota: El **Muro** tiene más importancia de la que creemos, ya que todas las acciones que un usuario hace en su perfil o en su página (unirse a un grupo, ir a un evento, hacerse fan de una página, modificar un dato...), aparecen como actividades recientes, a las que sus "amigos" pueden acceder. También aparecen enumerados, por ejemplo, los eventos que se han propuesto. Sin duda, es un buen punto de partida para empezar una campaña viral. Véase la figura 25.5.

- Por qué utilizar, por ejemplo, la aplicación Notas. Se trata de una aplicación que aparece por defecto, y que permite publicar todo tipo de noticias en el perfil. De esta forma, todos los "amigos" de Facebook conocerán al momento que se han publicado ciertos contenidos, los cuales, si son interesantes, serán comentados..., empezando así a fluir la información por la red.

Figura 25.5. *Todas las acciones que un usuario hace en su perfil*
o en su página aparecen en el Muro como actividades recientes,
a las cuales sus "amigos" pueden acceder.

- Publicar en las secciones **Vídeo** y **Fotos** elementos personales, de producto o empresariales, puede servir para que los contactos que se tengan conozcan la marca y hablen de ella.

- Si se es una empresa, la publicación de noticias en un *blog* también es una magnífica idea. Cuando se quiere realizar una campaña de viralidad, y se pretende captar un público joven-adulto, la combinación entre *blog* y redes sociales puede ser la solución adecuada.

- Pero, sin duda, en Facebook, la forma de marketing favorita son los espacios de fans. Los usuarios se pueden hacer fans de espacios destinados a películas, música o incluso empresas o productos, e interactuar en torno a ellos. De este modo, los productos obtienen un espacio publicitario gratuito en los perfiles personales de los fans.

- Una de las formas más sencillas de hacer marketing viral son, quizás, los Grupos. Permiten comenzar a crear una comunidad entorno a la marca que se desea promocionar. Si se ofrecen contenidos interesantes para los miembros del grupo, éstos animarán a sus amigos a unirse a él; éste irá creciendo, y el marketing viral comenzará a funcionar. Los grupos a los uno pertenece aparecen en el perfil, por lo que se redirige gran cantidad de tráfico hacia ellos. Por otro lado, los foros de debate que se crean entorno al tema "propuesto" son una excelente vía de comunicación, donde compartir información... y, a continuación, distribuirla.

Nota: *Es importante comentar que en algunos casos, cuando un grupo cuenta con un número de miembros muy, muy elevado, puede que se tenga problemas a la hora de enviarles mensajes a todos ellos. Por otro lado, algo que actuaría en su contra es que a los grupos no se les puede añadir aplicaciones. También hay que mencionar que cuando un grupo adquiere mucha relevancia, puede ser objeto de spam, lo cual sería bastante negativo.*

- Las Páginas se pueden personalizar más que los Grupos, de hecho, a ellas sí se les puede añadir aplicaciones, por ejemplo. Son mucho más llamativas y no poseen límite a la hora de enviar mensajes a los usuarios. Quizás, donde se pierda algo de viralidad es en el hecho de que los que se hayan hecho fan de una página, no puedan enviar invitaciones a amigos para que también ellos se hagan, deberán verlo en su perfil o añadirse ellos mismos.

- Las páginas de Eventos están relacionadas con un acontecimiento especial: charlas, presentaciones, cursos, reuniones, anuncios de cambios empresariales, lanzamientos de productos... En ellas, además de información general, se pueden añadir fotografías, vídeos y otro tipo de material que se considere relevante para el evento en cuestión. Pues bien, esta opción, además de favorecer el marketing viral, permite ahondar, en gran medida, en la relación que existe entre clientes y usuarios. A todo ello, se le une la posibilidad de contactar y relacionarse con todas aquellas personas que van a ir al evento, pudiendo tener, incluso, un listado de invitados, personas que han confirmado... Véase la figura 25.6.

- Otra opción son los Mensajes. Aunque en Facebook no es posible ver el perfil de aquellos usuarios que no son amigos, ofrece la opción de mandarles un mensaje. Puede tratarse de una buena oportunidad para tener el primer contacto con ciertas personas que a uno le interesa conocer. Eso sí, ¡ojo! si se mandan demasiados mensajes, Facebook puede pensar que se está haciendo *spam* y puede cerrar la cuenta.

- Las **Redes** de, por ejemplo, una universidad, trabajo o, simplemente, redes geográficas, también pueden ofrecer ciertas ventajas, ya que facilitan la distribución informativa de nuevos productos, eventos o anuncios, permiten la participación en foros de debate, etc. Eso sí, también son lugares conocidos para hacer *spam*.

Figura 25.6. *En las páginas de eventos, además de información general, se pueden añadir fotografías, vídeos u otro tipo de material que se considere relevante para el evento en cuestión.*

Nota: *Sin duda, la clave de todo está en compartir. Es el inicio del proceso. Bien a través de un perfil o página, de un Grupo, un foro... el caso es que otros usuarios visiten el sitio, se interesen por la información compartida y la trasmitan.*

26. Campañas de publicidad y sistemas de promoción

Tanto las campañas de publicidad, propiamente dichas, como otros sistemas de promoción que se empleen tienen algo en común, y es la necesidad de comunicarse. La comunicación es, sin duda, una herramienta estratégica empleada por toda empresa que quiera estar bien posicionada en el mercado: gracias a ella una compañía puede mostrar en el mercado la imagen que se quiere que se tenga de ella, lo que favorecerá un posicionamiento mucho más competitivo.

Sin duda, una compañía que no se preocupe por potenciar su política de comunicación perderá grandes oportunidades de mejorar tanto su imagen como su marca, dentro y fuera de la propia empresa.

Es evidente, que el posicionamiento de una empresa requiere de unas acciones previas:

- Análisis previo del mercado. Fundamental para conocer qué demanda el público.

- Creación y lanzamiento del producto a través de los canales de comunicación seleccionados.

- Comercialización.

- Comunicación. Es importante crear en el consumidor la necesidad de adquirir un producto o contratar un servicio. Y, lógicamente, diferenciarse de la competencia.

> **Nota:** *Sin duda, la elección de un buen mensaje es fundamental para que la estrategia de comunicación sea efectiva: hay que distinguir entre el mensaje que se quiere emitir, el que realmente se emite, el que se oye, el que se comprende, el que se acepta, el que se retiene y, finalmente, el que se pone en práctica.*

A los cambios que se producen en el mundo de la comunicación se ha unido Internet con una fuerza increíble. Conceptos como interactividad, personalización, globalización, sociedad de la información... han dejado de ser una ilusión, creando un mundo de oportunidades antes desconocido (nuevos patrones de comportamiento, nuevos modelos de negocio, etc.).

Sin duda, la comunicación ayuda al posicionamiento y conocimiento de una empresa, logrando consolidar su marca; potenciando su imagen; fortaleciendo las características diferenciadoras de una compañía; acercando la propia empresa al público, etc.

Plan de comunicación

La comunicación corporativa no debe estar al margen de los objetivos que definen a la empresa, sino que debe ser un reflejo de su estrategia. De ahí que sea fundamental contar siempre con un buen plan de comunicación.

Éste debe tratar aspectos como:

- Qué es la empresa, qué objetivos tiene y sus principios básicos.

- Qué percibe el mercado de la empresa en estos momentos. Hay que valorar posibles cambios.

- Qué imagen se desea transmitir a los diferentes mercados. En este caso, habrá que realizar determinados cambios.

Una vez que se tienen claros estos aspectos, se puede trabajar más fácilmente en lo referente a la estrategia de medios y mensajes, a la definición de fechas de actuación para la consecución de objetivos, a la evaluación de costes, etc.

Los departamentos de Relaciones Públicas así como las campañas de comunicación son los principales instrumentos que integra una compañía para mantener su imagen.

> **Nota:** *Nunca hay que confundir una campaña publicitaria, de la que hablaremos posteriormente, con una campaña de comunicación. Con esta última nos referimos al conjunto de mensajes que elabora la propia empresa, y que los hace llegar a los medios de comunicación para que sean éstos los que se hagan eco de su contenido.*

Publicidad, campaña publicitaria y promoción

La publicidad es la comunicación de masas. Llega al público a través de los medios de comunicación, medios que emiten dichos "anuncios" a cambio de cierta contraprestación ya fijada. Éstos son incluidos en un determinado horario, de un determinado canal, durante un determinado tiempo.

A veces, incluso hay productos que adquieren cierta relevancia gracias a la publicidad, pero ni siquiera como consecuencia de una campaña intencionada, sino fruto de una cobertura periodística relevante. Internet se ha convertido en un medio habitual para el desarrollo de campañas interactivas que, sin caer en la invasión de la privacidad, acercan la publicidad tradicional a nuevos espacios donde desarrollarse.

La importancia de la publicidad radica en:

- **Conducta**. Tiene la capacidad de hacer llegar un mensaje a la mayoría del público objetivo al que va dirigido.

- **Economía**. No toda la publicidad es igual de costosa, la hay bastante económica.

- **Rapidez**. Los resultados son bastante inmediatos.

- **Eficacia**. La respuesta no suele hacerse esperar: aumento de las ventas, reconocimiento de marca o notoriedad de la empresa.

> **Nota:** *Aunque a veces pase, no hay que confundir los términos "Publicidad" y "Propaganda", ya que la propaganda busca la propagación de ideas (de*

cualquier tipo, desde religiosas, a políticas o sociales), sin que sus fines sean directamente económicos.

Figura 26.1. *Internet ha pasado a ser un medio habitual para el desarrollo de ciertas campañas interactivas.*

Informar al consumidor sobre los beneficios de un producto y servicio, dejando clara la diferencia con respecto a otras marcas es un principio fundamental de la publicidad. Cada vez se trabaja más en la creación de marca, en comunicar las cualidades que ofrecen personalidad y reputación a dicha marca, en comparación con el resto. De hecho, encontramos grandes diferencias en cuanto al tipo de publicidad que se emplea en determinadas situaciones: no es lo mismo informar sobre nuevos productos (o recomendar los ya existentes), que intentar persuadir a los usuarios para que elijan una determinada, o incluso, nueva marca; recordar al consumidor la existencia de un producto (ya consolidado en el mercado), o, una vez que el consumidor se ha decantado por dicho producto, incidir en lo buena que ha sido su elección.

Figura 26.2. *No es lo mismo informar al consumidor sobre nuevos productos (o recomendar los ya existentes), que lanzar una nueva marca.*

Campañas publicitarias

Podríamos definir campaña publicitaria como el conjunto de estrategias que tienen un objetivo claro: dar a conocer un producto o un servicio al público, empleando para ello los medios de comunicación que se tienen al alcance. Su diseño se basa en el intento de impactar en un grupo clave de objetivos, y su vida "temporal" suele ser corta, por lo general.

Pero, ¿cómo se crea una correcta campaña publicitaria?

1. **Definir objetivos**. Qué objetivos persigue la empresa al realizar una campaña de publicidad. Sólo de esta forma el resultado podrá cubrir sus necesidades reales. Se podrían mencionar objetivos como:

- Mantener la cuota de mercado. Si el mercado crece, la empresa también debe hacerlo.

- Informar al público objetivo sobre las novedades empresariales.

- Atraer nuevos clientes, al mismo tiempo que se intentan restar a la competencia. Nunca hay que olvidar el acercamiento a los clientes potenciales.

- Trabajar y vender la imagen de la empresa, así como consolidar la marca.

- Fidelizar clientes.

2. **Realizar el briefing**. Se trata de un documento básico de trabajo, en el que están reflejados por escrito todos aquellos elementos que incluye el plan de marketing y que se consideran necesarios para realizar la campaña con éxito. Algunos de estos elementos son: público objetivo al que se dirige la campaña (desde localización geográfica, hasta los hábitos de compra o edad); características del producto, así como del mercado al que éste va dirigido; conocimiento de la competencia; canales de comercialización que se van a emplear; acciones realizadas con anterioridad; presupuesto detallado, etc.

3. **Creación del mensaje**. Qué beneficios posee este producto o servicio. Debe quedar claro, ya que es el que va directo al público.

4. **Soportes empleados**. Hay que definir los canales que se emplearán para llegar al público, de forma que sea rentable y eficaz. Este análisis de medios servirá para elegir los más adecuados para la transmisión del mensaje. De los soportes empleados dependerá:

- El diseño. Lógicamente, según qué medios sean los seleccionados, habrá que trabajar en los diseños para adecuarlos a ellos.

- El mensaje. Aunque el mensaje principal no varíe, sí habrá que adecuarlo al medio de comunicación que se elija para su difusión, a sus formatos y audiencias.

5. **Coordinación y puesta en marcha**. Una vez lanzada la campaña no se tarda demasiado en recibir información sobre la aceptación que ha tenido en el mercado, su *feed back*. Dependiendo de estos resultados, se decidirán posibles cambios.

6. **Control de resultados**. ¿Aumento de ventas?, ¿gran parte de los objetivos cumplidos?...

> **Nota:** *Cada vez más, los mensajes están obligados a sorprender, por lo que hay que buscar distintos caminos en lo que a creatividad se refiere.*

Medios publicitarios

Son muchos y variados los medios que se emplean en publicidad para anunciar productos o servicios. Pero a la hora de elegir entre ellos, hay que tener en cuenta un aspecto fundamental: el mensaje puede ser muy bueno, pero si no se sabe transmitir a través de los medios indicados, el esfuerzo realizado habrá sido inútil. Aquí, toma de nuevo gran relevancia la creatividad, porque una de las cosas que hay que evitar es que el mensaje se mezcle con el soporte, pasando a convertirse en "parte del entorno", en vez de destacar y hacer que el público fije su atención en él. Entre los medios más importantes, se encuentran los siguientes:

- **Televisión**. Se trata de un medio de gran impacto. Sin duda ofrece la posibilidad de llegar a un número muy elevado de consumidores, lo que le hace muy atractivo, aunque la inversión que hay que realizar es muy grande.

- **Prensa**. El mundo de la prensa ofrece un buen soporte publicitario para un gran número de productos. Además, éste se ha visto complementado con las posibilidades que ofrece Internet, ya que cada vez más, periódicos y revistas son consultados en su versión *on-line*, lo que produce un aumento de la difusión del medio y, por lo tanto, de la publicidad que incluyen.

Figura 26.3. La prensa ofrece un buen soporte publicitario para un gran número de productos. Además, su propia organización temática facilita la inclusión de anuncios claramente específicos.

- **Radio**. Aunque desplazada en relevancia por la televisión, se trata de un gran medio informativo, luego también se convierte en un gran medio para la difusión de publicidad.

- **Internet**. Cada vez proliferan más las campañas publicitarias en la Red. Anuncios estratégicamente ubicados en un sitio Web, en foros, redes sociales, *blogs*, y que suelen presentarse en forma de *Banners*, Google adwords, Google adSense, MicroSpot, etc.

> ***Nota:*** *Un porcentaje bastante amplio de la publicidad que aparece en Internet, lo hace en las plataformas de redes sociales, lo cual indica que la "Web social" cada vez se impone más a los "sitios Web". Quizás, el que el número de usuarios de redes sociales aumente por momentos y que el precio de los anuncios sea relativamente bajo, sean dos de las razones. El envío de mensajes de correo electrónico no solicitados con publicidad, en cantidades masivas, es considerado spam.*

- **Medios alternativos**. Nos estamos refiriendo a la publicidad que se realiza en vallas, transportes públicos, en recintos deportivos, marquesinas, etc. Sin duda debe ser muy directa e impactante.

Figura 26.4. *No hay que olvidar la gran cantidad de publicidad que se integra en elementos exteriores, como son las vallas, marquesinas, transportes públicos, etc.*

Otras "herramientas publicitarias"

Aunque la publicidad convencional sigue siendo la más empleada por las empresas, cada vez más éstas buscan otras fórmulas que ofrezcan resultados a más corto tiempo.

Sin duda, esta publicidad no es la única herramienta válida para introducir mensajes en el mercado.

Hay otras posibilidades como son el marketing directo, el patrocinio, las ferias, Internet..., las cuales han permitido avanzar en lo relacionado con la interactividad y la personalización.

- **Acciones de patrocinio**. Aportan alta rentabilidad de imagen a la empresa. Suelen tener dos objetivos, obtener un rendimiento comercial, a la vez que una imagen positiva de la empresa. Por esta razón, una de sus principales metas es la de construir una imagen de marca, aunque también revalorizar un producto, obtener cobertura en distintos medios, ser aceptado socialmente... Como es normal, su rentabilidad dependerá del acierto en la elección del "evento" patrocinado.

- **Merchandising**. Se trata de una técnica que se suele emplear en los lugares de venta, la cual pretende estimular la adquisición de un producto o bien de un servicio. Los objetivos básicos del *merchandising* son los siguientes: llamar la atención, dirigir al cliente hacia el producto y facilitar la acción de compra (de ahí la importancia que tiene que un producto se encuentre en un determinado lugar), medios empleados para mostrar su emplazamiento, etc.

> **Nota:** *Otra acepción del concepto* merchandising *es la de objetos promocionales o reclamos publicitarios.*

- **Promociones**. Su objetivo es ofrecer al consumidor ciertos incentivos para la adquisición de un producto o servicio a corto plazo. Esto se traduce en, por ejemplo, un incremento puntual de las ventas, la posibilidad de conseguir nuevos clientes, potenciación de la marca, fidelización, maniobras como contrarrestar acciones de la competencia o reforzar una campaña de publicidad, etc. Algunas de las técnicas más habituales que se emplean son los eventos, los concursos, promociones económicas (es decir, descuentos directos, vales...) o promociones del producto (entregas gratuitas, degustaciones, regalos...).

La publicidad on-line

Hoy por hoy, la publicidad destinada a la Red es reconocida en los presupuestos de publicidad de muchas empresas en todo el mundo.

Internet ofrece diferentes espacios donde poder situarla. Los anuncios tipo *banner*, por ejemplo, pueden colocarse en motores de búsqueda, sitios de contenido, de publicidad, *blogs*... Como es lógico, la selección de dónde se mostrará el anuncio, dependerá de los objetivos que se quieran alcanzar con la estrategia de publicidad *on-line*.

> **Nota:** *Los anuncios tipo* banner *son una forma de crear conciencia de un sitio Web y de incrementar su tráfico. Éstos se suelen situar en aquellas páginas que su "público objetivo" probablemente frecuente, animando a este mercado a que acceda a ellos mediante un sólo clic y les visite.*

Si bien las campañas de publicidad tradicionales tienen un éxito reconocido y unos beneficios ampliamente demostrados, las campañas *on-line* también poseen alguna que otra ventaja que es necesario mencionar:

1. **Desarrollo y creatividad**. En general, el desarrollo de, por ejemplo, un *banner* lleva menos tiempo y se coloca en los sitios Web mucho más rápidamente.

2. **Respuesta**. La respuesta a este tipo de anuncios puede medirse en poco tiempo de plazo a través de los análisis de tráfico Web. En el caso de que la respuesta fuese negativa, sería relativamente fácil y rápido modificar el sitio en el que se está anunciando, o incluso, cambiar el propio anuncio, con el fin de observar si atrae a más audiencia.

3. **Información**. La cantidad de información que puede ser enviada, si el sitio Web es visitado, supera con creces la de las campañas de publicidad tradicionales.

4. **Coste**. En cuando al coste del desarrollo y puesta en marcha de una campaña de publicidad *on-line*, podríamos asegurar que éste es mucho menor que el de los medios tradicionales.

> **Nota:** *Los anuncios de Facebook se muestran en la columna de la derecha de las páginas, dentro del espacio reservado para ello.*

Tecnología empleada

Pero, cómo funciona la publicidad en la Red, de qué tecnología estamos hablando, qué tipo de publicidad se emplea exactamente...

A continuación mostramos unos conceptos que quizás permitan entender un poco mejor qué se esconde detrás de un anuncio *on-line*.

- **Anuncio "tipo *banner*"**. Son pequeños anuncios que se encuentran situados en una página Web.

- **Accesos mediante clic**. Se denomina así al hecho de que el usuario haga clic en un anuncio tipo *banner* con el ratón y vaya al sitio anunciado. En muchas ocasiones, los precios de la publicidad tipo *banner* se determinan en relación al número de accesos que la página haya tenido mediante clic (también llamada Coste Por Clic, CPC), y no a cada vez que se muestra el anuncio.

- **Accesos**. En realidad, son la cantidad de veces que se ha accedido a dicho sitio Web. El problema es que es algo engañoso, puesto que no sólo se cuenta la página principal, sino otras páginas interiores que se visiten o archivos que contengan.

- **Impresiones o vistas de página**. Cuando se ve un anuncio tipo *banner* se denomina Impresión. Los precios de la publicidad tipo *banner* también se calculan a menudo por impresiones.

- **CMP**. Es un término de publicidad estándar que significa Coste por Mil Impresiones. Se emplea a menudo para calcular el coste de la publicidad tipo *banner,* si un sitio vende la publicidad basándose en impresiones.

- **CPA**. Se trataría de Coste Por Acción o Coste Por Adquisición. Éste es un modelo de pago en el que los anunciantes únicamente pagan si su anuncio genera una conversión completa, es decir, si se ha llevado a cabo, por ejemplo, una venta, un registro, una descarga o una reserva.

- **Palabras clave**. Se puede adquirir publicidad de palabras clave en los sitios de los motores de búsqueda que disponen de programas de publicidad. Así, el anuncio aparecerá cuando alguien realice una búsqueda con la palabra clave que ha adquirido.

Nota: Un ejemplo del último punto lo tenemos en Google. Cuando se realiza una búsqueda tecleando palabras clave, "anuncios patrocinados" aparecen junto a los resultados de dicha búsqueda. Podríamos decir que de esta forma, la publicidad está dirigida estrictamente a un público receptivo y que de entrada está interesado en un producto o servicio concreto. Sin duda, es un tipo de publicidad bastante efectivo si tenemos en cuenta que el usuario ya tiene creada una necesidad, por lo que no hay que creársela, y únicamente restaría ofrecerle el servicio.

Figura 26.5. *Son muy característicos los Anuncios patrocinados de Google.*

Banners

La publicidad tipo *banner* es la forma de publicidad *on-line* más común y más reconocida.

Aunque el formato clásico del *banner* es horizontal, hay otros muchos formatos en función del soporte, es decir del sitio Web.

Nota: *Comúnmente, el término* banner *se utiliza para referirse a todo tipo de formatos publicitarios* on-line, *aunque existen otras piezas publicitarias con diferentes características, como por ejemplo, los Robapáginas (cuando el formato es cuadrado), Botones (formatos pequeños),* Layers *(si la publicidad aparece sobreimpresa en el contenido de la página),* Pop-ups *(se trata de una publicidad que salta en la página y que se puede cerrar), etc.*

Por otro lado, encontramos que los *banners* pueden ser:

- **Estáticos**. Éstos permanecen fijos en la misma página Web hasta que se eliminan.

- **Animados**. Se mueven en el sitio Web. Suelen ser en formato `.Gif` o bien en `.SWF`, y contienen un grupo de imágenes en un archivo que se presentan en un orden específico.

Figura 26.6. *El término banner se suele emplear para referirse a todo tipo de formatos publicitarios on-line, aunque existen otras piezas publicitarias con diferentes características: los Robapáginas (cuando el formato es cuadrado), Botones (formatos pequeños), etc.*

A continuación mostramos algunos consejos interesantes que permitirán "no meter la pata" a la hora de "publicar" un *banner*.

- Es muy importante que el *banner* se cargue rápido. Si no, se corre el riesgo de que el visitante salga de la página Web sin que éste haya cargado, con lo cual sería inútil. Aquí es muy importante su "peso", del que seguro que informarán en las especificaciones publicitarias.

- No debe incluir ni demasiado texto o animaciones, ni excesivos colores y fuentes, o el visitante se sobrecargará de información.

- Se tiene que leer bien. De hecho, lo normal sería emplear un tipo de letra sencillo y con el tamaño adecuado.

- Hay que asegurarse de que el *banner* enlaza a la página Web indicada. Es mejor enterarse cuanto antes de que al hacer clic en él da error o enlaza con el sitio que no debe.

- Si son animados, es importante evitar que tengan muchos fotogramas.

- No está de más probarlos en diferentes navegadores y varias resoluciones de pantalla.

La publicidad en las Redes Sociales

Se ha debatido bastante sobre la efectividad del negocio publicitario en redes sociales de Internet, aunque hay algo evidente: tras la caída de la inversión publicitaria en los medios tradicionales, la tendencia hacia la publicidad *on-line* ha ido en aumento, proliferando, sobre todo, en este tipo de redes. Algunas de ellas, como Facebook, aumentan cada día su número de miembros, lo que la ha convertido en uno de los soportes digitales con mayor proyección.

¿Pero, hasta qué punto es efectiva esta publicidad? Como es lógico, las opiniones son variadas. De hecho, muchos consideran que este tipo de publicidad es efectiva, pero como presencia de marca. Otros, que es una publicidad, dentro de lo que cabe, bastante eficaz, pero que podría mejorarse.

> **Nota:** *Como sucede en el marketing* on-line, *si uno tiene pensado anunciarse en redes sociales, es importante detenerse un momento a seleccionar el público de destino, a realizar el seguimiento de la inversión y a valorar los beneficios. También es importante analizar el tráfico del sitio de red social, sus integrantes y su base, decantándose por los que tengan el tipo de público que desea atraer.*

Publicidad y Facebook

Ya tenemos claro que las redes sociales se han convertido en protagonistas de muchos planes de marketing en Internet. Y Facebook es quizás la que más ha salido ganando. ¿Por qué?

Principalmente, porque es posible hacer publicidad que llegará a millones de personas/usuarios que día a día acceden a su cuenta para ver cosas nuevas. Sin contar con que Facebook se puede convertir en un canal de marketing viral de un mensaje publicitario, ya que gracias a su facilidad de expansión tiene capacidad para llegar a grandes segmentos de la población, con un bajo coste.

Mostremos algunas de sus ventajas:

- Permite llegar al público adecuado, gracias a sus filtros demográficos y psicográficos. Por defecto, Facebook dirige la publicidad a todos los usuarios con una edad mínima de 18 años que se encuentran en la situación geográfica especificada. Sin embargo, no está de más modificar los parámetros de los filtros para llegar al público más adecuado para el anuncio.

- Facilita la inserción de publicidad contextual añadiendo imágenes a la publicidad. En la página aparecen las especificaciones técnicas que éstas deben tener.

- Convierte un mensaje en viral. Dada la gran cantidad de usuarios con los que cuenta, un mensaje puede navegar en poco tiempo hasta multitud de potenciales clientes.

Anunciarse en Facebook

Aunque en un principio la publicidad que se encontraba en Facebook se basaba únicamente en "anuncios de estudiantes", en la actualidad, cada vez más compañías están invirtiendo en la publicación de anuncios corporativos. En Facebook, un anuncio es la forma en que una empresa o marca puede empezar a promocionar su producto o servicio. Éste va a cargo del anunciante, con texto publicitario e imagen, y no incluye acción social. Estos anuncios pueden estar vinculados a una página del propio Facebook, a una aplicación o a un sitio Web externo.

> **Nota:** *Un anuncio social sería un anuncio de esta red social, pero con interacciones de los "amigos" de un usuario con una página de Facebook o una aplicación como titular. Puede incluir la imagen de marca, así como un mensaje publicitario por parte del anunciante.*

Recomendaciones para la elaboración de un anuncio

Antes de ponerse manos a la obra con la creación del anuncio, es importante tener claro "qué, cuándo, cómo, dónde, por qué"... Así, hay ciertas cuestiones a considerar, o elaborarlo será una tarea más complicada de lo que realmente es.

- **Objetivos**. Éstos dependerán en gran medida de si se paga por clics o por impresiones. En el primer caso, lo importante es que el anuncio esté dirigido al público más relevante, que es el que se pretende que acceda a la página o sitio Web. En el segundo, la intención es que el público en general vea el anuncio, por lo que conviene asegurarse de que éste es claro, es decir, que la empresa o marca es perfectamente identificable.

- **Selección del público**. Se trata de elegir al público que se cree que realmente le va a interesar el anuncio. Es importante determinar una ubicación relevante: sería inútil desarrollar una actividad en Soria, y publicar el anuncio en París.

- **Palabras clave**. Permite acotar el público objetivo del anuncio para que incluya a personas con intereses que se adapten a dicha oferta. Las palabras clave se basan en intereses, actividades, puestos de trabajo que los usuarios incluyen en sus perfiles. También pueden proceder de nombres de grupos o páginas a los que éstos pertenecen.

- **Características del anuncio**. La redacción tiene que ser clara y directa (es importante incluir el nombre de la marca o empresa), y también fácil de leer. No debe ofrecer excesiva información, ya se mostrará en la Web, pero sí animar al usuario a hacer clic. En cuanto a la imagen, ante todo, que sea relevante con el contenido.

- **Usuario**. Nunca se sabe la experiencia que tiene el usuario, por lo que hay que intentar que tanto los anuncios como las páginas de destino sean atractivas y navegables. Les tiene que quedar claro dónde irán tras hacer clic, y deben encontrar con relativa facilidad la información importante. Vamos, que no deban esforzarse demasiado, o abandonarán el sitio demasiado pronto.

- **Rendimiento**. Hay que usar los datos de rendimiento del anuncio para poner en práctica estrategias efectivas para alcanzar los objetivos. A través de la cuenta, se puede ver información sobre los clics, impresiones y el nivel CPC o CPM.

En cuanto a los elementos que se necesitan para poder crear un anuncio, son los siguientes:

- **Enlace**. Es importante tener claro qué es lo que se quiere promocionar: quizás la propia página Web, una página de Facebook, una aplicación que se haya creado, un evento... Una vez decidido, al pulsar sobre el anuncio se accederá a la opción elegida.

- **Texto**. Conviene que la redacción del anuncio sea clara y concisa: el mensaje es muy importante en publicidad. El texto publicitario que se puede incluir consta de Título y Texto propiamente dicho. El Título puede contener, como máximo, 25 caracteres. El texto, 135.

- **Imagen**. Es importante que la imagen que vaya a acompañar al texto sea atractiva y, sobre todo, que sea la apropiada para el producto o servicio que se van a publicitar. En cuanto al tamaño de ésta, no puede ser de dimensiones mayores que 110x80 píxeles (sus proporciones deben ser 4:3 o bien 16:9). Las cargas deben ser inferiores a 5 megabytes. En el caso de que la imagen proporcionada fuese mayor o menor, ésta sería entonces redimensionada.

Figura 26.7. Un anuncio social de una página Facebook debe tener unas características de diseño concretas.

- **Repaso**. Es muy importante repasar el anuncio que se acaba de crear. Que no se hayan cometido errores (en cuyo caso se podrían subsanar). Una vez terminado, y hecho el pedido, el anuncio pasará una revisión de calidad, en la que se comprueba que respeta todas las normas de contenido. Algunas son las siguientes:

  - Se deben usar las mayúsculas correctamente (primera palabra de cada frase, nombres propios, acrónimos...).

  - El texto debe tener lógica, ser gramaticalmente correcto y sus frases han de ser completas. No se pueden incluir términos sexuales o blasfemias. Además, tampoco están permitidos los signos de puntuación innecesarios y repetitivos y, en el caso de emplearse símbolos, éstos deben ceñirse a su verdadero significado.

- La publicidad tiene que estar relacionada con la página de destino. Ésta debe ser pertinente al contenido que se anuncia.

- No debe incluir ofertas engañosas ni fraudulentas.

- Las imágenes no deben ser inapropiadas o irrelevantes.

Otro tema importante es tipo de anuncio... y el pago. Como es lógico, la cantidad que se pagará depende del tiempo que se pretende que esté el anuncio, así como del número de personas que lo verán. Así, encontramos:

- **CPC o Coste por Clic**. Permite especificar una cantidad determinada que se está dispuesto a pagar cada vez que un usuario haga clic sobre el anuncio.

- **CPM, Pago Por Mil impresiones o Pago por visita**. Permite especificar cuánto se está dispuesto a pagar por 1000 visitas o impresiones del anuncio.

La publicidad CPM suele ser más eficaz para el anunciante que desea que su marca o empresa sea más conocida, mientras que la CPC lo es para anunciantes que esperan una determinada respuesta por parte de los usuarios (ventas, por ejemplo).

Dependiendo de factores como el dinero que se haya invertido, el número de anuncios que Facebook tenga para ser expuestos o los resultados que se esperan del anuncio, éste aparecerá antes o después en el espacio reservado para la publicidad o en los canales de noticias.

Nota: Como ya hemos comentado, los anuncios de Facebook se muestran en la columna derecha de las páginas de Facebook dentro del espacio reservado para ello. En dicho espacio también se pueden mostrar banner publicitarios, aunque siempre aparecerán por debajo del anuncio de Facebook.

Crear y publicar un anuncio social para una página

La función de un anuncio social de una página es intentar que los usuarios se hagan admiradores o fans o que la visiten directamente desde el anuncio.

Se trata de un tipo de publicidad que se puede dirigir a determinados grupos de miembros. Como ya hemos comentado, cada uno consta de una imagen y un texto, y se publicarán tanto en los espacios publicitarios de Facebook como en los canales de noticias. Pero, lógicamente, lo primero que hay que hacer es crearlo:

1. Una vez que la página corporativa o de producto está activa, hay que pulsar sobre la opción Promocionar una página con un anuncio para comenzar a diseñar el anuncio.

***Figura 26.8.** La opción Promocionar una página con un anuncio permite crear un spot estático en tres pasos.*

2. En la página Anúnciate en Facebook (Crea tu anuncio en sólo tres pasos) se encuentra el primer paso a realizar: Diseña el anuncio. Este incluye las típicas secciones de Título (que en el caso de las páginas no se podrá modificar), Texto del anuncio (el cual sí es modificable), y la posibilidad de insertar una imagen. A la derecha de estas secciones hay una vista previa del anuncio, que variará dependiendo de lo que se seleccione en la casilla desplegable Contenido de Facebook (además de mostrar la propia página y otras que se posean, también es posible hacer anuncios de los Eventos que se tengan en la página en esos momentos, o de Aplicaciones propias).

3. Tras configurar todos estos apartados, se deberá pulsar sobre el botón **Continuar**. Véase la figura 26.9.

4. Ahora, es el momento de definir el público objetivo al que va dirigido el anuncio (en este cuadro es obligatorio completar la sección Ubicación, el resto son optativas). Para ello Facebook ofrece las siguientes posibilidades:

    *   Ubicación. Permite seleccionar el país o países, y si se desea segmentar aún más el público objetivo, la ciudad o ciudades donde deben residir los usuarios a los que se quiere hacer llegar el anuncio.

    *   Edad. Por defecto, los anuncios en Facebook se dirigen a los usuarios con una edad mínima de 18 años que se encuentran en la ubicación

por defecto. Sin embargo, es posible modificar los parámetros de segmentación como se desee.

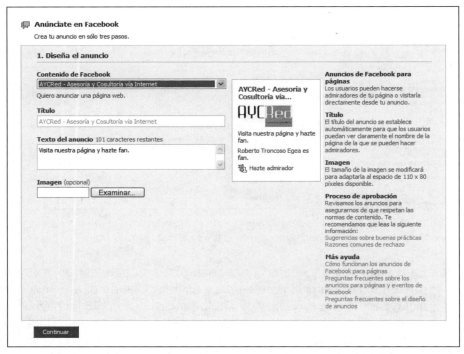

Figura 26.9. *Primeros pasos para la realización de un anuncio social de una página corporativa, así como su vista previa.*

- **Sexo**. Ofrece la posibilidad de definir si el anuncio debe ser visto preferiblemente por hombres o mujeres, o por ambos sexos. Si, por ejemplo, se decide seleccionar **Hombres**, el anuncio sólo se mostrará a los usuarios que han elegido rellenar esa información en su perfil. Si algún usuario ha preferido no rellenar esta sección de su perfil, no verá el anuncio. En el caso de que no se active ninguna de las casillas de selección, el anuncio se mostrará a todos los usuarios, tanto a los que hayan rellenado esta opción, como a los que no lo hayan hecho.

- **Palabras clave**. Facebook basa las palabras clave en datos que los usuarios aportan en sus perfiles. Por ello, en este cuadro de texto sería aconsejable escribir palabras que describan los intereses que se adaptan a dicha oferta. Si la palabra clave que se desea seleccionar como público objetivo no está disponible, esto significa que no habrá suficientes usuarios que hayan mencionado dicha palabra en su información de perfil.

- **Formación académica.** Permite elegir entre: **Todos los niveles de formación, Con estudios universitarios, En la universidad** o **En el instituto.** Si se selecciona una de las dos opciones universitarias, Facebook ofrecerá la oportunidad, si se desea, de introducir una o varias universidades específicas y una o varias carreras.

- **Lugares de trabajo.** Se pueden introducir empresas, organizaciones u otro lugar de trabajo registrado en Facebook.

- **Relación.** A través de esta opción se puede definir si el anuncio debe ser visto preferiblemente por solteros, personas con una relación o comprometidos o por casados. Si no se selecciona ninguna de las casillas de selección, el anuncio se mostrará a todos los usuarios, tanto a los que han rellenado esta opción, como a los que no lo han hecho.

- **Interesado/a en.** Ésta es similar a las casillas de selección del apartado **Sexo.**

- **Idiomas.** Permite realizar una segmentación por idioma.

- **Conexiones.** Este apartado dispone de dos opciones: **Usuarios que están conectados con** y **Usuarios que todavía no están conectados con.** En el caso de que se desee que el anuncio sólo se muestre a usuarios ya admiradores de la página, se debe seleccionar la primera opción. Por el contrario, si se desea que el anuncio pueda ser visto por un público que aún no es fan de la página, lo mejor sería usar la segunda opción. De no especificar ninguna de las dos, el anuncio llegaría a ambas partes. Tras configurar las secciones deseadas, en la parte inferior del cuadro **Público objetivo** se muestra información detallada de los usuarios aproximados a los que puede llegar el anuncio.

5. Una vez que se hayan realizado todas las especificaciones, así como consultado la información relevante antes mencionada, hay que pulsar sobre el botón **Continuar.** Véase la figura 26.10.

6. En el siguiente paso habrá que especificar el precio de las campañas. Dispone de las siguientes secciones:

- **Divisa de la cuenta.** Moneda que va a emplear para el pago.

- **Nombre de la campaña.** Nombre que se le da a la campaña de publicidad por parte del usuario que ha creado el anuncio.

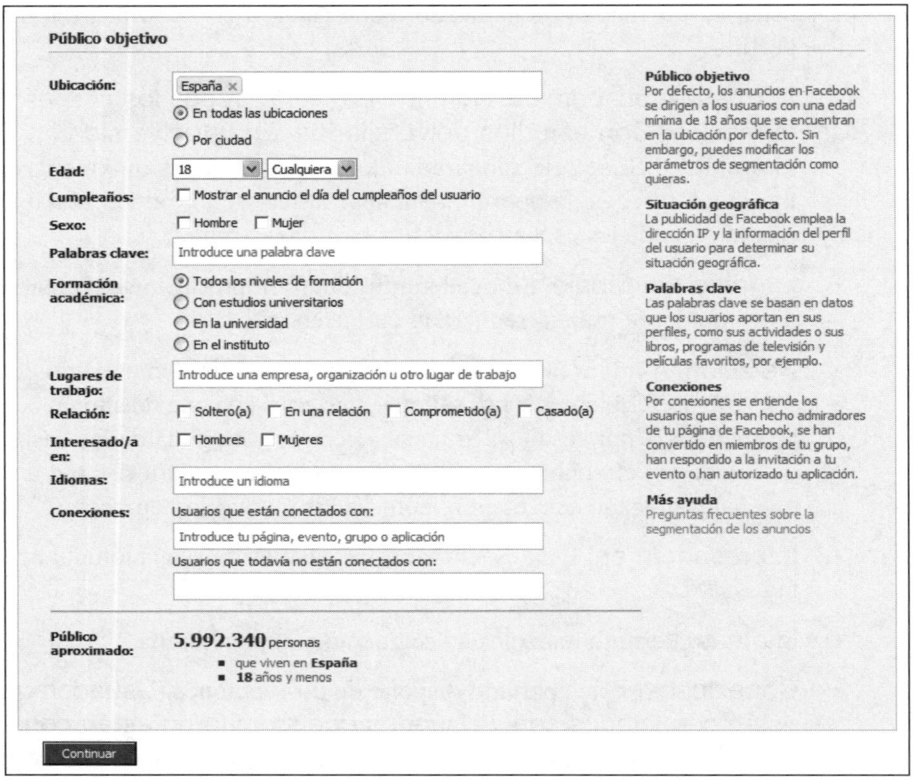

Público objetivo

Ubicación: España ×

- ◉ En todas las ubicaciones
- ○ Por ciudad

Edad: 18 ▾ - Cualquiera ▾

Cumpleaños: ☐ Mostrar el anuncio el día del cumpleaños del usuario

Sexo: ☐ Hombre ☐ Mujer

Palabras clave: Introduce una palabra clave

Formación académica:
- ◉ Todos los niveles de formación
- ○ Con estudios universitarios
- ○ En la universidad
- ○ En el instituto

Lugares de trabajo: Introduce una empresa, organización u otro lugar de trabajo

Relación: ☐ Soltero(a) ☐ En una relación ☐ Comprometido(a) ☐ Casado(a)

Interesado/a en: ☐ Hombres ☐ Mujeres

Idiomas: Introduce un idioma

Conexiones: Usuarios que están conectados con:

Introduce tu página, evento, grupo o aplicación

Usuarios que todavía no están conectados con:

Público aproximado: **5.992.340** personas
- que viven en **España**
- **18** años y menos

Continuar

Público objetivo
Por defecto, los anuncios en Facebook se dirigen a los usuarios con una edad mínima de 18 años que se encuentran en la ubicación por defecto. Sin embargo, puedes modificar los parámetros de segmentación como quieras.

Situación geográfica
La publicidad de Facebook emplea la dirección IP y la información del perfil del usuario para determinar su situación geográfica.

Palabras clave
Las palabras clave se basan en datos que los usuarios aportan en sus perfiles, como sus actividades o sus libros, programas de televisión y películas favoritos, por ejemplo.

Conexiones
Por conexiones se entiende los usuarios que se han hecho admiradores de tu página de Facebook, se han convertido en miembros de tu grupo, han respondido a la invitación a tu evento o han autorizado tu aplicación.

Más ayuda
Preguntas frecuentes sobre la segmentación de los anuncios

Figura 26.10. *Secciones que permiten segmentar el público objetivo del anuncio social que se está creando.*

- **Presupuesto diario.** Permite especificar cuál es la cantidad máxima que se desea gastar por día, el mínimo es de 1,00 EUR.

- **Frecuencia de circulación.** Mediante dos casillas de selección es posible indicar cuándo se desea que se inicie la circulación del anuncio: De forma ininterrumpida a partir de hoy o Sólo en fechas concretas. Si se elige la segunda opción, habrá que especificar la franja de días en las que se debe publicar el anuncio.

- **Pago por impresiones (CPM).** Permite especificar, en el cuadro de texto Puja máxima en EUR, cuánto se está dispuesto a pagar por 1000 pulsaciones sobre el anuncio. A la derecha del cuadro de texto, Facebook informa de las cantidades mínimas y máximas de las pujas de otros anunciantes para el grupo demográfico objetivo que se ha especificado.

- **Pago por clics (CPC)**. Permite especificar, en el cuadro de texto Puja máxima en EUR, qué cantidad se está dispuesto a pagar cada vez que un usuario pulsa sobre el anuncio. En la zona inferior del cuadro de texto se informará sobre la estimación de pulsaciones diarias.

7. Tras configurar las opciones arriba indicadas, se deberá pulsar sobre el botón **Crear**, para así generar el anuncio.

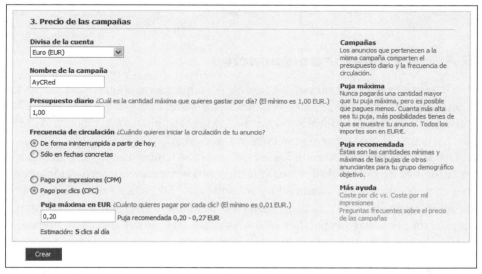

Figura 26.11. Cuadro de configuración de los precios dispuestos a pagar por una campaña social en Facebook.

8. El último paso consiste en repasar el anuncio que se ha creado, para comprobar que no hay errores.

Si hubiera alguno y se necesitara modificarlo, Facebook lo permite pulsando sobre la opción Cambiar anuncio. Después de repasar el anuncio, habrá que introducir los datos de la tarjeta de crédito y pulsar sobre Realizar pedido.

Aunque ya lo hemos mencionado en otras ocasiones, es importante tener en cuenta que todos los anuncios pasan una revisión de calidad antes de ser publicados, comprobándose que se respetan las normas de contenido. Si, por alguna razón, el anuncio incumple las Condiciones y las Normas de publicidad podría provocar que Facebook cancelara el anuncio o anuncios contratados, e incluso que llegara a deshabilitar la propia cuenta.

> **Nota:** *Una vez que se haya creado el anuncio, sólo se pueden cambiar las opciones de coste por clic o por CPM de éste. Si se pretendiese modificar el público objetivo o el contenido del anuncio, se tendría que cancelar y crear uno nuevo con los criterios correctos.*
>
> *Facebook también dispone de la función Crear anuncio similar, situada debajo de todos los anuncios que se dispongan en el Administrador de anuncios, que permite volver a desarrollarlo y hacer los cambios pertinentes de forma más sencilla.*

El Administrador de anuncios

Cuando se crea un anuncio, Facebook permite a su responsable realizar un seguimiento de él, a través del Administrador de anuncios. En esta página se notificará todo tipo de información que pueda reportar el anuncio o anuncios activos, así como el gasto diario generado por la campaña.

Desde la página del Administrador de anuncios también es posible acceder a los **Informes de publicidad**. Estos informes proporcionan la información que se precisa para optimizar y administrar las campañas. Además de suministrar todos los datos acerca de la cuenta, la campaña o el rendimiento del anuncio, ayudarán a conocer un poco más los perfiles de los usuarios que pulsan sobre los anuncios.

El informe personalizado dispone de tres tipos:

- **Rendimiento del anuncio**. Información que recoge estadísticas tales como impresiones, clics, CTR y gastos.

- **Datos demográficos**. Especifica algunos datos particulares sobre los usuarios (si éstos los han incluido en su perfil) que pulsan sobre el anuncio: sexo, edad, ubicación geográfica, etc.

- **Información sobre los perfiles de los usuarios que pulsan sobre el anuncio**. Proporciona información sobre los intereses que los usuarios han listado en su perfil personal de Facebook.

Estos informes se pueden generar en formato `.HTML` para que sean vistos en cualquier navegador, o en formato `.CSV` de forma que se puedan consultar a través de la hoja de cálculo de Microsoft (Excel).

> **Nota:** *El **Administrador de anuncios** también dispone de información sobre la facturación y la configuración de la cuenta de publicidad.*

Soluciones publicitarias no-sociales

Facebook también ofrece a grandes empresas, corporaciones o profesionales dispuestos a gastarse una importante suma de dinero, la posibilidad de generar una campaña de publicidad más compleja. Para ello es necesario ponerse en contacto con el equipo de ventas de Facebook. Este contacto inicial se resume en el envío de dos datos informativos sobre el fututo anunciante: país y presupuesto estimado para la campaña.

Para poder realizar esta primera toma de contacto es necesario acceder a la página Publicidad de Facebook a través del enlace Publicidad situado en la zona inferior de todas las páginas de esta red social y, a continuación, pulsar sobre la opción Ponte en contacto con nuestro equipo de ventas.

Figura 26.12. Facebook también ofrece la posibilidad de generar una campaña de publicidad más compleja a través de su equipo de ventas.

Otros sistemas de promoción de Facebook

Ya no nos cabe ninguna duda de que uno de los sitios más importantes e influyentes a la hora de hacer promoción en medios sociales es Facebook. Acabamos de hablar acerca de cómo publicitar una empresa o servicio creando un anuncio, incluso, en otros capítulos, de cómo invitar a "alguien" a conocer tu página empresarial. Pero hay algo más: insignias de páginas, paneles para admiradores o Fan Box y un espacio para realizar comentarios en directo o Live Stream Box.

Insignias profesionales o de páginas

Las insignias profesionales son similares a las de perfil, con la salvedad de que en las de página no se pueden agregar tantos elementos como en una personal.

Así, vemos que las partes destinadas al diseño son las mismas, pero a la hora de integrar elementos, la cosa cambia.

¿Qué elementos se pueden añadir?

- En una insignia de perfil: Foto del perfil, Nombre, Redes, Correo electrónico, Nombre de usuario, Fecha de nacimiento, Número de móvil, Sitios Web, Actualizaciones de estado, Fotos recientes hechas por mí, Próximos eventos, Últimas notas y Publicaciones.

- En una insignia profesional: Nombre, Estado, Foto y número de Admiradores/as.

Para crear una insignia de página, hay que realizar los siguientes pasos:

1. Con la página corporativa ya activa, lo primero que hay que hacer es pulsar sobre la opción Modificar página y, a continuación, buscar la sección Promocionar con la insignia de Facebook, que suele estar situada en la zona inferior de la columna de la derecha de página de Facebook. Una vez localizada, hay que pulsar sobre la opción Consigue tu insignia. Véase la figura 26.13.

2. Se accederá a la página Page Badges, donde se podrán previsualizar las insignias predeterminadas que Facebook dispone para las páginas. Si se desea modificar el diseño, habrá que pulsar sobre la opción Editar insignia identificativa.

3. En el paso Editar se modificará el diseño, señalando si la credencial será apaisada (**Horizontal**), **Vertical** o a dos columnas (**2 Columns**), así como los elementos que debe o no debe integrar: nombre, estado, foto (no se permite cambiar, sólo indicar si se integra en la insignia o no) y señalar el número de fans que tiene la página. Una vez definido todo, hay que pulsar sobre el botón **Guardar**. Véase la figura 26.14.

4. Una vez creada y guardada, ya solamente queda seleccionar el lugar donde se desea añadir la insignia. Facebook, por ahora, ofrece las siguientes tres posibilidades:

   - **Blogger**. Permite acceder al *blog* que se tenga en esta cuenta para incluir la insignia.

   - **TypePad**. Igual que en el caso anterior.

   - **Other**. Permite acceder al código fuente de la insignia para copiarlo y así poder utilizarlo en una página Web, *blog* o como firma del correo electrónico.

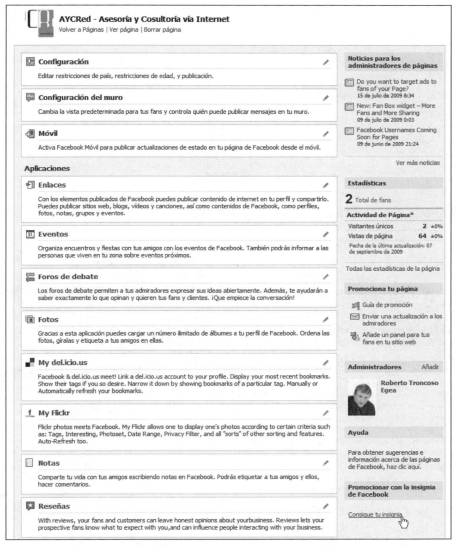

Figura 26.13. *Para poder crear una insignia de página es necesario pulsar sobre la opción Modificar página.*

Nota: *Cuando una insignia se incrusta en un* blog*, página Web o mensaje de correo electrónico, además de promover la página de forma visual e informativa, hace la función de enlace. Cuando se pulse sobre ella se accederá a la página Facebook que promociona.*

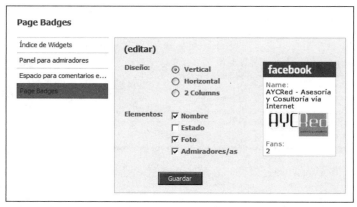

Figura 26.14. *Configuración y vista previa de una insignia de una página corporativa.*

Figura 26.15. *Aspecto que tendría una insignia de página que
ha sido incrustada en un blog creado en WordPress.*

Añadir un panel para admiradores o fans en un sitio Web

El **Fan Box** o panel de admiradores es un *widget* que ha sido desarrollado por Facebook y que puede ser incrustado en páginas Web (igual que ocurre con la insignia para páginas), el cual muestra a los usuarios las últimas actualizaciones de la página, y ofrece la opción de convertirse en fan de ella, sin ni siquiera visitar Facebook.

En un principio se ideó para que se pudiera incluir en las Webs corporativas, y desde ellas, poder acceder directamente a la página Facebook de la empresa o compañía.

De este modo se buscaría una mayor expansión comercial, y que las empresas, marcas, productos o profesionales se involucrasen más en la red social, a la vez que éstas expandían su presencia en Internet.

Esta pequeña aplicación nos permite estas cuatro configuraciones de diseño distintas:

- Solamente con la imagen que representa a la página invitando a los usuarios a convertirse en admiradores.

- La imagen con las últimas actualizaciones de la página.

- La imagen, las actualizaciones y los usuarios de Facebook que son ya fans de la página.

- La imagen y los usuarios de Facebook que son ya admiradores de la página.

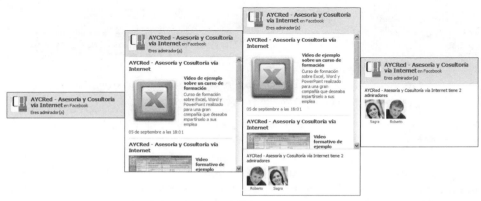

Figura 26.16. *Distintos diseños del mismo panel para admiradores o Fan box de una página corporativa de Facebook.*

Si se desea crear un panel para admiradores o **Fan Box**, hay que llevar a cabo los siguientes pasos:

1. Con la página corporativa activa, lo primero que se debe hacer es pulsar sobre la opción Añade un panel para tus fans en tu sitio Web. Ésta se encuentra situada en la zona inferior de la imagen representativa de la página.

2. En el caso de que se disponga de más de una página, se debe seleccionar aquella de la que se quiere hacer el panel.

3. Mediante casillas de selección se pueden configurar ciertos elementos de diseño: mostrar o no últimas publicaciones, mostrar o no los fans, o ninguna de ellas, y sólo mostrar la imagen representativa de la página.

4. Como ocurre con la insignia de página, el último paso que hay que dar es seleccionar dónde se desea añadir el panel: Blogger, TypePad o acceder al código fuente del panel para copiarlo y poder utilizarlo donde se desee.

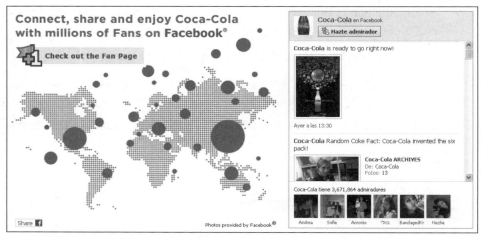

Figura 26.17. *Panel para admiradores que la compañía Coca-Cola tiene colgado en su página Web oficial.*

Live Stream Box

Finalmente, la última herramienta que nos entrega Facebook es el **Espacio para comentario en directo** o **Live Stream Box**. Esta aplicación básicamente permite comunicarse y compartir mensajes, en tiempo real, con otros usuarios de Facebook, desde cualquier página donde esté incrustado el panel.

Se trata de una *widget* muy útil cuando se planea hacer sitios que incluyan comunicación en tiempo real o bien cuando se desee generar un flujo de comentarios o participación viral sobre un evento transmitido vía Internet, como, por ejemplo, conferencias o charlas a diversas bandas.

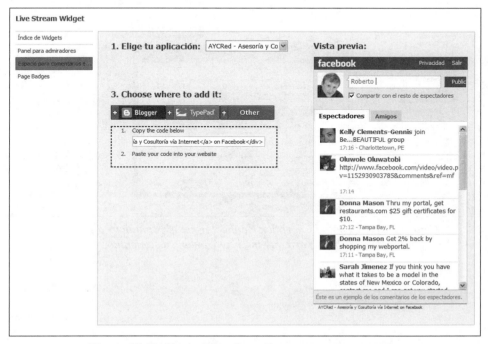

Figura 26.18. *Vista previa de un Espacio para comentarios
en directo de una página corporativa de Facebook.*

Su funcionamiento no solamente es muy sencillo, sino que además es bastante similar al de las insignias y el panel para admiradores: se incrusta el código en la página Web que se desee para generar el panel y, a continuación, el usuario de Facebook que quiera utilizarlo deberá acceder a través de su cuenta y dejar un comentario.

Nota: *Facebook también está probando la aplicación Facebook Connect, que es una llamada especial de su API (interfaz de comunicación entre componentes), la cual permite a los usuarios compartir fácilmente el contenido de un sitio Web con sus contactos de Facebook, mediante la incrustación de un botón en la Web.*

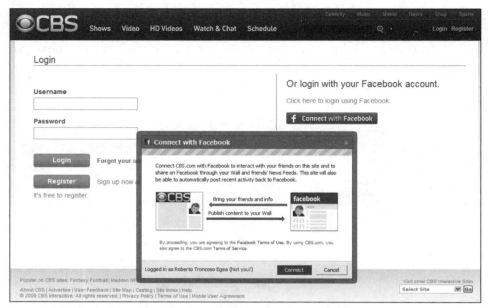

Figura 26.19. *El botón Facebook Connect permite comunicar a usuarios de Facebook para que interactúen con su contenido.*

27. SEO (Search Engine Optimization)

Quien trabaje en un entorno *on-line*, seguro que ha oído hablar de conceptos como "SEO" o "Analítica Web". Pero, ¿hasta qué punto están relacionados?

Sin duda, todo aquel que ha creado una página Web, sobre todo a nivel profesional, está preocupado por obtener un buen posicionamiento en los buscadores (SEO). Entonces... ¿Por qué a veces se descuida el análisis de los datos de uso, o el modo como se comportan los usuarios en nuestra página Web?

Conceptos clave

El posicionamiento de una página Web en los principales buscadores, sobre todo Google (el más empleado por los internautas), es un factor clave para el éxito de una empresa en la Red. El objetivo es, siempre, tener una mayor presencia en Internet que la competencia, y conseguir que dicho sitio aparezca, no sólo en la primera página del buscador, sino en las primeras posiciones.

Pero antes de continuar, es preciso tener claros los siguientes conceptos:

- **SEO**: consiste en lograr las primeras posiciones en buscadores, para una búsqueda determinada. Su principal objetivo es atraer a usuarios relevantes a una página Web. Por lo tanto, su función respecto al usuario/cliente es clara: ayudar a darse a conocer y captar clientes.

- **Analítica Web**: consiste en recopilar y medir datos de uso de una Web, además de explicar y entender esos datos. Así se logra su mejora y mayor optimización en los recursos. Dicho de otro modo, ayudará a entender y, por tanto, segmentar a los usuarios para poder maximizar los beneficios.

No hay que olvidar otro aspecto fundamental, la "usabilidad". Con dicha disciplina se pretende que un sitio Web sea fácil de usar y, por tanto, se aumente la eficacia (objetivos) y eficiencia (rapidez). Dicho en otras palabras: lograr que un usuario realice las acciones que desee con facilidad, le resulte un uso agradable y vuelva de nuevo a visitar la Web.

> **Nota:** *Hay herramientas como Omniture Test and Target o Google Website Optimezer que permiten realizar experimentos donde los propios usuarios muestran qué elementos de la Web son los más indicados. La interpretación de las estadísticas resultantes facilita en gran medida la mejora de la Web y la toma de decisiones.*

Figura 27.1. *Test&Target permite probar con rapidez diversos contenidos, rutas de navegación, campañas y diseños de sitios Web.*

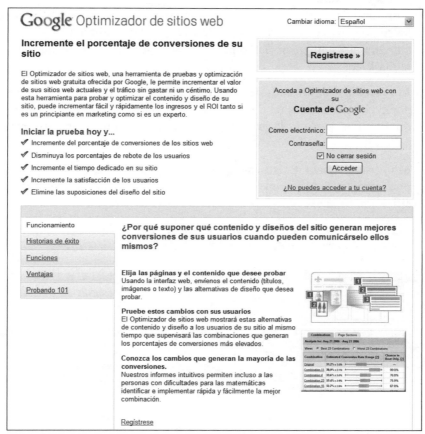

Figura 27.2. Google Website Optimezer es una herramienta de pruebas y optimización de sitios Web gratuita ofrecida por Google, que permite incrementar el valor de los sitios Web actuales y el tráfico.

Todo lo que acabamos de mencionar permitirá responder a preguntas tales como: ¿De qué nos sirve atraer tráfico, si no lo mantenemos? ¿En qué sección de mi página abandona el usuario? ¿Cómo y qué partes de la página hay que mejorar?...

Beneficios que aporta a una empresa un mejor posicionamiento

Que la Web esté bien posicionada en los buscadores, va a reportar grandes beneficios:

- **Aumento de visitas**. Si tras la búsqueda que realiza un usuario, la página creada aparece en los primeros puestos, las probabilidades de que éste entre en ella aumentan. Sin duda crecerá el número de personas que visiten la Web.

- **Mayores probabilidades de venta**. Los usuarios que utilizan un buscador están interesados en encontrar determinados servicios... Por lo que se observa una vez más la importancia de estar situados en las primeras posiciones.

- **Mayor confianza**. Existe una gran confianza en los resultados que ofrece, por ejemplo, Google, en los primeros lugares, ya que se identifican con sitios importantes.

- **Menor inversión**. Publicar un anuncio costará más dinero que situar la Web en los primeros puestos del buscador.

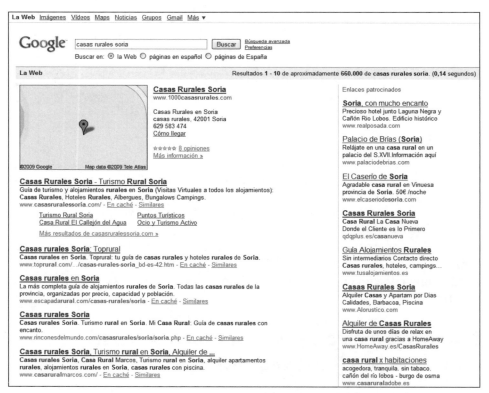

Figura 27.3. *Ante los resultados de una búsqueda, se suelen identificar las primeras apariciones como las más importantes o mejores.*

Analítica Web

Se trata de uno de los mejores aliados del posicionamiento en buscadores. De hecho, los grandes especialistas en SEO conocen a la perfección el manejo de las herramientas de analítica Web.

Importancia de la Analítica Web

¿Por qué es tan importante? Porque esta herramienta, bien utilizada, puede ayudar a tomar las mejores decisiones respecto a una Web, ya que éstas se basan en información:

- Facilita la optimización de los elementos dispuestos en la página.

- Emplea el rastro que deja el usuario durante su visita para analizar su experiencia.

- Así, es capaz de detectar posibles problemas, y buscar soluciones. Es decir, permite obtener los mejores resultados de cualquier acción de marketing, ya que gracias a su análisis se pueden mejorar y corregir a tiempo los posibles errores.

Nota: *Imaginemos que se ha lanzado una campaña* on-line *a través de una nueva Web. Tras varios días, es el momento de realizar un análisis de resultados. Bien..., ciertamente, ha tenido muchas visitas, pero un porcentaje muy elevado de usuarios deja de navegar por dicha Web cuando se encuentra en una determinada página. ¿Qué se ha de hacer? El analista recomendaría buscar el problema, reestructurar dicha página, modificarla para darle más claridad... El siguiente análisis será decisivo para comprobar si se ha solventado el problema. Situaciones como éstas hacen que cada vez más empresas inviertan en medición y análisis, como manera de optimizar ciertas decisiones sobre contenido, diseño, usabilidad y comunicación. De ahí que se piense en profesionales del marketing y no de la tecnología a la hora de llevar a cabo dichas actividades.*

La importancia de la analítica Web va creciendo, conforme va evolucionando el marketing. Ya no sirve con acumular datos de páginas visitadas y sacar conclusiones sobre "qué" hace el visitante, hay que ir más allá, hay que saber "por qué" lo hace.

Qué se quiere medir

Se buscan respuestas a la actuación del usuario. Información que permita mejorar los resultados y desarrollar más el negocio.

Como pautas básicas, podemos destacar éstas:

- **Visitas recibidas en un determinado periodo de tiempo**. Si se produce un incremento de éstas, significará que la campaña de posicionamiento va por buen camino.

- **Cantidad de páginas que ven los usuarios en sus visitas, en un determinado periodo de tiempo**. Lo cual indica, si el contenido de la Web es relevante o no.

- **Porcentaje de abandono tras la visita a una única página**. El usuario no ha encontrado lo que quería, o sí, en el caso de que el porcentaje de abandono sea bajo.

- **Permanencia del usuario**. Dará a conocer la importancia que éste ha otorgado al contenido de cada página de la Web.

- **Origen del tráfico de las visitas**. ¿Se trata de tráfico directo, desde buscadores o de sitios que cuentan con enlaces a la Web?

- **Palabras clave**. Palabras por las cuales la Web es encontrada en los buscadores.

Qué se necesita para el análisis Web

Existen muchos proveedores de herramientas de medición, aunque gracias a la entrada de Google en el mercado y a su herramienta gratuita Google Analytics, ya casi cualquiera puede medir sus visitas. Pero sin olvidar una cosa, estas herramientas te ofrecen datos, pero son las personas las encargadas de interpretarlos y extraer el valor real de las estadísticas.

Ciertamente, antes de comenzar un análisis, hay que pensar en lo siguiente:

- **Qué se pretende conseguir al realizar un análisis Web**. La respuesta correcta sería MEJORAR. Pero... ¿mejorar el aspecto, la navegación, el número de visitas...? o ¿las ventas, la percepción de marca...? Son objetivos que van más allá de la propia Web.

- **Aportar datos no es suficiente**. Hay que plantear soluciones, mejoras, nuevas opciones. Para ello, priorizar respecto a la información obtenida es fundamental.

Figura 27.4. *Google Analytics es una herramienta gratuita que ofrece soluciones sobre análisis Web para empresas. Proporciona información muy valiosa sobre el tráfico del sitio y la eficacia del plan de marketing.*

- **Averiguar el por qué de las cosas, no sólo el qué**. Acumular datos no tiene sentido si no se logra conocer el por qué de ellos.

- **Buscar apoyo, si es necesario**. Por qué las cosas son así y no de otro modo. El espíritu crítico de otros puede ser de gran ayuda.

Nota: *Tan importante como crear una página Web, una publicidad... es pensar desde un principio si se va a emplear alguna herramienta de análisis Web. ¿Por qué? Porque puede que el lenguaje en el que está programada la Web haga problemática la medición de ciertas páginas.*

Cómo sacarle partido a una herramienta de análisis

Una vez que se tiene la herramienta de análisis, y un caso real que analizar, hay que hacer lo siguiente:

- Navegar por el sitio Web y no centrarse sólo en la propia herramienta y en los informes. Nadie debe conocer la Web mejor que uno mismo, y si se quiere comprender al usuario, se han de vivir sus mismas experiencias.

- Pensando en la herramienta de análisis, hay que configurar las opciones al gusto de cada uno. No conformarse con la información que ofrece por defecto. Así se obtendrán los datos que realmente se necesitan.

- Intentar conocer los detalles técnicos de la herramienta. Que uno no sepa implantar los *tags* de medición, no significa que no conozca lo que implica emplear una u otra tecnología o qué ocurriría si se personalizaran los códigos.

- No hay que analizar nada si no se tienen todos los datos necesarios, es importante separar el tiempo de analizar del tiempo de recopilar. Igualmente, tampoco hay que interpretar un dato sin ponerlo en su contexto o bien sin cruzar con otros datos. Es importante realizar comparaciones con cifras anteriores.

Valor de la Analítica Web

Antes, eran los técnicos los que manejaban las estadísticas. Los *software* que se empleaban eran mucho más complejos que hoy, y había que manipular archivos, líneas de datos...

La historia ha cambiado. La analítica Web ha evolucionado, pasando de responder unas pocas preguntas (relacionadas muchas veces con el modo en que el servidor proporcionaba las páginas solicitadas), a permitir una visión del conjunto de actividades de marketing que se hacen desde una Web.

Puede que sean los profesionales de SEM y SEO los que mejor entiendan el valor de la analítica Web.

SEM (*Search Engine Marketing*) quizás sea un concepto más amplio que SEO (*Search Engine Optimization*), ya que éste engloba el fomento y promoción de una Web en los buscadores mediante enlaces patrocinados (se paga porque una Web aparezca como enlace patrocinado). Un ejemplo sería Google Adwords.

El principal objetivo de SEM sería incrementar el tráfico en el sitio Web gracias a un estudio detallado del cliente, para promocionarlo en las principales páginas relacionadas con el negocio en cuestión.

Por otro lado, el concepto principal de SEO es el posicionamiento de una Web en los principales buscadores (Google, Yahoo!, Msn...), además del estudio del comportamiento que han tenido las visitas de unas determinadas palabras, frente a otras, saber si los contenidos de la Web cumplen las expectativas...

> **Nota:** *La tendencia que se sigue es enlazar ambas tareas: por un lado la captación de tráfico para el sitio Web, y por otro la optimización del contenido. Todo ello gracias a la analítica Web.*

La planificación de los medios

En muchas ocasiones, las agencias de medios únicamente se han centrado en el *Clic Through*, o medición de la respuesta a los *banners*. Pero, ¿qué sucede con el usuario una vez que ha hecho clic?

Una campaña no puede ser medida correctamente, ni evaluar el impacto real de su inversión, si el enlace únicamente nos lleva a la URL, sin pasar por un sistema intermedio de medición que identifique el origen de la visita y permita comparar unos mensajes con otros, unas campañas con otras...

En el caso del *e-mail* marketing, sus herramientas nos ofrecen estadísticas sobre envíos, clics, etc. ¿Y una vez que el receptor visita la Web de destino? Cada vez resulta más habitual que los enlaces que incluyen los *e-mail* de campañas, *newsletter*, etc., cuenten con un código de identificación que informe a la herramienta de análisis cuál es el origen de la visita (si pertenece, por ejemplo, a una campaña u otra). Ayudaría a conocer qué han hecho las visitas cuyo origen está en ese *e-mail* concreto.

> **Nota:** *Lo mejor sería poder estudiar el ciclo completo de una visita, desde que se recibe un* e-mail *hasta que, por ejemplo, se realiza un encargo en la Web. Esto se conseguiría integrando los dos tipos de* software.

Buzz Marketing

En muchas ocasiones, la saturación y reiteración de anuncios generan entre los consumidores un alto grado de escepticismo y, a veces, resistencia.

Si se dispersa la atención en diferentes medios y soportes, de forma aleatoria, sin duda, la publicidad tradicional perderá eficacia. En esta situación aparece el *Buzz Marketing*, técnica basada en la extensión del rumor y el intercambio de información entre personas.

En contra de lo que pueda pensarse, el *Buzz Marketing* también puede medirse. En la medida en que éste cada vez más busca generar conversación y no sólo ser llamativo, muchas herramientas de medición pueden aplicarse aquí.

Si una campaña está planificada para generar contenidos y temáticas que los usuarios se apropian y comentan, se puede medir cómo y a qué ritmo ha tenido lugar.

Algo parecido, pero desde el lado opuesto, es el de la reputación *on-line*. Ahora, es el propio usuario de Internet el que crea los contenidos sobre una marca o producto..., y es el "propietario" de dicha marca el que debe evaluar el impacto que tienen dichas opiniones, para poder rectificar.

De igual manera que el *Buzz Marketing*, las plataformas sociales donde estos contenidos se generan son cada vez más y la estrategia se basaría en entrar a "formar parte de la conversación".

Para estos casos están surgiendo nuevas herramientas de monitorización que ayudarán a los analistas a tener localizados los contenidos relevantes que permitirán evaluar el "clima" alrededor de la marca y recomendar acciones.

Algunas de ellas son gratuitas, como el buscador Technorati o el BlogSearch de Google, y otras están desarrolladas por grandes empresas especializadas.

Nota: *Antes, el contenido vivía siempre encerrado bajo un dominio, pero ahora se puede compartir, comentar, enlazar, reutilizar, etc. La analítica está desarrollando nuevos modelos que ayuden a comprender dichos medios: estadísticas de suscriptores, análisis de redes sociales, modo en que unos usuarios ejercen influencia sobre otros... Porque..., no solamente hay que medir el tráfico, también la conversación.*

SEO y posicionamiento Web

Lo primero que hay que hacer cuando se piensa en un trabajo de SEO es definir el mercado objetivo hacia el cual se está enfocado.

Por esta razón es importante:

- **Definir el enfoque del negocio**. No se puede abarcar todo.

- **Establecer objetivos**. Qué quiere hacer el cliente y por qué.

- **Delimitar el alcance del proyecto**. En este caso, no se trata de metas, sino del compromiso que se va a adquirir. Habrá que tener en cuenta que el alcance del proyecto (compromiso) no es lo mismo que los objetivos (metas).

- **Estrategia**. La estrategia es un conjunto de acciones que buscan un fin. Es fundamental saber qué se quiere comunicar y cómo se está haciendo. Si lo mejor es el marketing tradicional o marketing digital, estrategia puntual o global... Sin duda, son muchas las cuestiones que hay que estudiar a la hora de poner en marcha una campaña de marketing.

- **Conocer al cliente**. El perfil de usuarios y clientes es fundamental, aunque también lo es conocer a la competencia, así como su estrategia de posicionamiento en Internet.

- **Estructura de la Web**. Es muy importante tener en cuenta aspectos como la navegabilidad de la Web (¿es fácil encontrar la información deseada?, ¿refleja la imagen que se pretende mostrar?), y también la estructura de la URL (intentar que la dirección Web sea clara y sencilla) y *metatags* (deben incluir la información relevante y de referencia).

- **Definir los *keywords***. No solamente es cuestión de elegir palabras, sino también conceptos clave. Se trata de seleccionar las combinaciones de palabras que forman frases lo más parecidas posible a lo que los usuarios "buscan" a través de los buscadores. Sin duda, hay que ponerse en la piel del "cliente".

Nota: *No está de más que a la hora de elegir las palabras, se tenga en cuenta cuáles son las que más se repiten en el sitio Web, o incluso emplear alguna herramienta que permita analizar las palabras por las que generalmente se promueve una Web.*

- **Importancia del contenido**. No sólo la información de la Web, que seguro que es interesante. Nos referimos, por ejemplo, al título que se le ha dado a la Web o "*title*", muy importante, en primer lugar porque es un buen gancho para que el usuario se interese por el contenido, digamos que es el eslogan de venta; en segundo, porque los buscadores lo consideran un *metatag* a la hora de jerarquizar la información y, por último, porque quizás haya usuarios que accedan a través de sitios donde únicamente consta el título. Además del título, es importante incluir una corta y correcta definición del sitio.

Figura 27.5. *El título que se le da a la página Web es muy importante, ya que servirá de gancho para los usuarios, lo mismo que las palabras clave, que facilitarán a los usuarios la localización de la Web.*

Calidad vs. Cantidad

Calidad y cantidad no tiene por qué ser enemigos. El SEO se ha entendido casi siempre mal, es decir, como un plan que se dirige a la cantidad y no a la calidad. Pero, al fin y al cabo, el árbitro, el que va a marcar lo uno o lo otro, será el usuario.

El SEO es una valiosa herramienta. Responde a estímulos de los usuarios, y en la medida en que su contenido sea valorado por ellos, alcanzará niveles de popularidad importantes.

Será dicho usuario el que interactúe con el contenido y, por tanto, el que lo califique. Así que, ¿por qué no? Cantidad y calidad pueden ir de la mano si se ha establecido un correcto plan SEO.

Posicionar una página de Facebook

Para llevar a cabo este proceso, es importante hacer lo siguiente:

- **URL**. Las URL son fundamentales de cara a optimizar una Web para los buscadores. Muchos de ellos, entre los que destaca Google, acumulan la máxima información posible de una Web para determinar la relevancia de cada una de las páginas que la componen. Por esta razón, Facebook permite crear Vanity URL, es decir, direcciones Web personalizadas o, dicho de otro modo, URL que mejor identifican un perfil. Un ejemplo es la siguiente: `http://www.facebook.com/aycred`.

El modo de realizar dicho proceso sería el siguiente:

1. En primer lugar hay que acceder desde el navegador a la página Web: `http://www.facebook.com/username/`.

2. A continuación, en dicha página se informa de que antes de elegir un nombre de usuario se tiene que verificar la cuenta, y que para ello, será necesario disponer de teléfono móvil que incluya la capacidad de recibir mensajes SMS (en el momento de la elaboración de este libro no existía otra forma de hacerlo, pero parece que Facebook está trabajando para que esta opción no sea tan complicada de realizar). Hay que pulsar sobre el botón **Continuar**.

3. En la página Confirma tu número de teléfono se debe introducir el número de teléfono donde se desea recibir el mensaje de confirmación y, a continuación, pulsar sobre el botón **Confirmar**.

Confirma tu número de teléfono

Facebook realiza pruebas de seguridad para asegurarse de que las personas en el sitio son reales. Tener un teléfono móvil nos ayuda a comprobar tu identidad. Por favor verifica tu cuenta confirmando tu número de teléfono aquí. Te enviaremos un código de confirmación.

Por favor, introduce el código de tu país (p.ej. "1" para EEUU/Canadá) y teclea tu número de móvil sin caracteres especiales.

Código de país: España, 34

Número de teléfono:

Confirmar

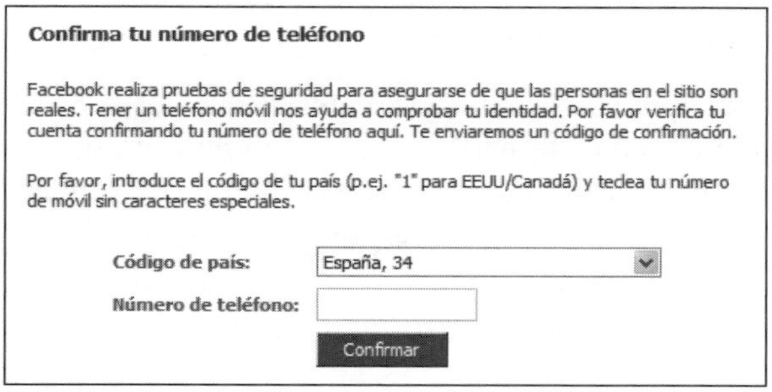

Figura 27.6. *Para disponer de una dirección Web personalizada es necesario contar con un teléfono móvil que incluya la capacidad de recibir mensajes SMS.*

4. Después de pulsar sobre dicho botón, Facebook enviará un mensaje de texto con un código de verificación al número de teléfono móvil introducido.

5. De vuelta en la página de Facebook, hay que introducir el código recibido vía SMS y pulsar sobre el botón **Confirmar**.

6. Tras esto se mostrará un cuadro con una serie de combinaciones posibles y sugerencias sobre la dirección Web personalizada. En el caso de que no guste ninguna, habrá que hacer clic sobre la opción Más, para poder acceder al cuadro de texto Escribe un nombre de usuario, donde se debe introducir el nombre que se desea para la página. Una vez hecho esto, hay que pulsar sobre el botón **Comprobar disponibilidad**.

Ya puedes tener un nombre de usuario para tu perfil de Facebook

Dirige fácilmente a tus amigos, familiares y compañeros de trabajo a tu perfil de Facebook con un nombre de usuario. Te sugerimos algunos pero, si quieres, también puedes escribir el nombre que prefieras en el recuadro. Una vez que elijas un nombre, no podrás modificarlo ni transferirlo.

- ◉ roberto.troncosoegea
- ○ rtroncosoegea
- ○ troncosoegea
- ○ roberto.troncosoegea1
- ○ rtroncosoegea1
- ○ troncosoegea1
- ○ `Escribe un nombre de usuario`

facebook.com/roberto.troncosoegea   Comprobar disponibilidad

Figura 27.7. Al asignar una dirección Web personalizada, Facebook ofrece una serie de combinaciones posibles y sugerencias, que si no son del agrado de uno se pueden desechar, para utilizar una personal.

7. Si el nombre está disponible aparecerá un cuadro de dialogo para ratificar la acción. Para ello, hay que pulsar sobre el botón **Confirmar**.

8. Una vez que se ha realizado este último paso, Facebook comunicará que ya se ha asignado el nuevo nombre de usuario, por lo que es posible indicar a todos los contactos la nueva dirección que identifica su presencia en Facebook, que será una con el siguiente aspecto: `http://www.facebook.com/nombredeusuarioelegido`, y no con el antiguo, que resultaba impronunciable: `http://www.facebook.com/profile.php?id=123456789`

Nota: *Si Facebook comprueba que ese perfil de usuario mantiene a su vez páginas, ya sean corporativas, de producto o ambas, se le dará la oportunidad de designar también una nueva URL para dichas páginas. Hay que tener en cuenta que por ahora no todas las páginas cumplen los requisitos necesarios para tener un nombre de usuario como dirección Web, aunque Facebook asegura que en un futuro todas lo tendrán. Por ahora, las únicas páginas que podrán tener acceso a esta posibilidad son las que tengan más de 100 admiradores o fans.*

- **Personalizar la interfaz**. La pestaña que aparece por defecto es la que Google indexará. Por esa razón hay que asegurarse de que ofrece el contenido indicado. Lo suyo es configurar dicha pestaña, no sólo por lo que aparezca en el buscador, sino por mantener interesados a los posibles usuarios, de forma que sigan navegando por la Web.

- **Enlaces a "nuestra" página**. Es fundamental para lograr tráfico en la Web. Una buena forma de conseguirlo es enlazar la página desde otras Web externas a Facebook (si se consigue, el ranking subirá). Tampoco está de más que se enlace la Web de la empresa desde el perfil personal.

- **Enlazar a otras páginas**. Ha quedado claro que lo que se pretende es aparecer en las primeras posiciones de los buscadores. Pues bien, si la Web es sobre Viajes, interesa añadir enlaces a páginas que traten sobre esa materia (y que sean serias). Por un lado se ayudará a los usuarios y, por otro, subirá la relevancia en Google.

- **Elegir el nombre para la Web**. El título es uno de los elementos más importantes a la hora de posicionar el sitio. Es fundamental elegir uno que contenga palabras claves y, por supuesto, que sea coherente.

- **Contenido**. El contenido de la pestaña de información debe ser rico en palabras clave. No hay que olvidar que es el indexado por los buscadores.

28. Ventajas y amenazas para la seguridad y privacidad

Facebook nació con la intención de que sus usuarios tuvieran la oportunidad de compartir información de todo tipo con sus amigos o con la gente que ellos mismos decidieran, todo ello de una forma segura y controlada.

El objetivo es que sea cada persona la que decida quién tiene acceso y quién no a la información que comparte, de ahí las numerosas opciones de privacidad que la red social ofrece.

Nota: *Por defecto, Facebook incluye ciertas condiciones de privacidad, por ejemplo, la restricción de la información mostrada en un perfil a las redes a las cuales se pertenece. Pero no es la única, incluye otro tipo de limitaciones razonables, que luego cada uno puede y debe reconfigurar. Es algo que Facebook asume, y que uno debe hacer, o sus datos correrán peligro.*

En cualquier caso, hay que tener en cuenta un aspecto, el control de los datos personales. Cada uno puede incluir en su perfil los datos personales que crea conveniente, fotos o grupos a los que se ha unido, etc. y decidir con quién quiere compartirlos. Por esta razón, debe tomarse muy en serio la configuración de privacidad.

Amenazas a la seguridad de datos

Las redes sociales basan su funcionamiento en que millones de personas compartan voluntariamente información personal. Pero desgraciadamente, hay gente para la que dicha información vale mucho dinero, que se aprovecha de dichos datos para su beneficio personal, ya sea a través de suplantación de identidad, ya sea para hacer *spam*. El caso es que aunque Facebook o cualquier otra red social se esfuerce en evitarlo, siempre se pueden cometer errores. He ahí una de las razones para "estudiarse" la política de privacidad de estos sitios, y para tomarse en serio la configuración de las opciones de privacidad con las que cuentan.

> *Nota:* Para leer la política de privacidad de Facebook, tan sólo se debe pulsar sobre el enlace Privacidad que aparece en la parte inferior de cada pantalla.

Riesgos posibles

En general, los riesgos para la privacidad a los que se enfrenta el usuario de Facebook, son los mismos a los que puede hacer frente cualquier empresa *on-line*. No hay que olvidar, por ejemplo, que cualquier información que se envía a través de Internet puede ser interceptada y... ¿quién, hoy en día, no envía un *e-mail*?

En cualquier caso, hay ciertos riesgos que están asociados con la red social Facebook. A continuación mostramos algunos de ellos:

- Uso de aplicaciones. Por ejemplo, antes de emplear una aplicación de Facebook, se ha de autorizar a la persona o empresa que creó dicha aplicación a acceder a la información personal. Justo en ese momento, en el que uno da su autorización, los datos quedan fuera del alcance de la red.

- Personas que acceden al perfil. Hay que tener en cuenta, por un lado, que cuanta más gente conozca datos del perfil personal de otros, a más personas se lo dirán. Por otro lado, vemos que dependiendo del nivel de privacidad establecido en Facebook, cualquier persona podrá encontrar información del perfil a través de motores de búsqueda.

- Personas a las que se les da acceso al perfil. Tampoco se puede olvidar que es imposible controlar las acciones de aquellas "terceras personas" con las que uno ha decidido compartir páginas e información.

Cómo evitar los riesgos

Hay ciertos consejos que se deberían seguir a la hora de controlar todo lo relacionado con la privacidad de datos, el tipo de información a compartir, etc.

- **Configurar las opciones de privacidad**. Nunca hay que olvidarlo. Evitará, o por lo menos reducirá en gran medida, las posibilidades de que los datos caigan en malas manos.

- **No se debe publicar información confidencial**. Cada uno debe saber muy bien qué debe y qué no debe publicar en Facebook. Nadie podrá "robar" algo que no ha sido incluido en el perfil. Por lo tanto, es importante ser prudente, en particular con datos que podrían utilizarse para identificar o ubicar a una persona fuera de Internet.

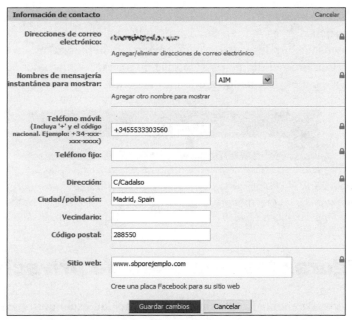

Figura 28.1. *Hay que evitar publicar o, por lo menos, compartir información que podría utilizarse para identificar o ubicar a una persona fuera del ámbito de la red.*

- **No hay que incluir más información que la necesaria para las pretensiones que uno tenga**. Tampoco está de más mantener las identidades pública y privada por separado. Es mejor limitar la información que se da a los intereses que se tiene.

- **Correo electrónico**. Lo mejor es emplear una dirección de correo electrónico sólo para Facebook, y nunca utilizar la del trabajo o la de casa.

- **No hay que compartir la contraseña con nadie**. No sólo hay que tener cuidado dentro de Facebook, también fuera. Si nadie sabe la contraseña, nadie podrá entrar en el perfil de otro y suplantarle.

- **No permitir que se recuerde la contraseña**. Una vez escrita la dirección de correo electrónico y la contraseña, hay que asegurarse de deseleccionar la casilla Recordarme antes de iniciar la sesión. Si no se hace esto, aunque se cierre el navegador, se podrá volver a abrir y entrar en el perfil de Facebook sin necesidad de incluirla.

- **Salir del sistema**. Cuando uno decida que quiere abandonar Facebook, debe pulsar sobre el enlace Salir (zona superior derecha). Así se evita que cualquier persona entre en el perfil, en el caso de que el navegador siga abierto.

- **Denunciar**. Y eso sí, en el caso de que cualquier persona esté recibiendo mensajes no deseados o inapropiados, o se piense que la cuenta se ha visto comprometida, no está de más poner una queja o denuncia a través de los canales destinados a ello en Facebook.

Figura 28.2. *No conviene dejar marcada la casilla Recordarme (referida a la contraseña), ya que aunque se cierre el navegador, si éste se vuelve a abrir, se podrá entrar en el mismo perfil sin necesidad de incluirla de nuevo.*

Configurar las opciones de privacidad

Como hemos comentado, los ajustes de privacidad están definidos por defecto con los niveles de seguridad más bajos, puesto que se supone que es el usuario, en el momento que incluya información, el que debe decidir con quién quiere compartirla.

Privacidad del perfil

Se puede limitar el acceso a un perfil a determinados grupos de personas: por ejemplo, a aquellos que forman parte de la misma red que uno, a todos los amigos...; lo mismo que también se les puede ocultar secciones específicas.

Veamos los pasos que hay que llevar a cabo para ello.

1. Observando la franja azul superior derecha, que aparece en cada una de las páginas de Facebook, se aprecia un enlace denominado Configuración. Hay que situar el ratón sobre él (si se hace clic, aparecerá otra pantalla diferente para configurar Mi cuenta, desde la cual, todo hay que decirlo, también se podría llegar al sitio que pretendemos).

2. En el menú que se despliega, se debe pulsar la opción Configuración de privacidad.

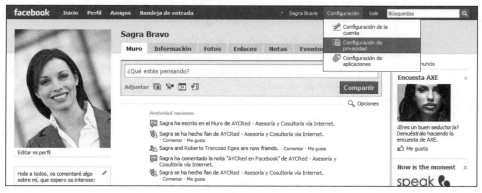

Figura 28.3. *La opción Configuración de privacidad incluye las herramientas de privacidad necesarias para controlar cómo y con quién se comparte información.*

3. Aparecerá una nueva página, denominada Privacidad, con distintas opciones. Pues bien, hay que pulsar sobre la que se encuentra en primer lugar: Perfil. Ésta controla quién puede ver la información de la página de perfil.

4. Esta nueva pantalla cuenta con dos pestañas:

   • **Información básica**. Aparece activada por defecto. En ella se puede controlar quién puede ver cada una de las secciones del perfil. Se trata de una página de gran tamaño, por lo que hay bastantes ajustes que realizar (Perfil, Información básica, Información personal, Estado y enlaces, Fotos en las que se te ha etiquetado...). Para definir los ajustes, es necesario pulsar sobre la flecha que incluye cada casilla, para desplegar sus opciones, las cuales ofrecen distintas posibilidades, dependiendo del tema. Por ejemplo, Perfil incluye: Todos, Amigos de mis amigos y Solo mis amigos. Publicaciones en el muro, además de la casilla de selección Mis amigos pueden publicar en mi muro, cuenta con opciones como: Todos, Amigos de mis amigos, Sólo mis amigos, Sólo yo, Nadie y Personalizar. El resto de casillas, además de las vistas para Perfil, también poseen la opción Personalizar, que, entre otras cosas, hace posible vetar a personas concretas el acceso a dichas secciones. Una vez definida la configuración de cada apartado, hay que pulsar sobre el botón **Guardar cambios**.

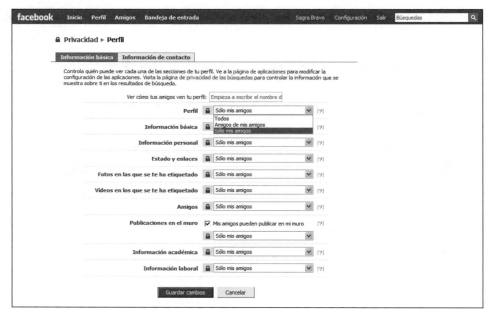

Figura 28.4. *A partir de la pestaña Información básica (Perfil), se puede controlar quién verá las secciones del perfil personal.*

- **Información de contacto**. Esta sección permite controlar quién puede ver la información de contacto, y quién no. Nos referimos a datos como: Nombre de mensajería instantánea para mostrar, Teléfono móvil, Dirección actual, E-mail... Pues bien, en este caso, al desplegar las casillas, aparecen estas opciones: Amigos de mis amigos, Sólo mis amigos, Nadie y Personalizar. Una vez definida la configuración de cada apartado, hay que pulsar sobre el botón **Guardar cambios**.

Nota: No está de más limitar a Sólo mis amigos en casi todas las secciones, a no ser que se tenga una buena razón para no hacerlo. Incluso, se podría considerar la opción de no permitir el acceso a nadie a campos relativos a la dirección de correo electrónico, teléfono móvil, etc.

Privacidad para las búsquedas

A través de esta opción se controlará quién puede encontrarle a uno al hacer búsquedas, qué información puede ver y cómo puede establecer contacto.

Para modificar las opciones de privacidad, hay que hacer lo siguiente:

1. Para acceder de nuevo a pantalla principal de Privacidad, se podría realizar la secuencia Configuración>Configuración de privacidad, o bien, si se ha estado en la anterior opción Perfil, pulsar sobre Privacidad (título de la pantalla), o sobre el enlace Volver a la página principal de Privacidad. Cualquiera de las opciones es correcta.

2. Una vez en dicha pantalla, hay que pulsar sobre Búsquedas.

3. Esta página ofrece tres secciones claramente diferenciadas, cada una con sus opciones de configuración:

   • **Resultados de búsqueda**. Permite controlar qué usuarios de Facebook pueden encontrar a una persona mediante búsquedas (los amigos siempre pueden hacerlo). Incluye un cuadro desplegable (Visibilidad de la búsqueda), con las opciones: Todos, Amigos de mis amigos, Sólo mis amigos y Personalizar. Sólo si la opción Todos está activa, aparecerá la tercera sección antes mencionada; de no ser así, la sección que se describe a continuación se ampliará, y la última desaparecerá. Véase la figura 28.5.

   • **Contenido de los resultados de búsqueda**. Depende de esta sección que los usuarios que encuentran a una determinada persona al hacer búsquedas vean una versión más o menos limitada del perfil. La sección cuenta con unas casillas de selección que habría que activar o bien desactivar para controlar los datos que ven los usuarios, además del nombre (Mi foto de perfil, Mi lista de amigos, etc.). Como hemos mencionado ya, en el caso de que en Resultados de la búsqueda no se haya elegido Todos, aparecerá un nuevo conjunto de opciones, de manera que, además de las personas anteriormente seleccionadas, se puedan ampliar algo más las posibilidades a otros grupos.

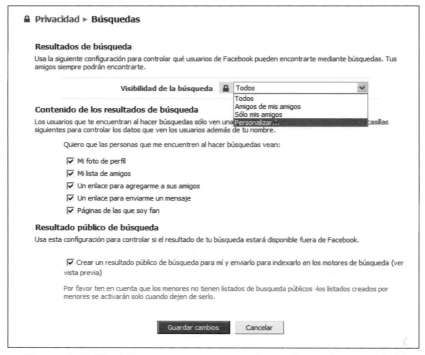

Figura 28.5. *También es importante controlar quién puede encontrarle a uno al hacer búsquedas o qué información puede ver.*

- **Resultado público de búsqueda**. Si se ha seleccionado Todos, se puede usar esta configuración para controlar si el resultado de la búsqueda estará disponible fuera de Facebook.

4. Una vez definida la configuración de cada apartado, hay que pulsar sobre el botón **Guardar cambios**.

Privacidad en Noticias y muro

Mediante esta opción se nos permite controlar qué elementos de la actividad reciente son visibles en el propio perfil y en las páginas de inicio de los amigos que se tengan.

Suponiendo que uno ya se encuentra en la pantalla principal de Privacidad (queremos evitar ser excesivamente repetitivos en ese proceso, ya que se trata del mismo que en los apartados anteriores), para modificar las opciones, hay que hacer lo siguiente:

1. En primer lugar, hay que pulsar sobre Noticias y muro.

2. La pantalla que se cargará cuenta con dos secciones:

   • **Acciones dentro de Facebook**. En esta sección se deben desactivar aquellas casillas de verificación que correspondan a las categorías sobre las cuales no se quiere que aparezca nada en las notificaciones que reciban los amigos, así como los elementos que aparecen en "Actividad reciente" del perfil. Una vez terminada la configuración, hay que pulsar **Guardar cambios**.

   • **Anuncios de Facebook**. Esta configuración controla los anuncios sociales que muestra Facebook. La pestaña cuenta con las dos opciones siguientes, Anuncios que aparecen en aplicaciones de terceros (desde ahí se puede controlar si se permite que los anuncios de las páginas de la plataforma muestren la información personal a: Solo mis amigos o a Nadie); y Anuncios mostrados por Facebook, que cuenta con la lista desplegable Mostrar mis acciones sociales en los anuncios de Facebook que se muestran a, con las mismas opciones de antes. Una vez terminada la configuración, habría que pulsar **Guardar cambios**.

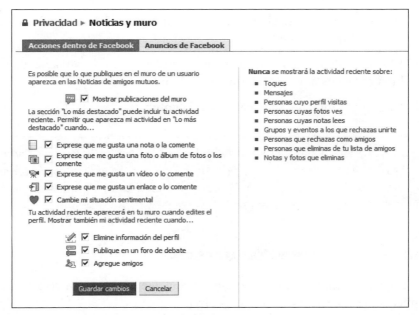

Figura 28.6. *Otra posibilidad que ofrece Facebook es controlar los elementos de la actividad reciente que se pueden ver en el perfil.*

Privacidad en Aplicaciones

Se trata de una opción que facilita el control de la información que está disponible para las aplicaciones que se usan en Facebook.

Hay que recordar, que no es posible emplear una aplicación creada por un desarrollador externo, sin antes haber dado permiso a dicha aplicación para que acceda al perfil.

Por otro lado, si se es amigo de una persona que tiene instalada una aplicación, ésta última también accederá al perfil.

Limitar la actuación de los demás con las aplicaciones de uno

En el caso de que se quiera limitar el modo como los "amigos" u otras personas con permiso interactúan con las aplicaciones que uno tiene instaladas, hay que hacer lo siguiente:

1. Lo primero es situar el cursor sobre Configuración, y seleccionar, en el menú que se despliega, la opción Configuración de aplicaciones. Aparecerá un listado con todas ellas.

2. Hay que pulsar sobre el enlace Editar configuración de aquella cuyas opciones se desee modificar.

3. El cuadro de diálogo que aparece cuenta opciones de privacidad, y también permisos adicionales, que se podrán ir marcando.

4. Una vez terminado, se debe pulsar **Aceptar**.

> **Nota:** *En algunos casos, cuando la aplicación no es de Facebook, sino de un desarrollador externo, no se pueden modificar las opciones de privacidad, aunque siempre se tendrá la opción de eliminarla, si ya se ha perdido el interés en ella. Véase la figura 28.7.*

Limitar la información personal

Esta opción permite controlar la información que se encuentra disponible para las aplicaciones que se usan en Facebook.

Suponiendo que ya se ha accedido a la pantalla principal de Privacidad, para modificar las opciones hay que hacer lo siguiente:

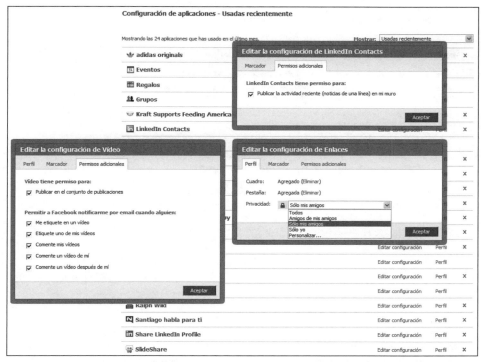

Figura 28.7. *No todas las aplicaciones cuentan con las mismas opciones de privacidad. En algunos casos dependerá, por ejemplo, de si se trata de una aplicación externa o no.*

1. En primer lugar, hay que pulsar sobre Aplicaciones.

2. Entonces en la pantalla que aparece, de nuevo se mostrarán las siguientes dos pestañas:

   - Visión general. Se trata de una pantalla informativa acerca de cómo interactúan las aplicaciones con los datos que se han incluido.

   - Configuración. A pesar de que hay otras secciones, destaca la denominada Lo que otros usuarios pueden ver a través de la Plataforma de Facebook, donde se pueden activar y desactivar sus casillas de selección para limitar qué tipo de datos pueden ver los amigos sobre uno a través de las aplicaciones (tan sólo sirven para las aplicaciones que no se utilizan personalmente, es decir, las de otros).

3. Una vez que se haya concluido, hay que pulsar sobre el botón **Guardar cambios**.

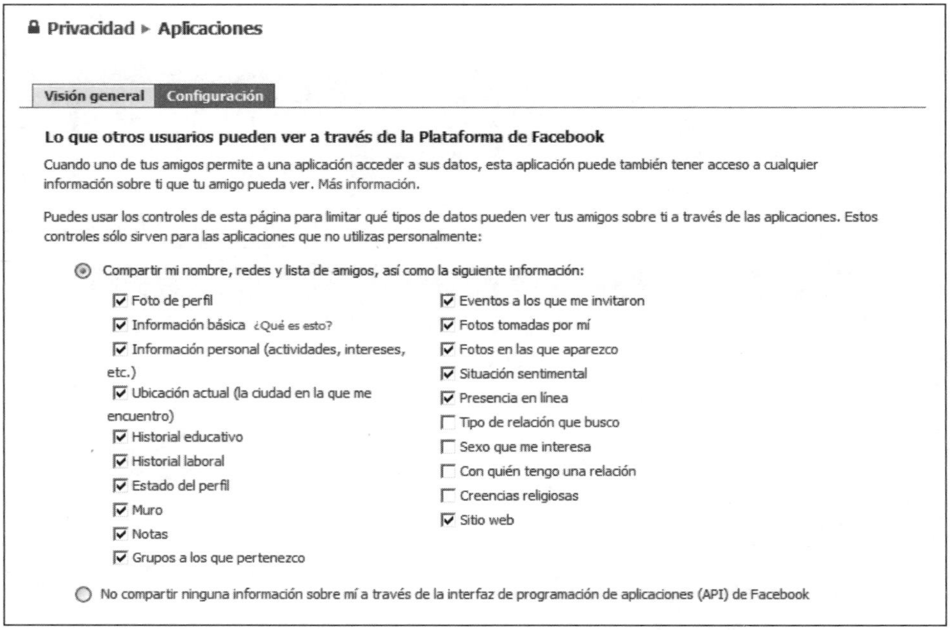

🔒 Privacidad ▸ Aplicaciones

| Visión general | **Configuración** |

Lo que otros usuarios pueden ver a través de la Plataforma de Facebook

Cuando uno de tus amigos permite a una aplicación acceder a sus datos, esta aplicación puede también tener acceso a cualquier información sobre ti que tu amigo pueda ver. Más información.

Puedes usar los controles de esta página para limitar qué tipos de datos pueden ver tus amigos sobre ti a través de las aplicaciones. Estos controles sólo sirven para las aplicaciones que no utilizas personalmente:

⦿ Compartir mi nombre, redes y lista de amigos, así como la siguiente información:

- ☑ Foto de perfil
- ☑ Información básica ¿Qué es esto?
- ☑ Información personal (actividades, intereses, etc.)
- ☑ Ubicación actual (la ciudad en la que me encuentro)
- ☑ Historial educativo
- ☑ Historial laboral
- ☑ Estado del perfil
- ☑ Muro
- ☑ Notas
- ☑ Grupos a los que pertenezco

- ☑ Eventos a los que me invitaron
- ☑ Fotos tomadas por mí
- ☑ Fotos en las que aparezco
- ☑ Situación sentimental
- ☑ Presencia en línea
- ☐ Tipo de relación que busco
- ☐ Sexo que me interesa
- ☐ Con quién tengo una relación
- ☐ Creencias religiosas
- ☑ Sitio web

◯ No compartir ninguna información sobre mí a través de la interfaz de programación de aplicaciones (API) de Facebook

Figura 28.8. *No es posible emplear una aplicación creada por un desarrollador externo, sin dar permiso a esa aplicación para que acceda al perfil. Por esta razón es importante controlar la información que se encuentra disponible.*

Bloquear personas

La página Privacidad cuenta con una sección especial dedicada a bloquear personas. Si se hace, dicha persona, al realizar búsquedas en Facebook, ya no podrá encontrar a aquella que lo bloqueó, ni ver su perfil, ni relacionarse de ninguna forma.

Es decir, cualquier conexión que se tenga con ella, se interrumpirá.

El proceso es sencillo:

1. Hay que acceder a la página de Privacidad, pulsando en primer lugar sobre el enlace Configuración y, a continuación, sobre la opción Configuración de privacidad.

2. En la parte inferior de la pantalla que aparece, se encuentra el cuadro donde se podrá realizar el bloqueo. Pues bien, lo primero que hay que hacer es escribir el nombre de la persona a la que se quiere bloquear el acceso.

3. A continuación, pulsar sobre el botón **Bloquear**.

4. Aparecerá un cuadro de diálogo con todas las personas que se llamen así, por lo que cuánto más exacto se sea, más fácil será encontrarlo. Una vez localizado, hay que hacer clic sobre **Bloquear** y, para cerrar el cuadro de diálogo, sobre **Cerrar**.

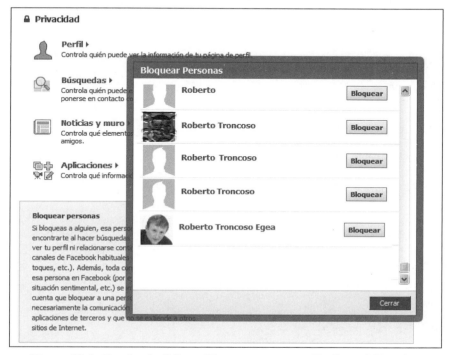

Figura 28.9. *Cuadro de diálogo Bloquear personas. En él, se debe pulsar sobre el botón Bloquear que corresponde a la persona indicada.*

5. Esa persona ya aparecerá en la Lista de bloqueos.

Nota: *A pesar de haber bloqueado a una persona, siempre se puede invertir el proceso. La* **Lista de bloqueos** *cuenta con una relación de todos los nombres que han sido bloqueados, pues bien, a la derecha de cada uno de ellos aparece un enlace denominado Eliminar, el cual, si se pulsa, desbloqueará automáticamente a dicha persona de nuevo.*

29. Facebook en el móvil

La necesidad de consultar la cuenta Facebook puede llegar a ser muy necesaria, siempre que su utilización sea diaria e imprescindible para desarrollar la actividad laboral que se tenga. Pero, está claro que no siempre es posible hacerlo desde un ordenador personal, de ahí la posibilidad de aprovecharse de las nuevas tecnologías que integran ya los teléfonos móviles de última generación, con la conexión a Internet. Pero el auge de Facebook no sólo afecta a los usuarios, muchas empresas de telecomunicaciones están comenzando a firmar acuerdos con esta red social para incluir en los teléfonos aplicaciones específicas para gestionar una cuenta de Facebook desde el móvil, sin tener que utilizar necesariamente el navegador. Apple, con el iPhone, o Microsoft, con su sistema operativo Windows Mobile, se han sumado a muchas otras para respaldar el uso de esta red social a través del teléfono móvil.

Funciones de Facebook Móvil

La aplicación Facebook móvil permite usar un teléfono móvil con conexión a Internet y navegador instalado para:

- **Consultar Facebook desde el móvil**. En la Web móvil de Facebook puede hacerse desde el teléfono móvil prácticamente lo mismo que en la página Web de Facebook. Gracias a su aplicación **Mobile Facebook**, es posible utilizar el navegador de un teléfono móvil para ver una versión reducida de esta red social.

- **Interactuar mediante mensajes de texto**. Facebook dispone de una aplicación denominada **Mobile text** que permite interactuar al móvil con el perfil que se tenga de Facebook, mediante mensajes de texto.

- **Subir fotografías y vídeos**. **Mobile Uploads** es el elemento clave para poder utilizar la cámara de un móvil. Esta aplicación permite subir material multimedia a Facebook desde el móvil.

- **Suscribirse a nuevas actualizaciones de otros usuarios**. Por último, Facebook dispone de la aplicación **Mobile Subscriptions** para suscribirse y recibir una notificación en el móvil acerca de cuándo los contactos que se tengan actualizan su Facebook.

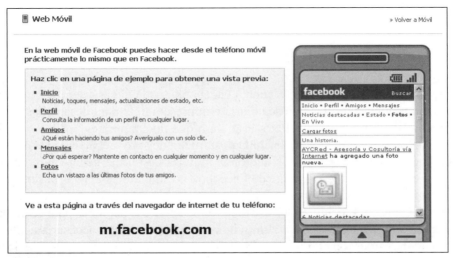

Figura 29.1. *Facebook móvil permite usar un teléfono móvil para consultar la cuenta, interactuar mediante mensajes de texto y subir fotografías y vídeos.*

Activación de Facebook Móvil

Recordemos una cuestión. En el capítulo 27 dedicado al *Search Engine Optimization* (SEO), más concretamente, en su apartado "Posicionar una página de Facebook", ya se comentó cómo era necesario verificar la cuenta Facebook mediante un teléfono móvil que dispusiera de la capacidad de recibir mensajes SMS. Así, esta red social enviaría un mensaje de texto con un código de verificación, código con el que se activaría Facebook móvil. A partir de entonces, ya se podrían recibir solicitudes de amistad, mensajes, publicaciones del **Muro** y actualizaciones de estado en el teléfono, además, por supuesto, de cargar fotos y vídeos.

En el caso de que el proceso que acabamos de recordar ya se hubiese realizado, no sería necesario volver a activar el teléfono.

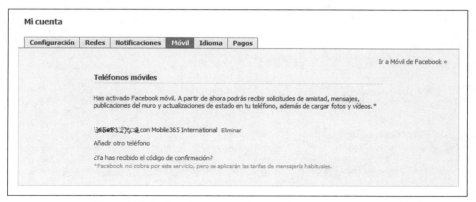

Figura 29.2. *Configuración de una cuenta que dispone de la aplicación Facebook móvil activa.*

Cómo saber si se tiene Facebook móvil activado

Al activar el teléfono, se va asociar ese número con la cuenta Facebook. Para saber si se tiene el Facebook móvil activado, se deben realizar estos pasos:

1. En la parte superior de cualquier ventana de Facebook, hay que pulsar sobre la opción Configuración.

2. A continuación, se debe pulsar sobre la pestaña **Móvil**.

3. Si esta función se encuentra activa, aparecerá el número de teléfono móvil al que uno está asociado. También, por otro lado, ofrecerá la posibilidad de añadir, si se desea, otro teléfono, o de desactivar la función (**Eliminar**). Véase la figura 29.3.

Usando Facebook móvil

Navegar desde el móvil por Facebook seguramente sea una de las primeras cosas que muchos desean hacer ¿no? Pues bien, para acceder a la versión reducida de Facebook (especialmente diseñada para teléfonos móviles de última generación) desde el móvil, lo primero, lógicamente, es poseer un teléfono con conexión a Internet, y lo segundo, es utilizar la URL: http://m.facebook.com/ en el navegador instalado en el móvil.

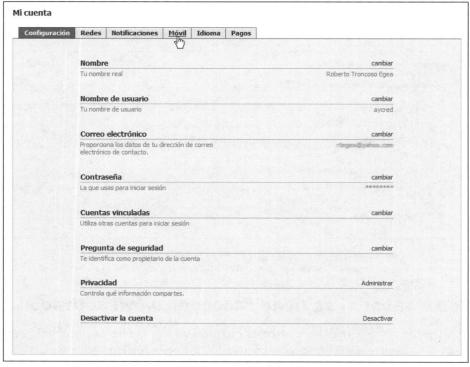

Figura 29.3. *Para saber si se tiene el Facebook móvil activado hay que acceder a la pestaña Móvil de la Configuración de la cuenta.*

Con la versión móvil de Facebook se puede hacer casi todo lo que se hace desde un ordenador personal conectado a la cuenta de esta red social:

- **Desde el Inicio**. Ver noticias, mensajes, actualizaciones de estado, etc.

- **Desde el Perfil**. Permite consultar la información de un perfil.

- **Contactos**. Ver las últimas aportaciones de los contactos que se tengan.

- **Fotos y vídeos**. Echar un vistazo a las últimas fotos y vídeos de los contactos que se tengan.

Subir fotos o fragmentos de vídeo

Si se dispone de un móvil que permita realizar fotografías y grabar vídeos de calidad, se pueden subir directamente al **Muro** de Facebook en muy pocos pasos, que son los siguientes:

1. Como es normal, lo primero es realizar la fotografía o bien grabar el vídeo que desee.

2. A continuación, se debe abrir el gestor de correo electrónico que se utilice en el móvil.

3. Hay que utilizar la dirección de correo electrónico personalizada dada por Facebook para indicar al gestor de correo dónde debe enviar el archivo. Esta dirección de correo personalizada permite integrar cualquier archivo fotográfico o fragmento de vídeo directamente a la cuenta Facebook.

Nota: Para saber algo más sobre la dirección personalizada de correo electrónico ofrecida por Facebook, se puede consultar el apartado "Subir una imagen mediante correo electrónico", del capítulo 12, Añadir elementos a una página.

4. Y, por último, decir que hay que utilizar el asunto del mensaje como título de la foto o del vídeo.

Nota: Si el teléfono móvil de que se dispone no es compatible con el envío de MMS (Multimedia Message Service) lo más probable es que no se pueda subir material multimedia a la red social.

Aplicaciones interactivas para el móvil

Desarrolladores de Facebook, y también externos, están impulsando el elemento Facebook móvil mediante aplicaciones interactivas pensadas exclusivamente para los móviles de última generación. Estas aplicaciones están disponibles para los siguientes dispositivos:

- **iPhone**. Ya dispone de su aplicación para Facebook, la cual permite, por ejemplo, crear nuevas listas de eventos, subir fotografías a cualquier álbum, agregar perfiles favoritos a la página de Inicio o recuperar un mensaje, si éste ha sido interrumpido por una llamada. Véase la figura 29.4.

- **Palm**. También tiene su aplicación para Facebook, con la que puede comprobarse el estado de los contactos y responder a los mensajes, así como enviar fotos y vídeos, recibir las notificaciones de estados. Todo igual que si estuviese en la página Web de Facebook. Se pueden buscar amigos y enviar solicitudes, ver fotos y dejar comentarios, así como llamar a un contacto desde el perfil.

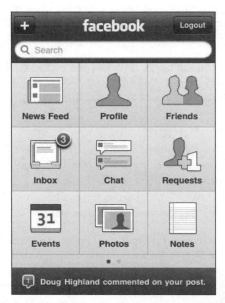

Figura 29.4. Aspecto de Facebook en una pantalla de un iPhone.

• **BlackBerry**. Permite acceder a Facebook, leer y responder a mensajes, recibir notificaciones, etc. Por otro lado, se pueden sincronizar los eventos de Facebook con su calendario y subir fotos.

Figura 29.5. Una BlackBerry permite acceder a Facebook, leer y responder a mensajes, y recibir notificaciones.

- **Windows Mobile**. Aplicación que se instala fácilmente y permite hacer prácticamente todo lo que permite la Web: enviar mensajes, subir fotos o vídeos, gestionar el perfil y comentar en cualquier momento el estado de otros usuarios.

- **Sony Ericsson**. Dispone de una aplicación Facebook especialmente diseñada para sus dispositivos Xperia X1 y el SE W508, aplicación muy interesante, ya que implementa una serie de iconos para acceder a lo más importante, como puede ser el perfil, las fotos o los contactos.

- **Nokia**. Los usuarios pueden actualizar su status, subir fotos, revisar los mensajes, comentar en los status de los contactos, confirmar si van o no a un evento y aceptar o no un nuevo "amigo".

Nota: Se debe tener en cuenta que todas estas aplicaciones están en constante evolución y sus desarrolladores cada día las completan con nuevas funcionalidades y servicios.

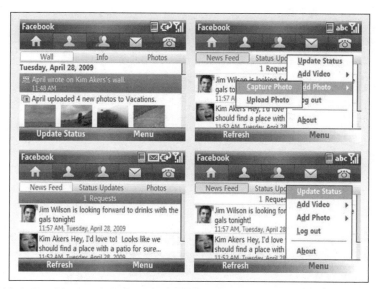

Figura 29.6. *Windows Mobile permite enviar mensajes, subir fotos y vídeos, gestionar el perfil y comentar en cualquier momento el estado de otros usuarios.*

30. Casos de éxito

La importancia que las redes sociales están teniendo en la vida de los ciudadanos, así como en empresas e instituciones, se debe a que, en realidad, son medios sociales para la comunicación.

Las nuevas estrategias comerciales y de marketing de las empresas e instituciones han provocado su aparición en estas redes sociales en busca de la comunicación y fidelización con el cliente/usuario.

Pero a su vez, estas redes sociales han dejado de ser únicamente herramientas para conseguir "amigos", y cada vez está tomando más fuerza la función de esas comunidades como un medio de difusión de trabajos, ya sean musicales, de diseño y hasta literarios.

Muchas empresas, emprendedores, autores o músicos, no sólo señalan la valía de Facebook como una herramienta para la divulgación, sino que el gran numero de aplicaciones vinculadas a esta red, favorece los comentarios y valoraciones de miles de usuarios anónimos.

En este sentido, se destaca casi siempre el cruce de creatividad entre los creadores del producto o la aplicación y el público/usuario, el cual necesita estar en permanente comunicación e interactuando.

Mediante páginas

En este apartado se muestran algunas páginas Facebook que tanto por su promoción como por su nivel de admiradores, se puede decir que han logrado la repercusión que sus creadores querían para su producto:

- **Los Expedientes Secretos X** (`http://www.facebook.com/ pages/Los-Expedientes-Secretos-X-Quiero-creer/ 21991422414`):

  - **Objetivo**: promocionar el lanzamiento de la película.

Figura 30.1. *Página diseñada para captar fanáticos de la película basada en la serie de TV Expediente X.*

- **Estrategia**: página diseñada para captar fanáticos de esta película basada en la serie de TV. Al estar registrados como fanáticos, los usuarios pueden acceder a fotos oficiales de la película, información sobre el estreno, visualización del trailer, e incluso participar de una sección exclusiva para subir sus propias fotos y para publicar sus comentarios, así como compartir las opiniones que tengan con otros fanáticos.

- **REC** (`http://www.facebook.com/pages/EXPERIMENTA-EL-MIEDO/24232047285`):

  - **Objetivo**: promocionar el lanzamiento de la película.

  - **Estrategia**: página con un alto grado de incógnita para captar usuarios y fanáticos. Al estar registrados, los usuarios podían acceder a fotos oficiales de la película, información sobre el estreno, visualización del trailer, e incluso publicar sus comentarios y compartir sus opiniones y expectativas con los demás fanáticos.

Figura 30.2. *Página de la película REC con un alto grado de incógnita para captar a un mayor número de usuarios.*

- **Prison Break** (`http://www.facebook.com/pages/`
  `FX-Prison-Break/37555054202`):

  - **Objetivo**: promocionar el lanzamiento de la cuarta temporada de Prison Break.

Figura 36.3. *Página para promocionar el lanzamiento de la cuarta temporada de la serie de televisión Prison Break.*

- **Estrategia**: página que pretende atraer a los fanáticos de la serie. Al estar registrados, a los usuarios se les permitía acceder a fotos oficiales de la película, información sobre la serie y el lanzamiento, visualización del trailer, e incluso publicar sus comentarios. Además, podían mantenerse al tanto de las últimas noticias a través de un Feed RSS.

- **Peugeot** (`http://www.facebook.com/pages/Intensifica-los-sentidos/28566648732`):

  - **Objetivo**: campaña incógnita para Peugeot.

  - **Estrategia**: página que simula el lanzamiento de una película de suspense. Hay muy poca referencia al cliente, tanto en relación a logos o imagen de marca como a productos. Los usuarios que sean fanáticos de esta página pueden visualizar una serie de vídeos que mantienen la incógnita, y descargar *wallpapers* que replican imágenes de los vídeos.

Figura 36.4. *Página que simula el lanzamiento de una película de suspense, aunque en realidad se trate de una promoción de Peugeot.*

- **MundoFox** (`http://www.facebook.com/pages/MUNDOFOX/33386075621`):

  - **Objetivo**: campaña institucional para MundoFox.

  - **Estrategia**: a través de esta página, MundoFox presenta toda su programación, con imágenes de sus personajes y series principales. Cuando el usuario agrega esta *fan page* a su perfil, puede interactuar con todo el contenido, además de tener un enlace directo a la sección de cada serie dentro del sitio institucional de MundoFox.

Figura 30.5. *A través de esta página, MundoFox presenta toda su programación, con imágenes de sus personajes y series principales.*

- **Jóvenes artistas y creadores** (http://www.facebook.com/pages/Jovenes-artistas-y-creadores/41236268664):

  - **Objetivo**: promoción de jóvenes artistas y creadores.

- **Estrategia**: sitio que está siendo todo un éxito en lo que a colaboración se refiere, puesto que cuenta con un número de seguidores que supera los 5000 y con innumerables colaboraciones de fotos, vídeos, eventos, etc.

Figura 30.6. La página Jóvenes artistas y creadores está
siendo todo un éxito en cuanto a colaboración.

- **Red Bull** (`http://www.facebook.com/redbull/`):

  - **Objetivo**: presencia en Facebook de esta conocida marca de refrescos con energía.

  - **Estrategia**: la página que posee en Facebook es un modelo a seguir para cualquier compañía, ya que no se limita a la creación de la página y a dejarla correr, sino que ofrece verdaderos servicios con gran valor añadido, como, por ejemplo, música, juegos *on-line*, encuestas, enlaces a los perfiles de los "atletas" Red Bull, etc.

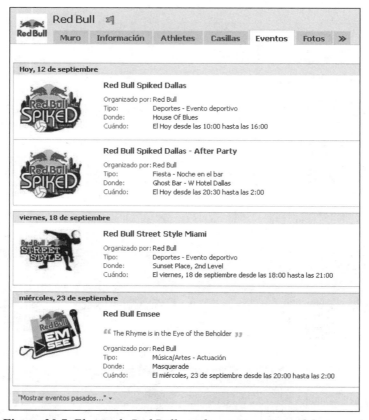

Figura 30.7. *El sitio de Red Bull puede servir como modelo a seguir para cualquier compañía, ya que no se limita a la creación de la página y a dejarla correr, sino que ofrece verdaderos servicios de valor.*

- **Dunkin' Donuts** (`http://www.facebook.com/DunkinDonuts/`):

  - **Objetivo**: presencia en Facebook de esta conocida franquicia.

  - **Estrategia**: es otra de las compañías que está apostando claramente por estar presente en los social media. Además de un interesante grupo en Facebook, cuenta con canal propio en YouTube y una cuenta en Twitter.

Figura 30.8. *Dunkin' Donuts utiliza su presencia en Facebook para incluir promociones llamativas.*

- **Southwest Airlines** (`http://www.facebook.com/Southwest/`):

    - **Objetivo**: presencia en Facebook de esta compañía área.

    - **Estrategia**: se trata de una de las empresas de referencia en la nueva era de la Web 2.0, que han sabido utilizar los medios sociales para acercarse a sus públicos y convertir las peticiones, sugerencias y deseos de éstos, en realidad. Sin duda, escucha y participa con su comunidad como pocas compañías lo hacen. Su perfil en Facebook destaca por su continua actividad y porque utiliza su grupo, que cuenta con miles de fans, para conversar realmente con sus clientes. Es un referente, ya que entiende el lenguaje y la finalidad del uso de Internet, que más allá de utilizar aplicaciones, es una verdadera forma gestión.

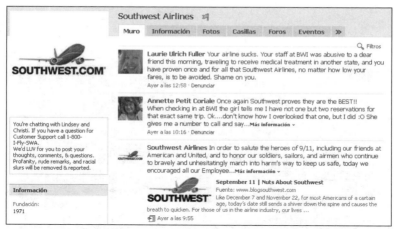

Figura 30.9. *El perfil en Facebook de Southwest Airlines destaca por su continua actividad y porque utiliza un grupo, que cuenta con miles de agregados.*

- **El Corte Inglés** (`http://www.facebook.com/Southwest/`):

  - **Objetivo**: concurso para que el usuario grabe un vídeo haciendo una versión del tema "Colgando en tus manos" de Carlos Baute, y lo comparta en Facebook.

Figura 30.10. *Página promocional que El Corte Inglés utilizó para crear un concurso interactuando con sus admiradores.*

- **Estrategia**: mediante los concursos, la página Facebook de El Corte Inglés genera interactuaciones con otros usuarios permitiéndoles que suban vídeos. El premio es pasar un día con Carlos Baute.

Mediante grupos

Los grupos temáticos aún no tienen mucha relevancia a la hora de realizar promociones. Pero sí se pueden utilizar para generar interactuaciones con otros usuarios a través de sus foros de debates, buen lugar para conocer las sensaciones de la gente:

- **Innobasque** (`http://www.facebook.com/group.php?gid=26856511526`):

- **Objetivo**: promocionar la Agencia Vasca de la Innovación, asociación privada, sin ánimo de lucro, creada para coordinar e impulsar la innovación en Euskadi en todos sus ámbitos, para fomentar el espíritu emprendedor y la creatividad.

- **Estrategia**: grupo en Facebook que pretende experimentar con las posibilidades de las redes sociales en torno a un proyecto para impulsar la segunda transformación económica y social de Euskadi.

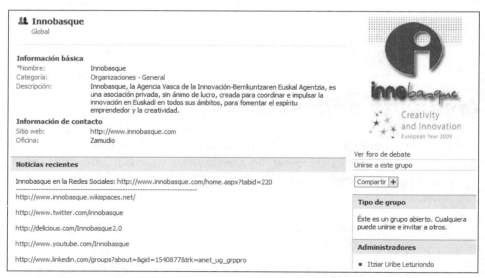

Figura 30.11. *Grupo que pretende promocionar la Agencia Vasca de la Innovación.*

- **Obra Social Caja Madrid** (`http://www.facebook.com/group.php?gid=26856511526`):

  - **Objetivo**: promocionar esta fundación de Caja Madrid, cuya vocación es mejorar el acceso de miles de personas a la educación y a la asistencia social, de potenciar la cultura entre los jóvenes y los colectivos más necesitados.

  - **Estrategia**: creación de un grupo muy vivo, que registra una interesante actividad continuamente actualizada por los miembros que lo forman.

Figura 30.12. Grupo muy vivo, que registra una interesante actividad, continuamente actualizada por los miembros que lo forman.

Mediante aplicaciones

Las aplicaciones son uno de los elementos principales para la promoción de un producto, evento o lanzamiento. Su mayor virtud es la fidelización del usuario, una aplicación atractiva pide realizar otra, y otra..., para no defraudar a sus admiradores:

- **Adidas Celebrate Originality** (`http://apps.facebook.com/adidasoriginals/`):

  - **Objetivo**: promocionar el lanzamiento de la temporada Primavera-Verano 2009.

- **Estrategia**: la aplicación invita al usuario a jugar dentro del entorno de Facebook, por medio de votaciones a sus amigos más originales. También, se ofrece a los usuarios la opción de seguir participando fuera del entorno de Facebook al ingresar a la comunidad Adidas Originals. La interacción con la marca y con la acción publicitaria es muy alta, y sin duda, se transmite un claro sentido de pertenencia a la Comunidad Adidas Originals.

Figura 30.13. Esta aplicación invita al usuario a jugar dentro del entorno de Facebook, por medio de votaciones a sus amigos más originales.

- **Nokia N95/N78** (http://apps.new.facebook.com/ santiago-nokia/):

  - **Objetivo**: lanzamiento de NokiaN95 y de Nokia N78.

  - **Estrategia**: aplicación que transmite las características y virtudes de ambos modelos de Nokia (GPS, Mapas, WIFI, etc.) a través de juegos relacionados. Además, el usuario puede invitar a sus amigos y también ingresar al entorno de Nokia simplemente pulsando el botón **Conocer Más**. De esta manera, y de un modo lúdico y distendido, Nokia logra que los usuarios interactúen con su marca y se interesen en estos nuevos modelos.

Figura 30.14. *Aplicación que transmite las características y virtudes de ambos modelos de Nokia a través de juegos relacionados.*

- **British Airways** (http://apps.facebook.com/misciudades/):

  - **Objetivo**: posicionar a British Airways como la aerolínea de elección del público joven de alto poder adquisitivo.

  - **Estrategia**: se propone al usuario seleccionar su ciudad favorita en el mundo. Una vez seleccionada, el sistema muestra fotos y datos sobre la ciudad, e invita a seguir interactuando por medio de comentarios, de la carga de fotos propias del usuario, de la invitación de sus amigos a descargar la aplicación, etc. La aplicación también posee enlaces directos a la página Web del cliente, y a sus secciones sobre vuelos, reservas y Executive Club.

Figura 30.15. *Esta aplicación posee enlaces directos a la página Web del cliente, y a sus secciones sobre vuelos y reservas.*

- **Nokia Xpress Music** (`http://apps.facebook.com/almighty/test.php`):

  - **Objetivo**: captar usuarios afines a la música y a la tecnología, para presentar las virtudes de Nokia Xpress Music.

  - **Estrategia**: *test* orientado a una audiencia joven. En base a las respuestas seleccionadas, el resultado indica qué tipo de persona es el usuario, conforme la música a la cual es afín. En esta instancia, ya dentro del micrositio, se pueden ver resultados de otras personas que han realizado el *test*. A lo largo de toda la experiencia del usuario, se pueden descargar tonos, *wallpapers*, *emoticons*, etc., además de visualizar los próximos eventos relacionados con la música y, por supuesto, invitar a amigos a disfrutar de las mismas actividades.

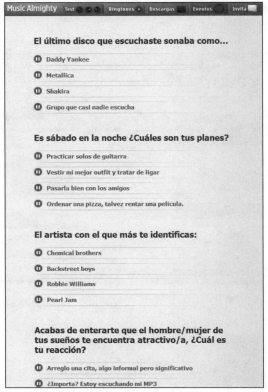

Figura 30.16. *Aplicación con formato de test que obliga al usuario a interactuar con ella.*

- **Puma** (`http://apps.facebook.com/pumaking/`):

  - **Objetivo**: aprovechar el evento de los 40 años de Puma como concepto para atraer a usuarios jóvenes interesados en el deporte.

  - **Estrategia**: a través de la aplicación se propone un concurso a los usuarios para que suban sus vídeos caseros relacionados con sus propias técnicas deportivas. Para participar del concurso, el usuario debe estar registrado en la base de datos del cliente. Esto también se realiza a través de la aplicación, cuestión que posibilita al cliente no sólo lograr un alto *brand awareness*, sino también capitalizar esta acción al sumar a estos usuarios a su base para acciones futuras. En cuanto al efecto viral, esta acción promueve la invitación a amigos de Facebook, lo cual es incentivado por el hecho de que cada participante tiene que recibir votaciones de los demás usuarios para convertirse en ganador.

Figura 30.17. *A través de la aplicación se propone un concurso a los usuarios para que suban sus vídeos caseros relacionados con sus propias técnicas deportivas.*

- **Ralph Wild** (`http://apps.facebook.com/ralphwild/showcase.php`):

    - **Objetivo**: como parte del lanzamiento de esta fragancia, se planteó la necesidad de diferenciar los distintos estilos dentro de la línea Ralph Wild, con un fuerte llamado a la acción ya sea para recibir ese perfume como regalo, o bien enviarlo como regalo a otros amigos y usuarios de Facebook.

- **Estrategia**: a través de un mini *test* se intenta establecer el estilo de vida del usuario, se le recomienda la fragancia más acorde a su personalidad. También, se puede ver qué perfumes son afines a los amigos de la red de cada usuario. Esto posibilita iniciar una acción de publicidad *on-line*, que se espera tenga repercusiones en las ventas y *brand awareness* del producto. A lo largo de toda la experiencia del usuario, se pueden realizar descargas de *wallpapers* relacionados con el producto, e invitar a amigos a participar del *test*.

Figura 30.18. *A través de un mini test se intenta establecer el estilo de vida del usuario, se le recomienda la fragancia más acorde a su personalidad.*

Índice alfabético